Bibliographische Information der Deutschen Bibliothek:
Die Deutsche Bibliothek verzeichnet diese Publikation in der
Deutschen Nationalbibliographie; detaillierte bibliographische
Daten sind im Internet über http://dnb.ddb.de abrufbar.

Weitere Bücher des Autors:

ISBN 3-8334-3948-3,   dBASE lebt! - Band 1, Einführung
ISBN 3-8334-3949-1,   dBASE lebt! - Band 2, Grundlagen
ISBN 3-8334-6307-4,   dBASE lebt! - Band 3, Klassen und Objekte

Weitere Titel sind geplant, Infos unter www.ulfneubert.de

Veröffentlichungen, in denen der Autor mit anderen vertreten ist:

ISBN 3-00-014322-X, Spätlese 2004,   Kurzgeschichten-Sammlung

ISBN 3-8334-6307-4

ISBN 978-3-8334-6307-5

1. Auflage 2006

Copyright © 2006 Ulf Neubert, alle Rechte vorbehalten

Idee, Konzeption, Text und Layout: Ulf Neubert

Titelfoto: Hunger & Simmeth Werbefotografie, Königsbrunn

Herstellung und Verlag: Books on Demand GmbH, Norderstedt

Ulf Neubert

dBASE lebt!

Band 3

Klassen und Objekte

dBASE Programmierung unter Windows

Für dBASE Plus und seine Vorgänger
dBASE SE, dBASE 2000, Visual dBASE

Inhaltsverzeichnis

1. Einführung

Aus der DOS-Ära stammend und danach lange für tot gehalten, hat dBASE in den 90er Jahren als *Visual dBASE* und *dBASE for Windows* sein verdientes Comeback erlebt. Anfangs noch als 16bit Version, später im 32bit-Gewand. Um den Jahrtausendwechsel wurde es als *dBASE 2000* angeboten und als diese Buchreihe entsteht, heisst es zur Abwechslung *dBASE Plus*.

Fast ebenso oft wie der Name hat in den letzten Jahren auch der Eigentümer gewechselt. Diese vielen Wechsel von Name und Inhaber, die oft nicht klar erkennbare Strategie und ein zuweilen eher bescheidenes Marketing haben vermutlich ihren Teil dazu beigetragen, dass leider viele Anwender mangels Vertrauen in das Produkt *dBASE* den Rücken gekehrt haben.

Schlimmer noch, oft habe ich es erlebt, dass auch langjährige Programmierer von dBASE unter DOS die neuen Windows-Versionen nicht kannten, ja nicht mal wussten dass es sie gibt. Ich musste bei vielen Überzeugungsarbeit leisten und mehrfach betonen „*ja, dBASE gibt es auch unter Windows! dBASE lebt!*", und so entstand dann auch der Titel für diese neue Buchreihe. Vielleicht trägt er ja dazu bei, etwas vom Glanz alter Zeiten für dBASE zurück zu bekommen.

Nach so häufig geänderten Namen in so kurzer Zeit möchte ich die ständige Änderung des Textes bei jeder Neuauflage des Buchs vermeiden und bin daher so frei, im folgenden Text einfach den etwas allgemeineren Begriff

dBWin

zu verwenden, als Synonym für die gerade aktuelle Version von dBASE unter Windows. Bei Erstellung des Textes war gerade *dBASE Plus V 2.6x* aktuell, aber auch mit *V 2.5* und *dBASE 2000* wurden die Beispiele im Buch getestet. Wenn Sie noch mit *Visual dBASE* arbeiten ist das aber auch kein Problem.

Aber mit *dBWin* wird für die weiteren Ausgaben dieser Buchreihe ein fester Begriff beibehalten, egal wie das Produkt in ein paar Jahren heissen wird.

Wenn im Text bezug auf ältere Versionen genommen wird, gleich ob für Windows oder DOS, so wird dies immer ausdrücklich erwähnt. Ansonsten können Sie davon ausgehen, dass die aktuelle Version gemeint ist, bzw. die Version, die bei der Texterstellung gerade aktuell war, denn Ihre Version könnte schon wieder etwas neuer sein wenn Sie dieses Buch lesen.

1.1 Allgemeines zu dieser Buchreihe

Ich werde mich mit dieser Reihe gezielt und in jeweils kleinen und leicht verdaulichen Häppchen speziellen Schwerpunktthemen pro Band widmen.

Sie bekommen kein kiloschweres, waffenscheinpflichtiges Buch mit über 1.000 Seiten vorgesetzt, sondern mehrere kleinere überschaubare Ausgaben, die sich intensiv einem Thema oder einem ganzen Themenbereich widmen. Jedes der Bücher wird in sich abgeschlossen sein. Die ersten beiden Bände, *Einführung* und *Grundlagen*, bilden jedoch eine gemeinsame Wissensbasis, die in allen weiteren Ausgaben als bekannt vorausgesetzt wird.

Themen der Reihe sind z. B. Klassen und Objekte, Zugriff auf fremde Dateien und Datenbanken, SQL, die Feinheiten und Fallen von Windows, DDE, OLE, Web-Datenbanken, Programmierkniffe für Profis und vieles mehr. Einer der geplanten Bände wird sich intensiv mit Windows-Programmierung befassen, also dort beginnen wo andere Bücher zu dBWin bislang immer aufhörten.

Jeder Band hat seine Zielgruppe: Einsteiger, Fortgeschrittene oder Profis. Die Reihe begann mit zwei Bänden speziell für Einsteiger und DOS-Umsteiger, die weiteren Ausgaben bauen auf dem darin vermittelten Grundwissen auf. Gedacht sind meine Bücher weniger als die ultimative Lösung für alle Fälle, sowas gibt es nicht. Sie sind fundierte Hilfe zur Selbsthilfe, zeigen mögliche Wege und bilden für Ihre Arbeit mit dBWin eine wertvolle Unterstützung.

Diese Bücher werden auch nicht alles rund um dBASE abdecken können, sonst wären wir wieder beim 1.000-Seiten Wälzer. Sie werden weder ein „Kompendium von A-Z" darstellen, noch werden sie eine vollständige „Befehls-Referenz" enthalten. Aber es werden die Themen beleuchtet, von denen ich glaube, dass sie wichtig sind. Themen die bei meinen Schulungen für dBWin häufig nachgefragt werden und Themen die Sie sich wünschten.

Hier, liebe Leserin und lieber Leser, kommen Sie ins Spiel! Welche Themen und Schwerpunkte es künftig noch geben wird hängt nicht zuletzt auch von Ihnen, Ihren Anforderungen und Wünschen ab. Wenden Sie sich bitte direkt an mich und teilen Sie mir Ihre Wünsche mit. Je mehr Anfragen zu einem Thema eintreffen, desto grösser ist die Chance dass es später in einem Buch umgesetzt wird. Wünsche, Anregungen und Kritik bitte per eMail an

dbase@ulfneubert.de

Bitte haben Sie Verständnis, dass Ihre eMails zu künftigen Themen nicht in jedem Fall individuell beantwortet werden können. Das ist zeitlich einfach nicht möglich. Aufgenommen werden Ihre Vorschläge aber auf jeden Fall.

1.2   Infos zum Autor

Ich arbeite seit vielen Jahren selbständig als Programmierer und bin Inhaber einer Software-Firma. Insbesondere mit dBWin habe ich in den letzten Jahren einige Projekte realisiert. Neben der Umstellung vieler alter DOS-Programme entwickelte ich auch ein sehr umfangreiches Programm zur Depotverwaltung für Vermögensberater und Investmentfonds-Vermittler. Es wurde konsequent von Anfang an mit dBWin entwickelt und mit DLLs anderer Sprachen (*C* und *Delphi*) ergänzt. Ich habe *Avalonia* zwar verkauft, betreue es aber noch heute.

Mit der Zeit hat sich sehr viel Erfahrung mit dBWin angesammelt. Natürlich habe ich Fehler gemacht und so manches Problem bereitete Kopfschmerzen, bevor es dann meistens doch auf die eine oder andere Art gelöst wurde.

Der Gedanke, diese Erfahrungen in Seminaren und Büchern auch anderen dBASE-Nutzern zugänglich zu machen, bestand schon länger. Letztendlich haben dann sehr häufige Nachfragen meiner Kunden nach Unterstützung zu dBWin dazu geführt, die Idee in Form dieser Buchreihe umzusetzen.

Sie können mich und meine Firma gern im Internet besuchen:

www.cantaria.de
www.ulfneubert.de

Dort können Sie die aktuell verfügbaren und noch geplanten Ausgaben dieser Buchreihe sehen und natürlich auch bestellen. Auch finden Sie dort die in den Büchern gezeigten Beispiele und die Quellcodes zum kostenlosen Download. Desweiteren werden Sie dort Leseproben aller Bücher dieser Reihe finden.

Ich erlaube mir an dieser Stelle noch etwas Werbung in eigener Sache: Meine Firma *Cantaria GmbH* führt individuelle Aufträge für Programmierung aus, ganz besonders natürlich mit dBWin, inkl. Umstellung alter DOS-Programme. Ich übernehme komplette Projekte jeden Umfangs, ausdrücklich auch kleine Projektteile oder einzelne kleinere Module daraus, damit Sie entlastet werden. Gern unterstütze ich Sie per eMail und stehe Ihnen bei allen Fragen rund um dBWin helfend zur Seite. Auch individuelle dBWin-Schulungen sind möglich.

Allgemeine Anfragen zu Programmierleistungen, Übernahme von Projekten (oder Teilen davon), Tests und Optimierung Ihrer bereits erstellten eigenen Programme, Umsetzung von alten DOS-Programmen auf Windows sowie Anfragen zu individuellen Schulungen etc. richten Sie bitte per eMail an

info@cantaria.de

1.3 Danksagung

An dieser Stelle möchte ich mich ganz herzlich bei allen Käufern und Lesern meiner beiden ersten Bände dieser Reihe bedanken. Die Bände 1 *Einführung* und 2 *Grundlagen* waren ein Risiko für mich, zeitlich und auch finanziell.

Schliesslich ist es nicht gerade einfach, Bücher auf den Markt zu bringen, die in gewisser Weise ein Nischenthema (leider und völlig zu unrecht!) bedienen. Ein Thema, bei dem einige von mir angefragte etablierte Verlage abgewunken haben (*„Kein Markt für sowas"* ... *„dBASE? Ist doch tot, vergessen Sie's"* ...), so dass ich eben auf eigene Gefahr bei *Books on Demand* veröffentlicht habe.

Ohne Sie, liebe Käufer und Leser der ersten Bände, würde es diesen neuen Band und auch die weiteren evtl. kommenden Bände der Reihe nicht geben. Sie haben mit Ihrem Kauf und Ihren Anregungen einen Beitrag dazu geleistet, dass es jetzt mit dieser neuen Ausgabe weitergeht. *Danke, dass dBASE lebt!*

Natürlich gab es auch Kritik, vorallem von den „Hardcore-dBASE-lern", die wohl mehr erwartet haben. Aber dieses „mehr" können Bücher für Einsteiger und DOS-Umsteiger nicht bieten, da muss man eben eine klare Grenze ziehen. Auch wurde kritisiert, dass ich mich überhaupt noch mit den „alten" Befehlen wie *use* und *replace* etc. abgegeben habe und mich nicht ausschliesslich auf die neuen Varianten konzentriert habe. Diese Kritiker verkennen, dass damit Ein- und Umsteiger überfordert wären, was mir viele Gespräche bestätigten.

Was nutzt die schöne neue Welt der Datenmodule, wenn die Hürden für die zahlreichen Ein- und DOS-Umsteiger am Anfang zu hoch sind? Dann doch lieber ein „sanfter Umstieg", erst einmal auf Windows und später mehr. Nur auf diesem Weg gelingt es, möglichst viele „DOS-dBASEler" für dBWin zu begeistern und so die Anwenderschicht für dBWin nachhaltig zu verbreitern.

Meine Zielgruppe der ersten Bände waren ganz klar Einsteiger in dBWin und natürlich auch die sehr vielen DOS-Umsteiger, die es heute immer noch gibt. Und für diese Gruppe habe ich wohl den richtigen Ton und auch die richtige „Tiefe" getroffen, was durch viele Mails und Rückmeldungen bestätigt wird.

Auf der Basis werden die Ausgaben ab einschliesslich Band 3 aufsetzen und damit Stück für Stück „tiefer" in dBWin und auch in Windows vordringen. Denn für eine gute und erfolgreiche Programmierung mit dBWin gehört auch unbedingt ein gewisses KnowHow über die internen Abläufe von Windows.

(i) Korrekturen und Ergänzungen zu den bereits erschienenen Ausgaben werden bei Bedarf auf meiner Website veröffentlicht. Einfach mal ansehen ...

1.4 Syntax und Layout

Damit Sie stets wissen von was die Rede ist werden in diesem Buch einige gleiche Formate und Textdarstellungen für bestimmte Dinge verwendet.

Tasten und Buttons
Zu drückende Tasten wie **[Return]** oder **[Esc]** werden in eckige Klammern gesetzt und fett geschrieben. Mehrere gleichzeitig zu drückende Tasten werden mit + kombiniert, z. B. **[Alt]** + **[F4]** zum Beenden des Programms. Ebenso verhält es sich mit Buttons, z. B. wenn Sie auf **[Ok]** klicken sollen.

Menüpunkte, Dialogelemente, Dateinamen, Datenbankfelder etc.
Werden *kursiv* geschrieben, z. B. das Eingabefeld *Nachname* dient dazu ..., laden Sie die Datei *anfang.prg* in den Editor ..., das Feld *nummer* enthält ...

Listings und Programmbeispiele
Quellcodes werden mit anderer Schrift und etwas eingerückt geschrieben:

```
use adressen.dbf
? reccount()
```

Manchmal werden Befehlszeilen nummeriert. Die Nummern dienen aber nur für nachfolgende Erklärungen im Text und sind <u>nicht</u> von Ihnen abzutippen.

Platzhalter für Parameter oder Variablen etc. stehen in spitzen Klammern:

```
seek <suchbegriff>
select <alias>
```

Optionale Befehlselemente werden in eckigen Klammern gesetzt:

```
set order to [indexname]
set filter to [bedingung]
```

Wahlweise Optionen werden mit einem | (Pipe) getrennt:

```
set exact on | off
```

 Wichtige Punkte, Tips und Tricks, Hinweise auf Besonderheiten.

 Vorsicht Falle, hier wird vor Bugs und häufigen Fehlern gewarnt.

1.5 Ihre Voraussetzungen

Sie sollten einen Computer besitzen und ihn auch bedienen können. Dasselbe gilt für Windows. Alles rund um das System, wie Sie Programme starten und beenden, Fenster verschieben, der Unterschied zwischen linker und rechter Maustaste, was Dateien und Verzeichnisse sind etc., wird vorausgesetzt.

Vorkenntnisse in der Programmierung, besonders mit dBASE, sind hilfreich aber nicht zwingend. Wenn Sie dBASE von DOS kennen wird Ihnen vieles bekannt vorkommen, einiges wird aber auch neu sein. Wenn Sie mit anderen Sprachen wie *C* oder *Delphi* unter Windows programmiert haben sind Ihnen viele Abläufe eher bekannt, als wenn Sie „nur" unter DOS entwickelt haben.

ⓘ Das in Band 1 *Einführung* und 2 *Grundlagen* vermittelte Wissen rund um dBWin wird in allen weiteren Bänden vorausgesetzt. Falls Sie hier noch Lücken haben empfehle ich, dass Sie sich zuvor mit Band 1 und 2 befassen. Grundsätzlich setzt jeder neue Band das Wissen der vorherigen Bände voraus.

Und natürlich brauchen Sie Ihr eigenes dBWin. Alle Hinweise und auch die Quellcodes beziehen sich, sofern nicht ausdrücklich anders erwähnt, auf eine aktuelle Version von dBWin. Wobei „aktuell" im Regelfall eine der letzten Versionen bedeutet, es muss also nicht zwingend die allerneuste sein. Die Lauffähigkeit der Beispiele mit den ersten 16bit-Versionen wurde aber nicht mehr geprüft, das macht heutzutage keinen Sinn mehr, denn 16bit ist veraltet.

Ansonsten brauchen Sie noch ein wenig Zeit, etwas guten Willen und gute Laune könnte auch nicht schaden. Seien Sie neugierig auf das was auf Sie zukommt. Bedenken Sie bitte, dass Fehler dazu da sind, dass man sie erstens macht und zweitens daraus lernt. Und haben Sie auch ruhig einmal den Mut, nach anderen als den hier vorgeschlagenen Lösungswegen zu suchen. Oft führen viele Wege nach Rom und je nach individuellem Einsatzzweck eines Programms kann mal der eine und mal der andere Weg der bessere sein.

Einen Internet-Zugang brauchen Sie nicht unbedingt, aber er spart Ihnen ggf. einige Tipparbeit, da evtl. die längeren Quellcodes aus dem Buch auf meiner Website zum Download bereitstehen. Die Download-Codes sind meist ohne weitere Erklärung, sie sollen das Buch ja nicht ersetzen, sondern ergänzen.

ⓘ Wenn Sie dBWin noch nicht besitzen, oder Ihre Version veraltet ist, können Sie es natürlich auch gern über meine Firma beziehen. Besuchen Sie einfach die bereits genannten Websites, dort finden Sie aktuelle Infos zu verfügbaren dBWin-Versionen und evtl. auch günstige Update-Angebote.

1.6 Programmbeispiele im Buch

In jedem Band werden einige Beispielprogramme wiedergegeben. Sie können diese abtippen und genau so, oder mit Änderungen ganz nach Ihren Wünschen ausführen lassen. Es handelt sich um *.prg*-Dateien (also um Programme), um *.wfm*-Dateien (Formulare) und evtl. um weitere Dateien. Der Name der Datei, unter der Sie den Quellcode abspeichern, ist beliebig. Sie können die Namen beibehalten (z. B. *form1.wfm*) oder beliebig ändern (z. B. in *testformular.wfm*). Nur die Dateiendungen *.wfm*, *.prg* etc. müssen (meistens) beibehalten werden.

Als Erleichterung sind längere Beispiele auch per Download verfügbar, siehe dazu bitte den Hinweis zur Homepage am Anfang des Buchs. Die Namen der Quelldateien sind im Buch jeweils beim Listing mit angegeben, so dass eine eindeutige Zuordnung der Beispiele zu den Download-Dateien möglich ist. Kurze Beispiele mit nur wenigen Befehlszeilen gibt es nicht als Download.

> (i) Alle Listings im Buch sind vollständig. Sie brauchen die Dateien nicht laden, es ist lediglich ein Angebot, damit Sie nicht so viel abtippen müssen.

In einigen Fällen sind die Listings im Buch mit Zeilennummern abgedruckt und im Text wird bei Erklärungen auf einzelne Zeilen verwiesen. Bei diesen Verweisen auf Zeilen sind immer die abgedruckten Zeilen im Buch gemeint. In den zum Download angebotenen Dateien kann es mal Verschiebungen um wenige Zeilen geben. Das liegt z. B. daran, dass die vom Formulardesigner erstellten Dateien nicht immer ideal formatiert sind und ich zur besseren Wiedergabe im Buch evtl. Leerzeilen eingefügt oder welche entfernt habe.

Die Beispiele sind möglichst kurz und einfach gehalten. Lassen Sie sich aber dadurch nicht täuschen, auch kurze Prögrammchen können es in sich haben. Oft genügen schon wenige Zeilen um wichtige Details, beliebte Fallstricke und für das Verständnis sehr wichtige Eigenheiten von dBWin zu zeigen.

Die Quellcodes zum Download enthalten meist keine Kommentare und keine weiterführenden Informationen. Alle Angaben dazu sind im Buch zu finden. Die Download-Codes sollen das Buch sinnvoll ergänzen, aber nicht ersetzen.

> (i) Es steht Ihnen frei, die gezeigten Programme und Beispiele als Basis für Ihre eigenen Programme zu verwenden und entsprechend zu erweitern. Sie dürfen die Quellcodes auch privat kopieren und an andere weitergeben, sofern Sie dabei auf die Quelle und den Zusammenhang mit diesem Buch hinweisen. Eine kommerzielle Nutzung der Beispiele, z. B. für Schulung und Ausbildung, ist zulässig, sofern dabei gleichzeitig auch das jeweilige Buch verwendet wird.

1.7 Schwerpunkt dieser Ausgabe

Die dritte Ausgabe dieser Reihe beschäftigt sich mit *Klassen und Objekten*, sowie mit weiteren Punkten zum Thema *Objektorientierte Programmierung*.

Ich beginne mit einer grundsätzlichen Einführung des Themas und zeige an sinnbildlichen Beispielen aus dem „richtigen Leben", was unter Klassen und daraus abgeleiteten Objekten zu verstehen ist. Sie brauchen dazu keinerlei Vorwissen über *OOP* (das Kürzel für *Objekt-Orientierte Programmierung*), sollten aber etwas Erfahrung und Grundkenntnisse über dBWin besitzen.

> (i) Band 3 baut auf dem in Band 1 *Einführung* und Band 2 *Grundlagen* erworbenen Wissen auf. Natürlich wird nicht vorausgesetzt dass Sie die ersten Bände besitzen, es genügt dass Sie die dort vermittelten Grundlagen kennen, wie auch immer Sie diese erworben haben. Ich werde aber bei Bedarf auf entsprechende Stellen der früheren Bände verweisen, falls Sie das eine oder andere Detail zu einzelnen Befehlen oder Techniken doch nachlesen wollen.

Nach einer Einführung werden wir gemeinsam eigene Klassen entwickeln, die alle von den dBWin-Basisklassen abgeleitet werden. Dabei verwende ich am Anfang die visuellen Klassen, das sind die Dinge die Sie in Ihren Formularen verwenden, also Texte, Eingabefelder, Buttons, Rechtecke, Linien usw.

Danach werden aus diesen Klassen eine Reihe nützlicher Dialoge erstellt, die Sie später in all Ihren Programmen flexibel und unabhängig nutzen können.

Nachdem Sie sich so eine solide Basis für die Programmierung mit Objekten geschaffen haben stelle ich wichtige nicht-visuellen Klassen von dBWin vor, die nicht in Formularen sondern direkt im Programmcode verwendet werden.

Nach einem Kapitel über fortgeschrittene Techniken der OOP-Entwicklung programmieren wir gemeinsam einige weitere nützliche Klassen, mit denen Sie Ihre eigenen Programme bereichern können. Sie werden Ihnen auch noch viele weitere wichtige Details der *Objektorientierten Programmierung* zeigen.

> (i) Bei so einem Buch ist es immer eine Gratwanderung, weder einen Teil der LeserInnen zu überfordern, noch andere zu langweilen. Im Zweifelsfall werde ich bei neuen Informationen immer einer genauen Beschreibung den Vorzug geben und auch die Hintergründe erläutern. Bei bereits in früheren Bänden ausführlich erklärten Themen werde ich dagegen dorthin verweisen.

So, und nun sitzen Sie bitte bequem, wir fangen an ...

2. Die ersten Schritte

Wenn Sie im Schlaf wissen was Klassen und Objekte sind können Sie dieses Kapitel meinetwegen überspringen. Da ich aber aus vielen Gesprächen weiss, wie verwirrend das Thema für Einsteiger oft ist, fange ich ganz von vorne an.

2.1 Was sind Klassen

Versuchen wir einen neutralen Einstieg, weit weg von dBWin und Computern, und beginnen mit den Klassen. Klassen? Keine Angst, es geht weder zurück in Ihre alte Schulklasse, noch breche ich eine Diskussion über Klassen in unserer Gesellschaft vom Zaun. Nein, wir betrachten einige ganz einfache Beispiele aus dem wirklichen Leben, die man auch als „Klassen" bezeichnen könnte:

- **Menschen**
- **Fahrzeuge**
- **Computer**

Es sind also vereinfacht gesagt Oberbegriffe für eine „Gruppe von Dingen", die es in zig Varianten fast überall auf der Welt gibt. Viele der Menschen, Fahrzeuge und Computer gleichen einander sehr, es sind aber dennoch stets einzelne und eigenständige „Dinge" (klonen tut hier mal nichts zur Sache). Viele der Menschen oder Fahrzeuge entstammen zwar derselben Klasse, sind aber dennoch sehr verschieden. Einigen sieht man den gleichen Ursprung an, während wieder andere so verschieden sind, dass man es kaum glauben mag, dass sie tatsächlich dieselbe Klasse als Ursprung haben. Und doch ist es so.

Und damit zurück zu dBWin. Ganz ähnlich gibt es hier z. B. diese Klassen:

- **Formulare**   (eine Klasse namens *form*)
- **Eingabefelder** (z. B. die Klassen *entryfield* und *spinbox*)
- **Buttons**   (z. B. die Klassen *pushbutton* und *radiobutton*)

Das ist natürlich nur eine Auswahl, die aber fürs erste genügt. Auch für diese Klassen gilt das oben gesagte. Zum Beispiel gibt es Formulare, die sich sehr ähnlich sind und solche die sich deutlich voneinander unterscheiden. Buttons, die gleich aussehen (alle [OK]-Buttons eines Programms) und Buttons mit unterschiedlichen Bildern und Texten. Und auch die Eingabefelder können je nach Zweck anders aussehen (für Text, für Zahlen und für Datumseingaben).

 Als grobe Orientierung: es gibt über 60 verschiedene Klassen in dBWin.

Diese beispielhaft genannten Dinge stehen in der Hierarchie der Klassen ganz oben und sind damit die *Basisklassen*. Das bedeutet, eine Basisklasse ist nicht mehr von einer höheren Klasse abgeleitet, sondern steht für sich allein. In der Praxis kann es Ihnen meistens egal sein, ob eine Klasse eine abgeleitete Klasse oder eine Basisklasse ist. Und falls es doch mal wichtig ist gehe ich darauf ein.

(i) Man mag als naturwissenschaftlich interessierter Leser jetzt einwenden, dass über dem Mensch die Säugetiere oder allgemein die Lebewesen stehen. Und als Programmierer drängt sich zwangsläufig der Einwand auf, dass über einem dBWin-Formular immer das Programm und darüber Windows thront. Das ist im Grunde korrekt, aber beides ist hier irrelevant. Wir müssen einen sinnvollen Strich ziehen, sowohl nach oben (sonst reisen wir ins Universum) als auch nach unten (Quarks und Atome sollen uns hier auch nicht belasten).

Ich werde mich bei der folgenden Erläuterung zu Klassen und zu den daraus abgeleiteten Objekten meist auf die einfachen Klassen für Formulare (*form*), Eingabefelder (*entryfield*) und Buttons (*pushbutton*) beschränken. Zum einen sind sie die Basis für Ihre eigenen Programme und werden ständig benötigt, zum anderen lassen sich daran die Grundlagen von Klassen sehr gut erklären.

Wenn Sie diese Klassen und das Prinzip ihrer Funktion verstanden haben sind alle weiteren Klassen nur noch reine Routine und im Grunde ein Kinderspiel. Die Namen und einige Details variieren, aber das Prinzip ist immer dasselbe.

Ein paar Klassen werden Sie sicher häufig anwenden, einige seltener, manche vielleicht nie. Das hängt davon ab was und wie Sie mit dBWin entwickeln.

Daher ist es Unsinn alle Klassen vorab und stur der Reihe nach zu lernen. Das kostet Sie nur immens viel Zeit und was bleibt schon wirklich dabei hängen? Ideal ist es, sich dann konzentriert mit einer Klasse zu beschäftigen, wenn Sie sie in der Praxis brauchen. Dann kommt das neue Wissen gleich zum Einsatz, und das bringt Ihnen viel mehr, als wenn Sie sich die Infos dutzender Klassen nur durchlesen ohne dabei eine Zeile zu programmieren. Learning by doing!

(i) Dennoch kann es nicht schaden, wenn Sie sich bei Gelegenheit einen Überblick darüber verschaffen, welche Arten von Klassen dBWin anbietet. Rufen Sie dazu einfach die Onlinehilfe auf und suchen Sie im Index nach dem Begriff „Klasse" (oder in der englischen Version eben nach „class"). Lassen Sie sich dabei aber bitte vom vermeintlichen Überangebot und von anfangs vielleicht unverständlichen Details nicht abschrecken, das kommt schon alles zu seiner Zeit und ist meist viel einfacher als es auf den ersten Blick aussieht.

2.1.1 Bestandteile von Klassen

Holen wir kurz Luft und gehen dann eine Ebene tiefer. Betrachten wir die zahlreichen Bestandteile der zuvor genannten Klassen doch einmal genauer.

Die Klasse Mensch hat (im Regelfall) zwei Arme, zwei Beine, einen Kopf, ein Verdauungssystem, Adern, diverse innere Organe, ein Gehirn usw. Und der Mensch hat Gefühle, Wünsche, Gedanken und reagiert auf Reize von aussen. Dann gibt es noch den Beruf, ein paar Hobbys, Lebenspartner, Kinder usw.

Fahrzeuge haben i.d.R. einen Motor, Platz für Insassen und Transportgut, Räder und Reifen, brauchen Sprit und können gesteuert werden. Sie fahren los, sind in Bewegung, halten wieder an. Oder haben unterwegs eine Panne.

Computer haben einen Prozessor, Speicher, Festplatten etc. Sie laufen mit einem Betriebssystem, rechnen schnell, verbrauchen Strom und stürzen ab. Man startet Programme, gibt Daten ein und bekommt Ergebnisse zurück.

Ähnliches gilt im Prinzip für die beispielhaften dBWin-Klassen. Auch sie haben gemeinsame und gleichartige Elemente, aber auch ihre Unterschiede.

Die Klasse der Fenster und Formulare hat einen Titel, eine Position auf dem Bildschirm, Rahmen und Hintergrundfarbe, kann unsichtbar und auch wieder sichtbar gemacht werden, verschoben und in der Grösse geändert werden. Ein Formular reagiert auch auf Ereignisse, z. B. auf das Beenden des Programms.

Auch Eingabefelder haben eine Position, eine Schriftart und evtl. ein Attribut wie fett oder kursiv, Formatanweisungen zur Darstellung des Inhalts, können auf Änderungen des Inhalts reagieren und ihren aktuellen Inhalt anzeigen.

Buttons wiederum haben oft eine kleine Grafik, einen Text, einen Hotkey im Text zum direkten Anwählen per Tastatur, sind aktiv oder auch nicht und führen eine bestimmte Programmfunktion aus, sobald sie gedrückt werden.

ⓘ Fenster und Formulare sind in der Begriffswelt von dBWin im Grunde dasselbe. Formulare dienen aber nicht nur der Dateneingabe bzw. -Ausgabe, sondern auch eine angezeigte Meldung (in Form einer sog. *Messagebox*) ist bei Windows nichts anderes als ein Fenster und bei dBWin oft ein Formular.

ⓘ Buttons bzw. Pushbuttons heissen oft auch Schaltflächen oder Knöpfe. Meist hat sich aber der engl. Begriff Button etabliert, den ich auch verwende, da ich nichts von krampfhaften und oft unnötig langen Übersetzungen halte.

Etwas allgemeiner ausgedrückt: Klassen haben viele und oft sehr individuelle *Eigenschaften*. Sie haben auch ihre ganz eigenen Funktionen und *Methoden*, nach denen sie funktionieren und mit denen sie gesteuert werden können. Und zuletzt gibt es da noch die *Ereignisse*, auf die eine Klasse reagiert bzw. durch deren Eintritt eine bestimmte Reaktionen innerhalb der Klasse ausgelöst wird.

Die drei für uns wesentlichen Elemente einer Klasse sind also:

- **Eigenschaften** **(engl. property)**
- **Methoden** **(engl. method)**
- **Ereignisse** **(engl. event)**

und zwar sowohl in „angeborener" Form, also von Anfang an und ohne unser Zutun vorhanden, als auch als von uns „nachträglich hinzugefügte" Elemente.

Diesen drei Begriffen werden Sie sehr häufig begegnen und es ist wichtig ihre Bedeutung zu kennen und sie unterscheiden zu können. Deshalb die Beispiele für die Klasse Mensch, wobei ähnliches für alle Arten von Klassen gilt:

Klasse Mensch, angeborene Eigenschaften
Geschlecht, Hautfarbe, Haarfarbe, Grösse, ein Kopf, zwei Beine, zwei Arme, zwei Augen, eine Nase, ein Mund, Herz (schlagend), Blutkreislauf etc.

Klasse Mensch, hinzugefügte Eigenschaften
Name, Staatsbürgerschaft, Familienstand, Wohnort, Beruf, Tätowierung, Hobby, Führerscheinklasse, Steuersatz, wahlberechtigt, versichert etc.

Klasse Mensch, angeborene Methoden
Geboren werden, essen, trinken, sehen, hören, riechen, schmecken, fühlen, denken, reden, lernen, laufen, schlafen, fortpflanzen, älter werden, sterben.

Klasse Mensch, hinzugefügte Methoden
Studieren, komponieren, dichten, radfahren, Flugzeuge bauen und fliegen, Wolkenkratzer bauen, Theater spielen, telefonieren, Krieg führen, lügen.

Klasse Mensch, angeborene Ereignisse
Zeugung, Geburt, Hunger, Durst, Freude, Angst, Haarausfall, Schlaf, Tod.

Klasse Mensch, hinzugefügte Ereignisse
Einschulung, Abitur, Umzug, Frühjahrsputz, Arbeitslosigkeit, Lottogewinn.

 Eine stark verallgemeinerte Darstellung, es geht ja nur um´s Prinzip.

Machen Sie sich dabei bitte auch den feinen Unterschied zwischen *Methoden* und *Ereignissen* bewusst. Bei Methoden wird i.d.R. etwas getan, es ist eine Aktion oder Handlung, die bewusst gestartet wird, entweder von einem selbst oder von anderen (z. B. essen, schlafen, radfahren). Ereignisse dagegen sind Vorfälle und Geschehnisse, die entweder mit oder häufig auch ohne eigenes Zutun „einfach so" passieren (hungrig werden, aufwachen, vom Rad fallen).

Ereignisse treten evtl. als Reaktion auf Methoden oder vorherige Ereignisse auf und können in der Folge ggf. weitere Ereignisse oder Methoden auslösen. Beispiel: das Ereignis „vom Rad fallen" kann eine Antwort auf die Methoden „radfahren" und „verträumt umhergucken" sein, oder aber eine Reaktion auf das Ereignis „Kuhfladen liegt mitten auf dem Radweg". Und darauf folgt oft das Ereignis „Sturz", die Methode „fluchen" und das Ereignis „Autsch!".

Häufig gibt es ähnliche Begriffe für Methoden und Ereignisse. Man wird bei der Geburt (das Ereignis) geboren (die Methode). So ist es auch bei dBWin-Klassen, die Methode *open* löst das Ereignis *onOpen* eines Formulars aus.

Hier das Spielchen für die Formular-Klasse *form* (Code-Beispiele folgen):

Klasse *form*, angeborene Eigenschaften
text, top, left, width, height, visible, moveable, sizeable, background etc.

Klasse *form*, hinzugefügte Eigenschaften
Neuen Eigenschaften, die Sie der Klasse oder dem späteren Objekt zuweisen, gleich welchen Datentyp oder Inhalt diese neuen Eigenschaften auch haben.

Klasse *form*, angeborene Methoden
open, close, readModal, release, print, refresh, setFocus, move etc.

Klasse *form*, hinzugefügte Methoden
Alle von Ihnen programmierten und der Klasse oder dem späteren Objekt zugefügten Funktionen und Prozeduren. Also alle *Procedure* und *Function*, deren Quellcode innerhalb der Klasse bzw. innerhalb des Objekts steht.

Klasse *form*, angeborene Ereignisse
onOpen, onClose, onMove, onSize, onGotFocus, onLeftMouseDown etc.

Klasse *form*, hinzugefügte Ereignisse
Sie können einer Klasse oder einem Objekt kein neues Ereignis hinzufügen, denn dazu müssten Sie den internen Aufbau der dBWin-Basisklassen ändern. Aber Sie können die bestehenden Ereignisse abfangen und die Reaktion auf diese Ereignisse mit eigenem Code ganz nach Bedarf erweitern und ändern.

2.2 Was sind Objekte

Das sind einzelne aus diesen (Basis-)Klassen entstehende „Dinge", mit denen Sie im richtigen Leben zu tun haben bzw. mit denen Sie hier programmieren.

Jeder einzelne Mensch ist für sich gesehen ein Objekt der Basisklasse Mensch, jeder PKW und jeder LKW ist ein Objekt der Basisklasse Fahrzeuge, und Ihr Büro-Computer und Ihr Notebook sind Objekte der Basisklasse Computer.

Und bei dBWin ist jedes Fenster ein Objekt der Basisklasse Formular (*form*), ein Eingabefeld für Text ein Objekt der Basisklasse Eingabefeld (*entryfield*), und ein zu drückender Button ein Objekt der Basisklasse Button (*pushbutton*).

Eine dBWin-Klasse ist anfangs noch ein totes Ding, es ist nur eine Definition und damit reine Theorie. Erst durch die reale Erzeugung von Objekten aus der Klasse tut sich etwas, dann kommt Leben in die Bude. Auch dazu ein Beispiel: Die Klasse für Formulare in dBWin heisst *form*. Sie ist in dBWin vordefiniert und theoretisch immer vorhanden. Aber mit dem theoretischen Vorhandensein allein können Sie keinen Blumentopf gewinnen. Erst durch Befehle wie diese

```
public oForm
oForm = new form()
```

wird eine globale (*public*) Variable namens *oForm* deklariert und danach ein neues (*new*) Objekt der Formular-Klasse (*form*) im Speicher erzeugt. Dabei wird das eben neu erstellte Objekt an die Variable *oForm* zugewiesen und kann anschliessend von Ihnen über diese Variable angesprochen werden.

Über das Objekt bzw. die Variable können Sie das Formular mit Leben füllen, darin andere Objekte wie Eingabefelder, Texte und Buttons platzieren und es zur Benutzung durch den Anwender auf dem Bildschirm anzeigen lassen.

(i) Solche *Objekt-Variablen* sind nichts anderes wie „normale" Variablen. Sie sollten daher vor der ersten Verwendung deklariert werden und können denselben Gültigkeitsbereich wie „normale" Variablen haben (*public*, *local*, *private* oder *static*, siehe Band 2 ab Seite 191). Es empfiehlt sich auch, ihre Namensgebung sinnvoll und verständlich zu wählen (siehe Band 2 Seite 187).

(i) Haben Sie schon mit dem Formular-Designer von dBWin gearbeitet? Vermutlich, und dann haben Sie auch schon dutzende von Objekten erstellt. Nicht nur jedes Formular, sondern auch jedes Eingabefeld und jeder Button, den Sie im Formular platzieren, ist ein eigenes Objekt. Und jedes der Objekte ist einer eigenen Klasse (*form*, *entryfield* oder *pushbutton* etc.) entsprungen.

2.2.1 Objekte aus Klassen erstellen

In Ihren Programmen werden Sie Klassen sehr häufig nur indirekt benutzen, indem Sie aus einer Klasse ein Objekt erstellen. Konkreter, indem Sie einer Variablen mit dem Befehl *new* ein Objekt der jeweiligen Klasse zuweisen.

Das Objekt wird dabei als <u>exaktes Abbild</u> der jeweiligen Klasse erstellt und erhält automatisch <u>alle</u> Bestandteile der Klasse, also alle Eigenschaften, alle Methoden und alle Ereignisse. Das ist wie klonen, und es ist sehr praktisch.

Dass der Befehl zur Erstellung eines neuen Objekts auch noch *new* heisst ist ein netter Zug und leicht zu merken. Die allgemeine Syntax lautet wie folgt:

```
<objektvariable> = new <klasse> ( [<parameter>] )
```

wobei *<objektvariable>* die Variable ist, der das Objekt zugewiesen werden soll, und *<klasse>* ist der Name der verwendeten Klasse bzw. Basisklasse. Ob und wenn ja welche Parameter nötig sind hängt von der gewählten Klasse ab.

> ☀ Objekt-Variablen können wie jede andere Variable einen beliebigen Gültigkeitsbereich haben (*local*, *private*, *static* oder *public*). Verwenden Sie *private* und *public*-Variablen aber bitte immer mit Bedacht und bedenken Sie die möglichen Seiteneffekte, weil diese Variablen auch an anderen Stellen im Programm benutzt und geändert werden können. Gerade das ist natürlich sehr hilfreich und bequem, manchmal sogar nötig, aber auch potentiell gefährlich.

Hier die Befehle um drei Variablen zu deklarieren, denen dann Objekte der dBWin-Basisklassen Formular, Eingabefeld und Button zugewiesen werden:

```
public oForm, oEntry, oButton      && Variablen anlegen
oForm = new form()                 && Formular
oEntry = new entryfield ( oForm )  && Eingabefeld
oButton = new pushbutton ( oForm ) && Pushbutton
oForm.open()                       && Formular anzeigen
oForm.close()                      && Formular schliessen
oForm.release()                    && Speicher aufräumen
```

> ⓘ Tip: verwenden Sie für Objekt-Variablen einen eigenen Präfix, z. B. den Buchstaben *o*. Bei einer Variable mit z. B. dem Namen *oWindow* wissen Sie dann sofort, dass es sich um eine Objekt-Variable handelt, und nicht etwa um einen Fenstertext (denn das wäre *sWindow*) oder eine Fenster-Nr. (*iWindow*). Wenn Sie es noch genauer machen wollen verwenden Sie einen doppelten Präfix, also z. B. *of* für Formular-Objekte, *oe* für Entryfield-Objekte, *op* für Pushbutton-Objekte etc. Weitere Infos dazu siehe bitte Band 2 ab Seite 187.

Betrachten Sie die ersten Codezeilen bitte noch einmal genau:

```
1.   oForm = new form()
2.   oEntry = new entryfield ( oForm )
3.   oButton = new pushbutton ( oForm )
4.   oForm.open()
```

1. Das Objekt der Klasse *form* wird erstellt. Das heisst, es wird im Speicher angelegt. Mehr passiert dabei nicht, das Formular ist noch nicht mal sichtbar. Die Klammer hinter *form* ist leer, denn bei der Erstellung eines Objekts der Klasse *form* sind keine weiteren Angaben und damit keine Parameter nötig.

2. Es wird ein Eingabefeld erstellt, ein Objekt der Klasse *entryfield*. Hier ist ein Parameter nötig, nämlich die eben erstellte Objektvariable des Formulars.

3. Es wird ein Button erstellt, ein Objekt der Klasse *pushbutton*. Wieder ist ein Parameter nötig, und zwar die zuvor erstellte Objektvariable des Formulars.

> (i) Zuerst muss immer das Formular (bzw. dessen Objekt) angelegt werden, erst dann können die im Formular benötigten Unter-Objekte erzeugt werden.

4. Erst mit diesem Befehl wird das Formular auf dem Bildschirm sichtbar. Hier wird bereits eine Methode des Formulars aufgerufen, die Methode *open*.

Sie könnten *open* übrigens auch als zweiten Befehl ausführen und die beiden Bestandteile des Formulars (das Eingabefeld und den Button) erst erstellen nachdem das Formular schon sichtbar ist. Das ist in der Praxis aber unüblich. Meist ist es besser, wenn Sie Formulare im Speicher komplett aufbauen und erst wenn es fertig ist auf dem Monitor zeigen und dem Nutzer präsentieren.

Eingabefelder und Buttons (und auch diverse andere Objekte bzw. Klassen) können nicht einfach mal eben so „in der Luft" erstellt werden, sie brauchen ein „Umfeld", in dem sie angesiedelt sind. Im Regelfall ist dies ein Formular. Und genau dieses Formular bzw. dessen Objektvariable muss bei Erstellung der Buttons und Eingabefelder als Parameter übergeben werden. Schon aus diesem Grund sind die Objekt-Variablen der Formulare für Sie sehr wichtig.

Sie sehen an dem Beispiel auch, dass kein zusätzliches *open* für den Button und für das Eingabefeld nötig sind. Das würde sogar zu einem Fehler führen, da die Methode *open* bei diesen Klassen garnicht bekannt ist. Wenn Sie das Formular mit *open* öffnen gilt das zwar direkt nur für das Formular selbst. Aber indirekt „öffnen" Sie damit auch alle anderen zu diesem Zeitpunkt im Formular befindlichen Objekte, egal ob Text, Button oder Eingabefeld etc.

Wenn Sie die paar Zeilen der vorherigen Seite im Befehlsfenster ausführen haben Sie ein Formular auf dem Bildschirm geöffnet, das etwa so aussieht:

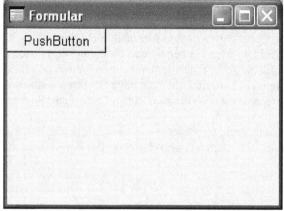

Formular mit Button und (verstecktem) Eingabefeld

Aber wo ist denn das Eingabefeld? Nun, es versteckt sich hinter dem Button, weil dieser danach erzeugt wurde und ohne explizite Angabe einer Position beide automatisch im Eck oben links erscheinen. Das liegt daran, dass die Eigenschaften für die Position (*left* und *top*) jeweils mit 0 vorbelegt sind.

Vertauschen Sie einfach mal die Befehle für Eingabefeld und Button, dann ist es gerade andersrum und das Eingabefeld überlagert den Button, etwa so:

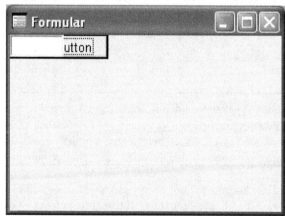

Andere Reihenfolge für Button und Eingabefeld

Tja, auch an hässlichen Ergebnissen lassen sich Grundlagen gut erklären.

Wenn Sie das Ergebnis verbessern wollen: die beiden Eigenschaften *left* und *top* definieren die linke obere Ecke der Objekte. Mit z. B. *oEntry.left = 10* oder *oButton.top = 5* können Sie diese Positionen per Befehl leicht ändern.

Einen Layout-Wettbewerb für Software-Design werden Sie damit dennoch nicht gewinnen, aber darum geht es hier auch nicht. Ich will die Grundlagen von Klassen und Objekten erarbeiten, und zwar ganz bewusst in kleinen und einfachen Schritten, damit Ihnen der Umgang in Fleisch und Blut übergeht. Denn ein komplexes Formular mit dutzenden Objekten darin ist im Grunde auch nichts anderes, nur eben ein paar Zeilen Code mehr. So einfach ist das!

Sehr wichtig ist es auch, die Objekte wieder ordentlich zu entfernen. Einmal vom Bildschirm, aber auch aus dem Speicher. Bei Formularen ist das einfach:

```
oForm.close()        && vom Bildschirm entfernen
oForm.release()      && aus Speicher entfernen
```

Beide sind Methoden der Klasse *form*, die Sie aufrufen so wie Sie „normale" dBWin-Funktionen auch aufrufen. Nur dass die Funktion hier eben *Methode* genannt wird und zusätzlich zu ihrem Namen auch noch die Objekt-Variable davor geschrieben werden muss. Beides wird dann mit einem Punkt getrennt.

Die allgemeine Syntax für Aufrufe von Methoden lautet:

```
<objektname>.<methode> ( [parameter] )
```

Wenn es Parameter gibt werden diese in Klammern hinten angehängt, ohne Parameter werden nur eine offene und geschlossene Klammer geschrieben. Auch das ist wieder genauso wie bei den „normalen" dBWin-Funktionen.

```
iX = val ( "123" )        && Funktion mit Parameter
dX = date()               && Funktion ohne Parameter
```

ⓘ Leerzeichen vor und nach den Klammern sind zulässig und erhöhen die Übersichtlichkeit des Quellcodes. <u>Nach</u> dem Punkt zwischen Objektvariable und Methode dürfen <u>keine</u> Leerzeichen stehen. Vor dem Punkt sind dagegen Leerzeichen möglich, aber ich rate davon ab, das ist allgemein nicht üblich.

Mit *close* wird das Formular (samt allen Unterobjekten) geschlossen, für den Anwender wird es damit erst einmal unsichtbar. Im Speicher ist es aber nach wie vor erhalten und kann bei Bedarf mit *open* auch wieder geöffnet werden. Mit *release* wird das Objekt endgültig aus dem Speicher entfernt und damit auch gleich alle darauf platzierten Unterobjekte, ganz egal wie viele es sind.

Wie schon *open* wirken sich auch *close* und *release* beim Formular nicht nur auf das Formular selbst, sondern auch auf die darin befindlichen Objekte aus. Ein mühsames einzelnes *close* und *release* für alle im Formular enthaltenen Unterobjekte ist damit nicht nötig (und könnte evtl. auch zu Fehlern führen, weil ja nicht alle Objekte die Methoden *close* und *release* ausführen können).

> (i) Wenn Sie *release* ohne vorheriges *close* ausführen geht das, *close* wird dann intern ausgeführt. Selbst das Ereignis *onClose* tritt ein, wenn Sie *close* vor dem *release* vergessen. Dennoch sollten mit *open* (oder *readmodal*, dazu komme ich noch) geöffnete Formulare immer mit *close* geschlossen werden.

> Wenn Sie in einem Formular auf das Ereignis *canClose* reagieren und es ohne ein *close* einfach mit *release* schliessen wird *canClose* <u>nicht</u> ausgeführt!

Das Entfernen von Objekten aus dem Speicher geht auch noch anders:

```
release object <objektvariable>
```

für obiges Beispiel lautet der Befehl also

```
release object oForm
```

Da *release object <objekt>* mit dem Aufruf der Methode *<objekt>.release* identisch ist bleibt es meist gleich, welche Variante Sie verwenden. Ich rate zur Verwendung der Methode *release*. Lediglich wenn Objekte eine solche Methode nicht besitzen müssen Sie auf *release object* zurückgreifen, da in diesem Fall der Aufruf von *<objekt>.release* zu einem Fehler führen würde.

Das ist beispielsweise bei einem Objekt der Fall, dessen Klasse sinnigerweise (oder eher verwirrenderweise?) auch *object* (engl. mit c geschrieben) heisst. Die Basisklasse *object* ist die einfachste Klasse von dBWin. Sie enthält nichts ausser heisser Luft, keine Eigenschaften, keine Methoden, keine Ereignisse. Sie ist damit die ideale Basis für eigene Klassen, und das tun wir gleich mal.

2.2.2 Einfaches Training mit Objekten

Wenn Sie aus der Basisklasse *object* ein Objekt erstellen ist es anfangs ohne jede Funktion. Sie können es nicht öffnen, nicht schliessen, nicht mal in die Ecke werfen. Und auch die Methode *release* kennt dieses Objekt nicht.

```
oDummy = new object()
oDummy.release()                    && Fehlermeldung!
release object oDummy               && so geht´s
```

Was das soll? Nun, Sie können sich damit eigene Klassen für jeden noch so abstrusen Zweck basteln, indem Sie eine neue Klasse von der Basisklasse *object* ableiten und mit beliebigen Eigenschaften und Methoden versehen.

Als kleines Beispiel hier eine Klasse *MyObject*, die aus der Basisklasse *object* erstellt wird. Ich gebe der neuen Klasse dabei auch gleich drei Eigenschaften namens *iVar*, *sVar* und *dVar* (Präfixe stehen für den Datentyp der Variablen, Integer, String und Datum), sowie eine Methode mit Namen *ShowTomorrow*.

Eigenschaften können feste Werte sein oder aus anderen Quellen stammen, wie das Tagesdatum der Funktion *date()* im Beispiel unten. Die Eigenschaft *dVar* enthält damit das Datum, an dem mittels *new* ein Objekt erstellt wurde.

Die Methode *ShowTomorrow* gibt dieses Datum plus einen Tag dann aus.

Listing *myclass.prg* bzw. *myclass.cc* (nur ein Ausschnitt dieser Dateien)

```
class MyObject of OBJECT

    this.iVar = 123
    this.sVar = "Hallo Welt"
    this.dVar = date()

    Procedure ShowTomorrow
       ? this.dVar + 1
    return

endclass
```

Diese neue Klasse *MyObject* wird in der Datei *myclass.prg* bzw. *myclass.cc* definiert und kann auch im Befehlsfenster verwendet werden. Beispiel:

```
set procedure to myclass.prg additive
oTest = new MyObject()        && Objekt erstellen
? oTest.iVar                  && Eigenschaften zeigen
? oTest.sVar
? oTest.dVar
oTest.ShowTomorrow()          && Methode aufrufen
release object oTest          && Objekt enfernen
? oTest.iVar                  && Fehlermeldung!
```

Die letzte Zeile produziert eine Fehlermeldung, da Sie in der Zeile davor das Objekt *oTest* bereits wieder aus dem Speicher entfernt haben. Danach ist ein Zugriff auf Eigenschaften oder ein Aufruf der Methoden nicht mehr möglich.

ⓘ Ein weiteres Beispiel für den praktischen Nutzen der Klasse *object* als ressourcenschonendes Plätzchen für Variablen siehe Band 2 ab Seite 212.

Das war nicht sehr aufregend, ich weiss. Dennoch sind diese Trockenübungen sehr wichtig, damit Sie ein Gefühl für die Klassen und Objekte bekommen. Das lässt sich mit solch einfachen Beispielen eben am einfachsten erreichen.

Wenn Sie in Ihren Programmen Formulare verwenden, haben Sie immer eine Basisklasse für diese Formulare (z. B. die Basisklasse *form*) und leiten daraus dann Ihre Formular-Objekte ab. Wenn Sie Formulare im *Formular-Designer* erstellen passiert das von allein, vielleicht ohne dass es Ihnen bewusst wird.

Natürlich können Sie auch eigene Klassen für Formulartypen erstellen und diese eigenen Klassen als Vorlagen im Designer verwenden. Und spätestens dann müssen Sie diese Klassen selbst programmieren können. Die Erstellung eigener Klassen zeige ich Ihnen noch oft. Aber zuerst noch mal etwas Übung und zwei Formulare, die beide auf der Basisklasse *form* von dBWin basieren.

Listing *twoforms.prg*

```
Open2Forms()

Procedure Open2Forms
local oForm1, oForm2
  oForm1 = new form()
  oForm2 = new form()
  oForm1.text = "Formular 1"
  oForm2.text = "Formular 2"
  oForm1.left = 10
  oForm2.left = 50
  oForm1.open()
  oForm2.open()
  wait "Bitte eine Taste ..."
  oForm1.visible = .f.
  wait "Bitte eine Taste ..."
  oForm1.visible = .t.
  wait "Bitte eine Taste ..."
  oForm1.close()
  oForm2.close()
  oForm1.release()
  oForm2.release()
return
```

Diese Funktion erstellt zwei Formulare, wartet auf einen Tastendruck, schaltet eines davon unsichtbar, wartet wieder auf eine Taste, macht es wieder sichtbar, warte erneut auf eine Taste und räumt dann die Formulare wieder sauber auf.

Wieder geht es nur darum, das Prinzip dahinter kennenzulernen, wie sowas funktioniert und auch wie einfach es ist, Formulare und Fenster zu steuern. Übrigens ist es in diesem Fall egal in welcher Reihenfolge Sie die beiden Formulare erstellen, öffnen, schliessen und aus dem Speicher entfernen.

(i) Wenn es Ihr Programm erfordert ein Formular vor dem Anwender zu „verstecken", ist es nicht ratsam dies mit *close* und erneutem *open* zu tun. Denn bei *open* und *close* werden evtl. noch andere Aktionen ausgeführt, die aber nur <u>einmal</u> beim öffnen bzw. schliessen des Formulars erwünscht sind. Zum verstecken von Formularen oder von einzelnen Objektes im Formular gibt es die dafür viel besser geeignete Eigenschaft *visible*, die Sie beliebig oft und gefahrlos auf *.t.* (true, sichtbar) bzw. *.f.* (false, unsichtbar) setzen können.

2.2.3 Ein Objekt-Leben im Zeitraffer

Vergleichen wir nun noch einmal zwei Klassen. Der Anfang und das Ende eines Menschen im Vergleich zu einem dBWin-Formular. Ok, der Vergleich ist schon ein wenig vermessen, aber der Zweck heiligt die Mittel, also los ...

Aktion	Mensch	Formular
Vorgeschichte	eine laue Sommernacht	public o
Zeugung	(zensiert)	o = new form()
Entstehung	Geburt	o.open()
Namensgebung	„Susi" sollst du heissen	o.text = "Susi Sorglos"
älter werden	Kindheit, Jugend	o.width = o.width * 2
Null-Bock-Phase	Pubertät	o.visible = .f.
Vernunft setzt ein	Geld verdienen	o.visible = .t.
Bewegung	Umzug	o.left = o.left + 20
Nachwuchs	Kinder kriegen	o.child = new pushbutton(o)
Vorsorge treffen	Testament	o.onclose = {;? "bye bye"}
Es geht zuende	Tod	o.close()
Das war's	Verwesung	o.release()

Sie können alle Befehle der rechten Spalte im Befehlsfenster ausführen und sehen sofort die Reaktion. Damit sehen Sie beispielhaft an einem einfachen Formular, dass auch Objekte in dBWin so eine Art „Lebenszyklus" haben.

Zugegeben, so ganz stimmig ist es nicht, es fehlt u. a. der wichtige Umstand, dass Eltern ihre Gene an die Kinder vererben. Doch auch Klassen können ihre Bestandteile vererben, aber das ist ein Thema, das ich mir für später aufhebe.

> (i) Die Befehle sind auch innerhalb einer Prozedur oder Funktion denkbar. Dann empfiehlt sich aber eine lokale Variable, also *local o* statt *public o*, das ich hier nur verwendet habe, damit es auch im Befehlsfenster funktioniert.

In dem gezeigten kurzen Leben eines Formulars haben Sie *Eigenschaften* des Formulars geändert (*text, left, width, visible*), haben ein paar seiner *Methoden* aufgerufen (*open, close* und *release*) und sogar schon ein *Ereignis* (*onClose*) abgefangen bzw. auf das Ereignis reagiert. Und das alles mit den paar Zeilen! Haben Sie gemerkt, wie einfach es im Grunde ist, mit Klassen umzugehen?!

> Es gibt Dinge, die sind so wichtig, dass sie wiederholt werden müssen: Vergessen Sie nie, nicht mehr benötigte Objekte wieder aus dem Speicher zu entfernen. Zwar werden sie automatisch beim Ende des Programms entsorgt, aber bis dahin „leben" sie weiter als „Untote" und können wenn's dumm läuft gehörigen Schaden anrichten. Und früher oder später läuft's immer dumm ... Solcher Müll im Speicher gehört mit Abstand zu den häufigsten Ursachen für unerklärliche Programmabstürze, die erst sehr viel später und ganz woanders auftreten können. Die zahlreichen und inzwischen sogar brauchbaren internen Schutzmechanismen von Windows helfen zwar oft, aber eben nicht immer ...

2.3 Basiswissen über Eigenschaften

Bei Eigenschaften einer Klasse bzw. eines Objekts gibt es ein paar Details zu beachten. Welchen Inhalt und Datentyp eine Eigenschaft hat, ob und wenn ja unter welchen Bedingungen sie änderbar ist und welche Konsequenzen es hat.

Grundsätzlich haben Eigenschaften eine starke Ähnlichkeit mit Variablen und werden auch so im Code verwendet. Bei Variablen sieht das z. B. so aus:

```
public iVar
iVar = 122
iVar = iVar + 100
? iVar                    && Ausgabe: 222
```

Zuerst wird eine Variable deklariert, dann wird ihr ein Wert zugewiesen (hier ein numerischer Wert). Dieser Wert wird anschliessend verwendet, indem er erst erhöht und dann auf dem Bildschirm ausgeben wird. Sie kennen das, bzw. falls nicht möchte ich Sie eindringlich auf die Bände 1 und 2 verweisen.

Nun dasselbe bei einer Objekt-Eigenschaft. Beginnen wir mit der Eigenschaft *left*, sie kennzeichnet die Position der linken oberen Ecke bzw. des linken Rands von sehr vielen Objekte, unter anderem auch von Formularen.

```
public oForm
oForm = new form()
oForm.left = 10
oForm.open()
oForm.left = oForm.left * 2
? oForm.left                        && Ausgabe: 20
```

Der erste sichtbare Unterschied liegt darin, dass hier nicht die Eigenschaft *left* deklariert wird, sondern zuerst die Variable für das Objekt (*oForm*), und dass dieses Objekt erst im Speicher aufgebaut werden muss (*new*), bevor man auf irgendeine Eigenschaft davon zugreifen kann. Ist ja auch logisch, bevor Sie etwas benutzen können muss es mal existieren. Was es nicht gibt kann nicht geändert, nicht für Berechnungen verwendet und nicht ausgegeben werden (mit einer Ausnahme: Politiker geben häufig Geld aus das sie nicht haben).

Da es sich bei *left* um eine „angeborene" Eigenschaft der Klasse *form* handelt wird sie beim anlegen des aus der Klasse abgeleiteten Objekts mit *new* autom. erstellt. Ich sagte ja bereits, dass ein Objekt alle Bestandteile der Klasse erbt. Eine Deklaration von *left* wie bei „normalen" Variablen erübrigt sich damit. Die meisten angeborenen Eigenschaften haben auch schon bei ihrer „Geburt" einen vorgegebenen Wert (einen sog. *Default-Wert*), bei *left* ist dies meist *0*.

Tja, und dann verwenden Sie *left*, indem Sie den Namen des Objekts davor setzen und beides mit einem Punkt voneinander trennen. So einfach ist das! Welche angeborenen Eigenschaften es bei den verschiedenen Klassen noch gibt erfahren Sie in der dBWin-Dokumentation. Dort sind meistens auch die Vorgaben genannt, sofern eine Eigenschaft eine Voreinstellung (default) hat.

💣 Auf Default-Werte von angeborenen Objekt-Eigenschaften sollten Sie sich nicht blind verlassen. Das kann sich bei einer neuen Version von dBWin schon mal ändern und dann verhält sich Ihr Programm plötzlich anders und Sie wissen nicht warum. Um auf Nummer sicher zu gehen sollten Sie selbst auch „angeborene" Objekt-Eigenschaften mit sinnvollen Werten vorbelegen. Das ist zwar augenscheinlich unnötige Arbeit, aber wenn es doch mal ein Update mit geänderten Defaults gibt werden Sie sehr froh darüber sein.

Beachten Sie bitte auch immer den Datentyp der Eigenschaft. Die Anweisung

```
oForm.left = "ganz links"
```

ist vielleicht gut gemeint, kann aber von dBWin nicht verstanden werden und führt zu einer Fehlermeldung. Bei „normalen" Variablen geht das (leider ...):

```
public iVar
iVar = 10
? iVar                    && Ausgabe: 10
iVar = "zehn"
? iVar                    && Ausgabe: zehn
```

Das geht, weil eine Variablen-Deklaration in dBWin nicht an einen Datentyp gebunden ist, wie es bei den „richtigen" Programmiersprachen oft der Fall ist.

> (i) Manche betrachten dieses laxe Verhalten bei „normalen" Variablen als Flexibilität. Aber wer viel mit anderen Sprachen wie *C* oder *Delphi* arbeitet, dem ist das nicht geheuer. Gefährlich und fehleranfällig ist es auf jeden Fall.

Und wie können Sie selbst Objekt-Eigenschaften hinzufügen? Ganz einfach:

```
public oForm
oForm = new form()
oForm.iLinks = 10
oForm.iLinks = oForm.iLinks * 2
? oForm.iLinks            && Ausgabe: 20
```

Das fügt dem Formularobjekt *oForm* die Eigenschaft *iLinks* zu. Ich verwende den Präfix *i* um eine numerische Variable zu kennzeichnen, das kennen Sie ja. Diese hinzugefügte Eigenschaft lässt sich behandeln wie eine „angeborene", und leider kann man damit schlampig umgehen wie mit „normalen" Variablen.

```
public oForm
oForm = new form()
oForm.iLinks = 10
? oForm.iLinks            && Ausgabe: 10
oForm.iLinks = "zehn"
? oForm.iLinks            && Ausgabe: zehn
```

Das obige Beispiel soll der Abschreckung dienen. Es ist von der Syntax her korrekt und dBWin führt es auch anstandslos aus. Leider. Aber es ist alles andere als guter Programmierstil, daher hier die Version wie sie sein sollte:

```
public oForm
oForm = new form()
oForm.iLinks = 10
? oForm.iLinks            && Ausgabe: 10
oForm.sLinks = "zehn"
? oForm.sLinks            && Ausgabe: zehn
```

So ist es richtig. Für eine neue Eigenschaft mit einem neuen Datentyp erstellen Sie eine weitere Eigenschaft, und verwenden nicht einfach die alte numerische Eigenschaft um ihr plötzlich einen String zuzuweisen. Sie brauchen die neue Eigenschaft ja nicht mal extra deklarieren, sondern einfach nur einen anderen Namen verwenden (hier eben das Präfix *s*, das einen String kennzeichnet) und schon haben Sie eine gänzlich neue Eigenschaft. Einfacher geht´s ja nimmer.

(i) Gehen Sie bei hinzugefügten Klassen- und Objekt-Eigenschaften immer genauso sorgfältig vor wie bei „normalen" Variablen. Achten Sie auf sinnvolle Namensgebung und verwenden Sie einen Präfix, der den Datentyp eindeutig kennzeichnet, damit Sie Ihren Quellcode auch in fünf Jahren noch verstehen.

Die einem Objekt neu zugefügten Eigenschaften gehen übrigens automatisch verloren, wenn das betreffende Objekt mit *release* aus dem Speicher entfernt wird. Aufräumaktionen für eigene Eigenschaften sind daher i.d.R. nicht nötig.

Lediglich wenn eine Eigenschaft eines Formulars wiederum ein Formular ist, sollten Sie das zweite explizit freigeben bevor das erste freigegeben wird.

```
1.    oForm = new form()
2.    oForm.oSubform = new form()
3.    oForm.text = "Hauptformular"
4.    oForm.oSubform.text = "Unterformular"
5.    oForm.open()
6.    oForm.oSubform.open()
7.    oForm.close()
8.    oForm.release()              && zu früh!
9.    oForm.oSubform.close()       && Fehlermeldung!
10.   oForm.oSubform.release()     && Fehlermeldung!
```

Nach dem öffnen des zweiten Formulars müssen Sie es ggf. mit der Maus ein wenig verschieben, weil sich evtl. beide genau überlappend geöffnet haben.

Sie vermeiden die Fehlermeldungen, indem Sie die Zeile 8. zuletzt ausführen, also erst *oForm.oSubform* schliessen und freigeben, zuletzt *oForm* freigeben.

Im Gegensatz zu den von Ihnen einer Klasse oder einem Objekt zugefügten Eigenschaften, die Sie jederzeit ändern können, ist dies bei den angeborenen Eigenschaften nicht immer möglich. Einige davon sind (aus gutem Grund) schreibgeschützt (engl. *read-only*) und können daher nur gelesen werden.

Einige der schreibgeschützten Eigenschaften behalten ihren Inhalt während der ganzen Lebensdauer des Objekts bei. Ein Beispiel dafür ist *classname*, diese Eigenschaft enthält den Namen der jeweiligen Klasse eines Objekts.

```
oObj1 = new form()
? oObj1.classname              && Ausgabe: form
oObj2 = new entryfield(oObj1)
? oObj2.classname              && Ausgabe: entryfield
oObj3 = new pushbutton(oObj1)
? oObj3.classname              && Ausgabe: pushbutton
oObj4 = new object()
? oObj4.classname              && Fehlermeldung!
```

Im Beispiel sehen Sie, dass die Klasse *object* anfangs wirklich völlig leer ist und nicht einmal die sonst immer vorhandene Eigenschaft *classname* kennt.

Es ist weder nötig noch wäre es sinnvoll, dass Sie die Eigenschaft *classname* während dem Ablauf des Programms ändern. Sie würden das Objekt in eine schwere Sinnkrise stürzen, wenn Sie plötzlich seine Abstammung ändern. Stellen Sie sich vor, Sie erfahren eines Tages, dass Sie kein Mensch sondern ein Fahrzeug oder ein Computer sind. Ups ... Ähnlich ginge es dem Objekt.

Andere Eigenschaften ändern sich ggf. abhängig vom Ablauf des Programms. Kleiner Test gefällig? Dann erstellen Sie bitte ein Formular und öffnen Sie es. Dann geben Sie die Position, die Höhe und die Breite im Befehlsfenster aus:

```
public oForm
oForm = new form()
oForm.open()
? oForm.left
? oForm.top
? oForm.width
? oForm.height
```

Ändern Sie jetzt die Position und die Grösse, aber nicht per Befehl, sondern so wie es der Anwender tut, indem Sie das Fenster mit der Maus verschieben und seine Grösse ändern. Lassen Sie sich dann die Eigenschaften erneut anzeigen.

Wieder andere Eigenschaften ändern sich seltener und vielleicht nur bei ganz bestimmten Ereignissen. So z. B. die Eigenschaft *hwnd*, die das interne Handle (sprich: Händl) des Fensters ausgibt. Ein Handle ist aber erst gültig nachdem das Fenster mit *open* geöffnet wurde. Sie werden direkt nach Erstellung eines Formulars mit *new* ein Handle *0* angezeigt bekommen, nach *open* ist es eine relativ beliebige und meist sehr grosse Zahl und nach *close* ist es wieder *0*.

ⓘ *hwnd* ist schreibgeschützt und das ist auch gut so. Es hätte unabsehbare Folgen, wenn sich das Handle eines Fensters plötzlich ändern würde. Inhalt und Bedeutung von *hwnd* sind für Sie erst einmal egal, Sie brauchen es nur wenn Sie die *Windows-API* verwenden. Aber das wird ein eigenes Buch ...

Zuletzt noch ein wichtiges Detail zu den Eigenschaften von Objekten: ganz gleich ob Sie „angeborene" Eigenschaften eines Objekts ändern oder neue Eigenschaften hinzufügen, die Änderungen gelten stets nur für <u>dieses</u> Objekt, aber <u>nicht</u> für die (Basis-)Klasse, aus der das Objekt einmal entstanden ist.

Wenn Sie in einem Programm zwei Fenster haben, die beide der Klasse *form* entstammen, so haben die beiden Fenster ja meist unterschiedliche Positionen auf dem Bildschirm. Damit haben einige ihrer Eigenschaften wie *left* oder *top* unterschiedliche Werte. Das geht nur, wenn jedes Objekt seine Eigenschaften ganz für sich allein hat und Änderungen daran nur für dieses Objekt gelten.

Dasselbe gilt auch für neue Eigenschaften, die Sie Ihren Objekten zufügen:

```
oForm1 = new form()
oForm2 = new form()
oForm1.left = 10
oForm2.left = 25
oForm1.open()
oForm2.open()
oForm1.sMantra = "ich bin gut"
? oForm1.left
? oForm2.left
? oForm1.sMantra
? oForm2.sMantra                && Fehlermeldung!
oForm1.close() ; oForm1.release()
oForm2.close() ; oForm2.release()
```

Zwei Objekte, beide stammen der Basisklasse *form* ab, beide haben eigene Positionen auf dem Bildschirm. Das eine Objekt bekommt noch eine neue Eigenschaft *sMantra* mit einem String als Inhalt verpasst, das andere nicht.

Bei der Ausgabe der neuen Eigenschaft *sMantra* des ersten Objekts wird der String ausgegeben. Tun Sie das aber beim zweiten Objekt erhalten Sie eine Fehlermeldung, da das zweite Objekt diese neue Eigenschaft ja nicht kennt. Selbst wenn Sie das zweite Objekt erst erstellen nachdem Sie dem ersten die neue Eigenschaft verpasst haben, wird das zweite Objekt sie nicht kennen.

```
oForm1 = new form()
oForm1.sMantra = "ich bin gut"
oForm2 = new form()
? oForm1.sMantra
? oForm2.sMantra                && Fehlermeldung!
```

ⓘ Änderungen in Objekten, z. B. Änderung einer Eigenschaft, wirken sich nur auf das jeweilige Objekt, aber nicht auf seine Klasse oder auf andere aus dieser Klasse abgeleitete Objekte aus. Auch nicht auf später erstellte Objekte.

Jetzt wissen Sie, dass Eigenschaften immer nur für ein Objekt gelten. In einem anderen Objekt, gleich ob dieses andere Objekte nun von derselben oder von einer anderen Klasse abstammt, kann es dieselbe Eigenschaft mit demselben Namen geben, dennoch ist es ein anderes Objekt und eine andere Eigenschaft.

```
oObj1 = new object()
oObj1.iEigenschaft = 123

oObj2 = new object()
oObj2.iEigenschaft = 789

? oObj1.iEigenschaft          && Ausgabe: 123
? oObj2.iEigenschaft          && Ausgabe: 789
```

Das ist im Grunde nichts anderes wie zwei Prozeduren oder Funktionen mit einer gleichnamigen lokalen Variable. Eine lokale Variable gilt ja nur in der Prozedur, in der sie auch deklariert wurde. Dass es in mehreren Prozeduren gleichnamige lokale Variablen gibt ist völlig egal (siehe Band 2 Seite 193).

Jede Klasse und jedes von ihr abgeleitete Objekt ist ein abgeschlossener und relativ gut geschützter Bereich. Es ist egal, wenn es in verschiedenen Klassen und in vielen daraus entstehenden Objekten gleichnamige Eigenschaften gibt.

Selbst der Datentyp und die Bedeutung dieser gleichnamigen Eigenschaften kann unterschiedlich sein, auch das erlaubt dBWin. Aber Ihre Selbstdisziplin und Ihr hoffentlich stetiges Bemühen um übersichtlichen Code, der auch nach vielen Jahren noch leicht verständlich ist, sollte dies doch bitte nicht erlauben. Natürlich, es gibt Situationen da zählt nur noch Pragmatismus, auch bei mir ...

(i) Dieser Schutz des Innenlebens einer Klasse und der daraus entstehenden Objekte wird auch *Kapselung* genannt. Es wird dazu später noch ein eigenes Kapitel mit vertiefenden Informationen geben. Für den Anfang genügt dies.

Beachten Sie in diesem Zusammenhang bitte auch dieses fehlerhafte Beispiel:

```
oObj = new object()
oObj.iEigenschaft = 123       && Ausgabe: 123
? oObj.iEigenschaft
oObj = new object()
? oObj.iEigenschaft           && Fehlermeldung!
```

Hier wird das Objekt *oObj* zweimal neu angelegt. Es funktioniert, führt aber zu zwei Problemen: das erste Objekt wurde nicht korrekt aus dem Speicher entfernt (dBWin entsorgt es in diesem Fall, aber ist darauf immer Verlass?), und das neue kennt dann natürlich die Eigenschaft *iEigenschaft* nicht mehr.

2.4 Basiswissen über Methoden

Als *Methoden* werden die Prozeduren und Funktionen bezeichnet, die in der jeweiligen Klasse definiert sind. Ansonsten unterscheiden sich Methoden im Grunde nicht von „normalen" Routinen (von *Procedure* und *Function*).

Sie haben bereits zahlreiche Beispiele kennengelernt, z. B. *open* und *close*. Nun können die Methoden einer Klasse aber nicht nur von aussen, sondern natürlich auch direkt von innerhalb der Klasse aufgerufen werden. Aber dann ist die Syntax anders, daher ist es nötig dies an einem Beispiel zu erläutern.

Listing *methode1.prg*

```
1.   oObj = new NurEinTest()
2.   oObj.ShowText ( "Aufruf von aussen" )
3.   oObj.ZeigeText()
4.   release object oObj
5.
6.   class NurEinTest of OBJECT
7.
8.      Procedure ShowText ( sText )
9.         ? sText
10.     return
11.
12.     Procedure ZeigeText ( NULL )
13.        class::ShowText ( "Aufruf von innen" )
14.     return
15.
16.  endclass
```

In den Zeilen 6 bis 16 wird eine Klasse *NurEinTest* definiert. Diese Klasse enthält keine Eigenschaften, dafür zwei Methoden. Die Methode *ShowText* bekommt einen Parameter übergeben, die Methode *ZeigeText* dagegen nicht. Soweit ist alles ganz einfach, es sind normale Prozeduren (oder Funktionen), wie Sie sie sicher schon hundertfach für alles mögliche programmiert haben.

 Statt *Procedure* könnten Sie genausogut auch *Function* verwenden.

In Zeile 1 wird aus der Klasse ein Objekt *oObj* erstellt. Es werden die beiden Methoden *ShowText* mit Parameter (2), sowie *ZeigeText* ohne Parameter (3) aufgerufen. Am Ende wird die Klasse wieder aus dem Speicher entfernt (4).

Interessant ist Zeile 13. Dort wird die Methode *ShowText* aufgerufen und bei dem Aufruf wird das Schlüsselwort *class*, gefolgt von zwei Doppelpunkten, vorangestellt. Mit *class::* weiss dBWin, dass *ShowText* innerhalb der Klasse zu finden ist, irgendwo zwischen *class* und *endclass*, und nicht ausserhalb an irgendeiner anderen Stelle der Quelldatei (oder gar in einer anderen Datei).

Warum das überaus wichtig ist sehen Sie, wenn wir das Beispiel erweitern:

Listing *methode2.prg*
```
1.    oObj = new NurEinTest()
2.    oObj.ShowText ( "Aufruf von aussen" )
3.    oObj.ZeigeText()
4.    release object oObj
5.
6.    class NurEinTest of OBJECT
7.
8.        Procedure ShowText ( sText )
9.            ? sText
10.       return
11.
12.       Procedure ZeigeText ( NULL )
13.         ShowText ( "Aufruf von innen" )
14.       return
15.
16.    endclass
17.
18.    Procedure ShowText ( sText )
19.        ? "ich bin die falsche!"
20.    return
```

Neu sind hier lediglich die Zeilen 18 bis 20, in denen eine Prozedur definiert
wird mit demselben Namen, wie es ihn auch schon innerhalb der Klasse gibt.

Ein weiterer Unterschied ist in der Zeile 13 zu sehen, dort wird dem Aufruf
von *ShowText* kein *class::* mehr vorangestellt. Dadurch erkennt dBWin nicht
mehr, dass die Methode *ShowText* gemeint ist, sondern sucht jetzt ausserhalb
der Klasse nach einer Routine mit diesem Namen und findet sie in Zeile 18.

Es ist also erlaubt, dass Methoden (ebenso wie Eigenschaften) innerhalb von
Klassen Namen bekommen, die es ausserhalb der Klasse schon gibt. Das ist
korrekt und völlig in Ordnung, denn Methoden innerhalb einer Klasse sind
nach aussen streng abgeschirmt (man sagt dazu auch sie sind „gekapselt").

Eine Klasse „kapselt" alle in ihr liegenden Bestandteile (ihre Methoden und
ihre Eigenschaften) so gut wie nur irgendwie möglich von der Aussenwelt ab.
Daraus ergeben sich unendlich viele Möglichkeiten für die Programmierung!

ⓘ Methoden einer Klasse sind nur in der Klasse bekannt. Ausserhalb der
Klasse kann es Routinen mit demselben Namen geben, ohne dass diese sich
gegenseitig stören. Verschiedene Klassen können gleichnamige Methoden
haben, egal ob „angeborene" Methoden oder von Ihnen neu programmierte.

Und wie auch schon bei den Eigenschaften können Methoden aus mehreren Klassen denselben Namen haben, aber sonst völlig unterschiedlich sein.

Listing *methode3.prg*

```
1.    oObj1 = new Klasse1()
2.    oObj2 = new Klasse2()
3.    oObj1.SagDochWas()
4.    oObj2.SagdochWas()
5.    release object oObj1
6.    release object oObj2
7.
8.    class Klasse1 of OBJECT
9.
10.      Procedure SagDochWas ( NULL )
11.         ? "Spieglein Spieglein an der Wand"
12.      return
13.
14.   endclass
15.
16.   class Klasse2 of OBJECT
17.
18.      Procedure SagDochWas ( NULL )
19.         ? "Scherben bringen Glück"
20.      return
21.
22.   endclass
```

Ich definiere zwei verschiedene Klassen. Beide haben eine Methode mit dem Namen *SagDochWas()*, deren Funktion aber jeweils unterschiedlich ist. Und da es unterschiedliche Klassen sind ist diese Namensgleichheit kein Problem.

Hier wird von jeder der zwei Klassen ein Objekt erzeugt und ihre Methode *SagDochWas()* aufgerufen. Es wird stets die Methode der Klasse aufgerufen, von der das Objekt abgeleitet wurde. Es ist völlig egal, dass die Methoden gleich heissen, die *Kapselung* sorgt für eine saubere Trennung der beiden.

Zu einer ungewollten Überschneidung oder gar einem Aufruf der falschen Methode kann es im „Normalfall" nicht kommen (und falls das doch einmal passiert wird es höchste Zeit, dass Sie Windows mal wieder neu booten ...).

ⓘ Damit diese simplen Beispiele funktionieren müssen die Zeilen in denen die Klassen definiert werden, also *class ... endclass* jeweils <u>nach</u> den Befehlen zur eigentlichen Ausführung stehen. Ich mische aber nur für diese einfachen Beispiele Code für die Definition von Klassen und Code zur Ausführung in einer Quelldatei. Meist ist es besser und ich rate sehr dazu, dass Sie Code für Klassen in eigene Quelldateien schreiben und mit *set procedure to* einbinden.

2.5 Basiswissen über Ereignisse

Während Sie eine Methode gezielt und bewusst aufrufen treten Ereignisse oft ohne Ihr Zutun und „aus heiterem Himmel" auf. Manchmal als Reaktion auf den Aufruf einer Methode, oft aber auch aus völlig anderen Gründen, die im Aufbau und im Verhalten von dBWin oder Windows begründet sind.

ⓘ Ereignisse werden auch engl. *events* bezeichnet. Auch die Onlinehilfe von dBWin und der Objektinspektor verwenden sehr oft den Begriff *event*.

Viele Ereignisse beginnen mit dem Namensteil *on...*, z. B. *onOpen, onClose*. Anhand der Namen können Sie sich oft schon denken, wann diese Ereignisse auftreten, z. B. beim öffnen (*onOpen*) und schliessen (*onClose*) des Fensters.

Im Unterschied zu Methoden, die Sie in (fast) beliebiger Stückzahl in einer Klasse programmieren und relativ frei benennen können, sind Anzahl und sogar die Namen von Ereignissen innerhalb einer Klasse fest vorgegeben.

Sie können also keine neuen Ereignisse programmieren, aber bei Bedarf auf die vordefinierten Ereignisse reagieren. Und das können je nach Klasse ganz schön viele sein ... Um auf ein Ereignis sinnvoll reagieren zu können werden Sie (nicht immer, aber meistens) eine Funktion, also eine Methode, benutzen.

Listing *events1.prg*
```
1.    oForm = new MyForm()
2.    oForm.open()
3.    wait "Bitte eine Taste ..."
4.    oForm.close()
5.    oForm.release()
6.
7.    class MyForm of FORM
8.
9.       this.onOpen  = class::MyOpenFunc
10.      this.onClose = class::MyCloseFunc
11.
12.      Function MyOpenFunc
13.         ? "Formular wird geöffnet"
14.      return
15.
16.      Function MyCloseFunc
17.         ? "Formular wird geschlossen"
18.      return
19.
20.   endclass
```

ⓘ Statt *Function* könnten Sie genausogut auch *Procedure* verwenden.

Im Beispiel wird eine einfache Formularklasse definiert, in der Sie auf die beiden Ereignisse *onOpen* (öffnen) und *onClose* (schliessen) des Formulars reagieren. In beiden Fällen wird jeweils eine Routine (Methode) aufgerufen.

Diese Routinen *MyOpenFunc* und *MyCloseFunc* sind jeweils innerhalb der Klasse definiert, es sind also Methoden der Klasse. Sie können die Methoden auch von aussen aufrufen, dazu reichen diese paar Zeilen im Befehlsfenster:

```
set procedure to events1.prg      && Klasse einbinden
oForm = new MyForm()
oForm.MyOpenFunc()
oForm.MyCloseFunc()
oForm.release()
```

Das macht keinen Sinn? Stimmt, und genau deshalb habe ich es Ihnen gezeigt. Sie rufen die Methoden, die in der Klasse an das Ereignis gebunden sind, von aussen auf. Das geht, die Methoden werden ganz normal ausgeführt. Aber das eigentliche Ereignis, also das öffnen bzw. schliessen des Formulars, passiert damit noch lange nicht, denn Sie haben weder *open* noch *close* aufgerufen!

ⓘ An Ereignisse gekoppelte Methoden können auch jederzeit wie normale Methoden sowohl von ausserhalb der Klasse (Syntax: *<objekt>.<methode>*), als auch innerhalb der Klasse (Syntax: *class::<methode>*) aufgerufen werden. In der Praxis macht das aber selten Sinn, denn meist enthalten diese Methoden ja Code, der an das Auftreten des entsprechenden Ereignisses gebunden ist.

Natürlich könnten Sie *open* und *close* mit einbauen, das sieht dann so aus:

```
set procedure to events1.prg      && Klasse einbinden
oForm = new MyForm()
oForm.open()
oForm.MyOpenFunc()
oForm.close()
oForm.MyCloseFunc()
oForm.release()
```

Damit werden beide Methoden doppelt aufgerufen, einmal von Ihnen direkt und andermal indirekt über das Ereignis. Es geht, aber Sinn macht es keinen.

💣 Beachten Sie *class::* beim Aufruf der Methoden in der Klasse (um es ganz genau zu formulieren: bei der Bindung der Methoden an das Ereignis). Ohne das *class::* würden die beiden Routinen ausserhalb der Klasse gesucht. Das wäre zwar möglich, sofern es Routinen mit diesen Namen ausserhalb der Klasse gäbe, es widerspricht aber stark dem Gedanken der OOP-Kapselung.

Nun ist die Bindung einer Methode an ein Ereignis mit dem Befehl

```
this.<ereignis> = class::<methode>
```

nur eine von mehreren Möglichkeiten, um auf Ereignisse reagieren können.
Eine zweite ist die Verwendung eines Codeblocks (siehe Band 2, Seite 230):

```
this.<ereignis> = {;class::<methode> [(parameter)]}
```

Links vom Gleichheitszeichen bleibt alles wie es war. Rechts davon beginnt es
mit einer offenen geschweiften Klammer, gefolgt von einem Strichpunkt. Mit
der Klammer wird der Codeblock eingeleitet, den Strichpunkt schreibt die
Syntax von dBWin vor (allerdings erst seit den ersten 32bit-Versionen).

Danach folgen wieder *class::*, dann der Name der Methode und bei Bedarf
können jetzt auch Parameter an die Methode übergeben werden. Das war bei
der zuerst gezeigten Variante ohne Codeblock noch nicht möglich. Wenn Sie
Ereignisse mit Parametern haben müssen Sie also den Codeblock verwenden.

(i) Sie erreichen die geschweiften Klammern { und } durch gleichzeitiges
Drücken der beiden Tasten [AltGr] + [7] bzw. [AltGr] + [0]. Zumindest bei
„normalen" Tastaturen, bei Notebooks ist das leider oft ziemlich konfus.

Hier nun das Beispiel von eben mit Verwendung eines Codeblocks:

Listing *events2.prg*
```
1.    oForm = new MyForm()
2.    oForm.open()
3.    wait "Bitte eine Taste ..."
4.    oForm.close()
5.    oForm.release()
6.
7.    class MyForm of FORM
8.
9.        this.onOpen  = {;class::AnyFunc ("geöffnet")}
10.       this.onClose = {;class::AnyFunc ("geschlossen")}
11.
12.       Function AnyFunc ( sText )
13.           ? "Formular wird " + sText
14.       return
15.
16.    endclass
```

Parameter erlauben es, für mehrere Ereignisse dieselbe Methode aufzurufen.
Unterschiede im Ablauf steuern dann die Parameter. Wenn es Ihnen lieber ist
können Sie aber auch für jedes Ereignis eine eigene Methode programmieren.

Nun noch ein sehr wichtiges Detail: der Vorsatz *this.*, z. B. in der Zeile

```
this.onOpen = {;class::AnyFunc ("geöffnet")}
```

ist sehr wichtig. Er bewirkt, dass hier tatsächlich das gewünschte Ereignis abgefangen und auf den Aufruf der jeweiligen Methode umgelenkt wird.

 Statt *this.* könnten Sie hier auch *form.* schreiben, das Ergebnis ist gleich.

Da wir gerade bei Codeblöcken sind, die können Sie natürlich auch dazu verwenden um die aufzurufende Methode komplett darin unterzubringen.

Listing *events3.prg* (bzw. *events4.prg* mit einer kleinen Änderung)

```
1.   oForm = new MyForm()
2.   oForm.open()
3.   wait "Bitte eine Taste ..."
4.   oForm.close()
5.   oForm.release()
6.
7.   class MyForm of FORM
8.
9.      this.onOpen  = {;? "Formular wird geöffnet"}
10.     this.onClose = {;? "Formular wird geschlossen"}
11.
12.  endclass
```

Es gibt jetzt keine Methoden mehr und die Befehle, die bei den Ereignissen auszuführen sind, werden einfach alle direkt in den Codeblock geschrieben.

Das ginge auch noch wenn mehrere Befehle ausgeführt werden sollen, da ein Codeblock mehr als einen Befehl enthalten kann. In diesem Fall müssen die einzelnen Befehle mit ; getrennt werden. Das wird dann aber bei mehreren oder längeren Befehlen schnell unübersichtlich, so dass es sich im Regelfall doch anbietet, lieber alles in eine Methode zu packen und diese aufzurufen.

Neben selbst geschriebenen Methoden können im Rahmen eines Ereignisses auch die vordefinierten Methoden der jeweiligen Klasse aufgerufen werden. Versuchen Sie doch mal folgendes, indem Sie die Zeile 9 wie folgt ändern:

```
9.      this.onOpen = {;? "mag nicht!" ; form.close()}
```

Sie erhalten einen sehr interessanten Effekt. Der Text beim schliessen des Formulars erscheint noch <u>vor</u> der Ausgabe des Befehls *wait*! Das liegt daran, dass das Formular beim Ereignis *onOpen* gleich den Befehl zum schliessen bekommt. Zeile 4 ist damit im Grunde überflüssig (stört aber auch nicht).

3. Visuelle Basisklassen

Unter *visuellen Basisklassen* sind alle Klassen zusammengefasst, die Sie in Formularen verwenden und die für den Anwender später auch sichtbar sind. Es gibt mehrere Möglichkeiten, die vielen Basisklassen von dBWin in Ihren Programmen zu benutzen. Einmal natürlich im *Formular-Designer*, mit dem Sie Formulare, Eingabemasken, Dialoge, Meldungsfenster und was Ihnen sonst noch alles einfällt mit ein paar Mausklicks zusammenbasteln können.

Sie legen einfach über das *Regiezentrum* oder über das Menü *Datei - Neu ...* ein neues Formular an und lassen Ihrer Phantasie freien Lauf. Dabei werden Sie die Basisklasse *form* für das Formular, aber auch diverse andere Klassen für Eingabefelder, Buttons, Linien, Texte etc. benutzen. Dass Sie dabei mit Klassen und Objekten arbeiten wird Ihnen nicht bewusst, denn der Designer versteckt diese Details so gut es geht und erstellt selbständig den Quellcode.

Der Designer legt eine Formulardatei *.wfm* an, schreibt den nötigen Code für Ihr Formular dort hinein und Sie kommen damit in sehr kurzer Zeit sehr weit. Nur: wirklich verstanden haben Sie Klassen, Objekte und *Objektorientierte Programmierung* damit vermutlich noch nicht. Sobald die Anforderungen spezieller werden oder ein per Designer gebautes Formular nicht tut was es soll haben Sie ein Problem und kommen nicht weiter. Das ändert sich jetzt!

Alles was die diversen Helferlein von dBWin können, das können Sie auch indem Sie den Code dazu selbst schreiben. Und glauben Sie mir, Sie können das mit ein klein wenig Übung schon bald sehr viel besser als jeder Designer.

Wenn Sie Ihre Produkte von der Masse der 0815-Programme abheben wollen werden Sie um selbst geschriebenen Code sowieso nicht herumkommen. Und genau das sollte als Profi ja auch ihr Ziel sein. Ok?! Prima, dann schreiben Sie bitte mal die folgenden einfachen Zeilen in eine Programmdatei beliebigen Namens, die Sie danach mit dem Befehl *do <programmdatei>* starten.

Listing *form1.prg* (alle Beispiele auf meiner Homepage zum Download!)

```
1.   public oForm
2.   oForm = new form()
3.   oForm.text = "Hallo Welt"
4.   oForm.open()
5.   wait "Bitte eine Taste ..."
6.   oForm.close()
7.   oForm.release()
```

(i) Ja, Sie verwenden hier eine *.prg*-Datei um ein Formular zu erzeugen, und keine *.wfm*-Datei, wie sie der Formular-Designer erstellen würde. Das ist absolut in Ordnung, Sie können Ihre Formulare (und auch die Menüs etc.) wie ganz „normalen" Quellcode in *.prg*-Dateien schreiben und ausführen lassen! Natürlich können Sie die Endung *.wfm* für diese Datei verwenden, wenn Sie das vorziehen. Ich rate aber, dass Sie *.prg* verwenden wie für Ihre „normalen" Programmdateien. Die anderen Endungen wie *.wfm* für Formulare können Sie getrost den Designern überlassen, so können Sie beide leicht unterscheiden.

Zurück zum Beispiel: Sie erstellen eine globale Variable namens *oForm* und weisen ihr ein Objekt zu, das von der Basisklasse *form* abgeleitet wird. In diesem Moment wird durch *new* das Formular im Speicher generiert, sehen können Sie es aber noch nicht. Aber Sie können bereits damit arbeiten und ihm z. B. einen Titel verpassen, indem Sie seine Eigenschaft *text* ändern. Anschliessend öffnen Sie das Formular durch Aufruf der Methode *open*.

Das Programm wartet auf eine Taste und Sie können Ihr Formular in Ruhe bestaunen. Wenn Sie sich daran sattgesehen haben drücken Sie eine Taste, dann wird es geschlossen (*close*) und aus dem Speicher entfernt (*release*).

(i) Die Variable heisst oForm, weil es eine Objekt-Variable eines Formulars ist. Es wird der Präfix *o* (=Objekt) verwendet, der den Datentyp kennzeichnet. Mehr Infos zur Benennung von Variablen siehe bitte Band 2 ab Seite 187.

Aber wo kommt die Basisklasse *form* im Beispiel überhaupt her? Sie wurde weder deklariert noch über externe Dateien oder Libraries eingebunden. Sind die Basisklassen einfach so „aus der Luft" verfügbar? Ja! Alle Basisklassen von dBWin sind sofort und ohne grosse Umstände nutzbar. Sie brauchen nichts weiter dafür tun, sie sind einfach da, gehören zum Funktionsumfang, genauso wie die guten alten dBASE-Befehle *use*, *append* oder *replace* etc.

Allerdings ist zu beachten, dass nicht von jeder Klasse einfach mal eben ein Objekt erstellt und irgendwo in der freien Wildbahn ausgesetzt werden kann.

Bei Formularen geht das, wie Sie gesehen haben. Bei vielen anderen Klassen wie z. B. *Arrays* oder *Queries* (auch das sind Klassen) ist das auch noch ok. Aber es gibt auch einige Klassen, die ein bestimmtes „Umfeld" zum „Leben" brauchen, und dieses Umfeld ist oft ein Formular. Damit kommt der Klasse *form* eine ganz besondere Bedeutung zu, denn Formulare sind selten allein, sondern bilden auch noch den „Lebensraum" für viele weitere Objekte.

Ist ja logisch, denn Texte, Eingabefelder und Buttons machen allein irgendwo auf dem Bildschirm verstreut keinen Sinn. Auch wenn es früher unter DOS üblich war, mal eben mit *say* und *get* ein paar Texte und Eingaben irgendwo auf den Monitor zu werfen. Die Zeiten sind bei Windows aber längst vorbei. Man mag darüber traurig oder froh sein, aber ändern kann man es nicht.

Für Aus- und Eingaben braucht es unter Windows im Regelfall zwingend das Umfeld eines Formulars. Viele Objekte wie Texte, Eingabefelder und Buttons werden daher stets in einem Formular platziert. Das ist wohl der Hauptgrund, warum Sie Ihren DOS-Code früherer dBASE-Programme meist wegwerfen und für Windows völlig neu erstellen müssen. Das Layout ist total anders.

Also beginnen wir unser bislang noch ziemlich langweiliges Formular mit einem Button aufzuwerten. Auch ein Button ist ein Objekt einer Basisklasse. Aber wie ich schon sagte, ein Button ohne Formular geht nicht. Daher führt der vielleicht naheliegende Versuch die Klasse *pushbutton* so zu verwenden:

```
public oBtn
oBtn = new pushbutton()          && Fehlermeldung!
```

auch prompt zu einer Fehlermeldung. Damit würde ein Button-Objekt erstellt, das kein dazugehöriges Formular hat, und das erlaubt dBWin nun mal nicht.

Also sind wir doch so nett und geben dem Button eine Heimat in Form eines Formulars, in das er eingebettet werden kann. Das sieht dann so aus:

```
public oForm, oBtn
oForm = new form()
oBtn = new pushbutton ( oForm )
```

Es gibt zwei Variablen, *oForm* für das Formular und *oBtn* für den Pushbutton. Dann wird das Formular erstellt. Es muss als erstes Objekt erstellt werden, da es ja der „Lebensraum" der noch folgenden Objekte ist. Zuerst musste es mal die Erde geben, dann erst konnten die Dinos darauf herumspazieren ...

Als zweites wird das Button-Objekt erstellt und das vorher erstellte Formular-Objekt als Parameter übergeben. So weiss der Button wo er hingehört und die Welt ist in Ordnung. Zumindest was die kleine überschaubare Welt unseres Formulars mit seinem einsamen Button betrifft, aber das soll uns hier reichen.

ⓘ Beim Formular-Designer brauchen Sie das alles nicht weiter interessieren, der erlaubt Ihnen ja sowieso die Platzierung von Texten und Buttons etc. nur innerhalb eines Formulars, und nicht irgendwo wild auf dem Bildschirm.

3.1 Basisklassen in der Praxis

So, basteln wir doch mal ein paar einfache Formulare zur Übung. Nein, nicht um Dinge „von Hand" zu tun, die mit dem Formular-Designer bequemer und schneller zu erledigen sind. Sondern damit Sie anhand so simpler Dinge wie den Formularen lernen und verstehen wie die Klassen und Objekte „ticken".

Listing *form2.prg*

```
1.   public oForm
2.   oForm = new form()
3.   oForm.width = 50
4.   oForm.height = 15
5.   oForm.text = "Ich bin der Titeltext"
6.   oForm.Btn = new pushbutton ( oForm )
7.   oForm.Btn.text = "&Klick mich!"
8.   oForm.Btn.OnClick = {;form.close(); form.release()}
9.   oForm.open()
```

Sie können obigen Code übrigens auf drei Arten zur Ausführung bringen:

1. geben Sie die Befehle im Befehlsfenster ein, jeweils mit **[Return]** bestätigt.

2. schreiben Sie die Befehle in einen beliebigen Editor (zur Not mit *Notepad*), markieren Sie alles und kopieren Sie dann alles auf einmal ins Befehlsfenster. Achten Sie darauf auch im Befehlsfenster alle Befehle zu markieren (sofern die Markierung nach dem reinkopieren nicht erhalten bleibt) und drücken Sie dann nur einmal die Taste **[Return]** um den ganzen Befehlsblock auszuführen.

> ⬤⁎ Bei einigen (älteren) dBWin-Versionen funktioniert die Ausführung eines markierten Befehlsblocks im Befehlsfenster nicht immer zuverlässig.

3. schreiben Sie die Befehle in eine *.prg* Datei beliebigen Namens, speichern Sie die Datei und führen Sie sie mit *do* *<dateiname>* im Befehlsfenster aus.

Die Zeilen 1 bis 5 erstellen ein Formular im Speicher mit Breite 50 und Höhe 15 (Sie können gern andere Zahlen verwenden), und einem Titeltext (ändern Sie ihn wenn Sie wollen, es ist Ihr Programm!). In Zeile 6 wird ein Button für das Formular erstellt, auch das hatten wir schon, nur dass wir dem Button in Zeile 7 gleich noch einen Text und einen Hotkey (**[Alt]** + **[K]**) verpassen.

Die hier verwendeten Eigenschaften *width*, *height* und *text* kennen Sie sicher längst aus dem Formular-Designer. Wenn Sie Band 2 meiner Reihe gelesen haben wissen Sie, dass Sie all diese Eigenschaften jederzeit per Befehl ändern können und der Formular-Designer im Grunde ja auch nichts anderes macht.

Zeile 8 ist interessant, hier schreiben Sie eine einfache Ereignis-Behandlung. Das Ereignis *OnClick* eines Buttons wird ausgeführt, sobald Sie den Button betätigen, also ihn mit der Maus anklicken, seinen Hotkey aufrufen (sofern er einen hat), oder die [Leertaste] drücken wenn der Button gerade aktiv ist.

Wenn der Button betätigt wird passiert folgendes: zuerst wird das Formular geschlossen, dann wird es aus dem Speicher entfernt, damit kein Speichermüll zurückbleibt. Das ist wichtig, denn genauso wie mit *new* ein Objekt zwar im Speicher erstellt wird, aber erst mit *open* sichtbar wird, so wird es zwar mit *close* wieder unsichtbar, aber erst mit *release* auch aus dem Speicher entfernt.

> Ja ja, es nervt und ich wiederhole mich, aber trotzdem: Achten Sie bitte darauf alle Objekte wieder aus dem Speicher zu entfernen. Würde dies jeder Programmierer tun wäre Windows ja vielleicht ein richtig stabiles System ... Zwar räumt dBWin und auch Windows inzwischen sehr viel Müll in seinem Speicher selbst wieder auf, aber darauf verlassen sollten Sie sich besser nicht.

Zeile 9 schliesslich ruft das Formular auf und Sie können es ausprobieren.

Falls Sie sich jetzt wundern wie es möglich ist, dass das Formular in Zeile 8 beendet und geschlossen, aber erst in Zeile 9 (also danach!) aufgerufen und sichtbar gemacht wird: In Zeile 8 wird das Formular weder sofort beendet noch sofort geschlossen. Hier wird nur schon mal definiert, dass es passieren soll, wenn irgendwann später der Button im Formular betätigt wird. Bevor er aber betätigt werden kann muss er sichtbar sein. Und dazu muss erstmal das Formular aufgerufen und sichtbar werden, und das passiert ja erst in Zeile 9.

Die Anweisungen *close* und *release* in Zeile 8 werden also nicht sofort mit Abarbeitung dieser Zeile ausgeführt, sondern es wird dort bestimmt, dass sie erst bei der Betätigung des Buttons, ausgeführt werden sollen. Das ist in etwa wie die Zuweisung einer Zahl an eine Variable und die spätere Verwendung dieser Variablen in einer Berechnung und die Ausgabe auf dem Bildschirm.

```
1.    iVar = 100
2.    iVar = iVar * 2
3.    ? iVar
```

Zeile 1 speichert nur einen Wert in einer Variable zur späteren Verwendung. So wie im letzten Beispiel in Zeile 8 die Aktionen für die spätere Betätigung des Buttons hinterlegt wurden. Anwendung bzw. Ausführung erfolgen später.

 Zeile 8 verwendet einen *Codeblock*, Details dazu in Band 2 ab Seite 230.

Bitte achten Sie darauf, die auszuführenden *OnClick*-Befehle in geschweifte Klammern zu setzen und mehrere Befehle mit einem *;* zu trennen. Auch direkt nach der offenen geschweiften Klammer muss ein *;* stehen, selbst dann wenn nur ein einzelner Befehl folgt (bei 16bit Versionen war das noch optional).

Ja, das Beispiel ist sehr einfach gestrickt. Ich verzichte daher bisher auch auf zusätzliche Abbildungen im Buch. Aber Sie erkennen daran schon sehr viel. Zum Beispiel, dass *close* und sogar *release* nicht immer ausserhalb, sondern auch innerhalb des Formulars stehen können, z. B. als eine Reaktion auf das betätigen eines Buttons oder natürlich auch noch in anderen Situationen.

> Achtung, *release* innerhalb eines Objekts kann auch in die Hose gehen und zu internen Fehlern führen, nicht alles Objekte verkraften es. Daher ist es üblich und ratsam, innerhalb eines Objekts zwar ggf. *close*, aber nicht *release* zu verwenden. Die Methode *release* sollte „von aussen" aufgerufen werden. Im Beispiel funktioniert es „von innen", aber das sollte nicht die Regel sein.

Listing *form3.prg*
```
1.    oForm = new form()
2.    oForm.open()
3.    sleep 5
4.    oForm.close()
5.    oForm.release()
```

1 erstellt das Formular (kreiert ein Objekt namens *oForm* der Klasse *form*), 2 öffnet das Formular (zeigt es auf dem Bildschirm an), 3 erzeugt eine Pause, 4 entfernt das Formular vom Bildschirm und erst 5 löscht es aus dem Speicher.

Von aussen passiert es über die Objektvariable (hier *oForm*). Von innen, also <u>innerhalb</u> des Formulars, ist dagegen diese Syntax für dasselbe Ergebnis nötig:

```
form.close()
form.release()
```

Statt über die Objektvariable *oForm* (deren Name ja beliebig ist, Sie könnten auch *oFenster* oder *MeinTollesFormular* etc. schreiben) verwenden Sie hier den Zugriff per *form*, und dieser Name *form* ist auch <u>nicht</u> änderbar. Egal wie das Formular oder die Objektvariable des Formular auch heissen mögen, von innen erfolgt der Zugriff eines Formulars auf sich selbst immer über *form*.

Sie sehen, ein Formular bzw. ein Objekt kann sich auch selbst schliessen und entsorgen, wenn Sie es programmieren. Ein Objekt kann sich also selbst den Boden unter den Füssen wegziehen bzw. den Ast absägen auf dem es sitzt (Objekte der Klasse Mensch können das manchmal auch ganz gut ...).

Nun stellen Sie sich mal ein Formular vor, das nicht nur einen Button, sondern viele Buttons, Texte, Eingabefelder etc. enthält. Der Code um dieses Formular „von Hand" zu erstellen wäre ein schier unbeschreiblicher Wust von vielleicht hunderten Befehlszeilen, die am Ende niemand mehr begreift. Daher war das Beispiel zwar von der Syntax her korrekt, aber nicht wirklich praxisgerecht.

Aber auch aus suboptimalen Beispielen lernt man, indem man sie verbessert. Dazu erstellen wir eine eigene Formular-Klasse als Ableitung der Basisklasse. Und obwohl es wieder ein sehr simples Beispiel ist sind Sie damit schon tief drin in der geheimnisvollen *OOP*, der *Objekt-Orientierten Programmierung*.

Ich verspreche, es ist das letzte langweilige Super-Simpel-Beispiel. Es schafft Ihnen die Basis und das nötige Grundverständnis für alles was danach kommt. Bald werden Sie eigene Klassen programmieren, die Sie sofort in allen Ihren Programmen einsetzen und individuell an Ihre Bedürfnisse anpassen können. Dann geht es auch noch tiefer in die Details, aber dazu muss die Basis sitzen.

Listing *form4.prg*
```
1.   public oForm
2.   oForm = new MyForm()
3.   oForm.open()
4.
5.   class MyForm of form
6.
7.      form.width = 50
8.      form.height = 15
9.      form.text = "Ich bin der Titeltext"
10.
11.     define pushbutton Btn of form property;
12.     text "&Klick!",;
13.     OnClick {;form.close(); form.release()}
14.
15.  endclass
```

Hier werden die Details des Formulars abgegrenzt vom restlichen Code und der Quelltext ist viel übersichtlicher. Die Zeilen *class ...* (5) bis *endclass* (15) definieren einen abgeschlossenen Codebereich, ähnlich wie bei Prozeduren und Funktionen. Und so wie Ihre Prozeduren einen Namen haben und später über diesen Namen aufgerufen werden ist es auch bei Ihren eigenen Klassen.

Sie definieren ein Formular namens *MyForm* (5) und geben mit *of form* an, dass das Formular (genauer: die neue Formularklasse) von der Basisklasse *form* abgeleitet werden soll. Der Name *MyForm* ist relativ beliebig, solange wie er nur eindeutig ist. Er wird später wieder bei *new* verwendet (2), also nicht mehr *new form()* wie in den ersten Beispielen, sondern *new MyForm()*.

Diverse Eigenschaften des Formulars wie seine Grösse, Breite und Titeltext definieren Sie gleich innerhalb der neuen Klasse (7 - 9), und darum heisst es jetzt nicht mehr *oForm.text = ...* sondern *form.text = ...* Sie verwenden zur Belegung der Eigenschaften nicht mehr die Objekt-Variable *oForm*, sondern beziehen sich gleich auf das Formular selbst mittels *form*. Dieser Bezug des Formulars auf das sich selbst funktioniert nur im Bereich *class ... endclass*.

Nun zum Button, auch sein Code sieht anders aus (11-13), hier ist er nochmal:

```
11.   define pushbutton Btn of form property;
12.   text "&Klick!",;
13.   OnClick {;form.close(); form.release()}
```

Ihnen fällt sicher sofort das ; am Ende der ersten beiden Zeilen auf. Es handelt sich hier also um einen Befehl, den Sie auch in eine Zeile schreiben können, dann müssen Sie die beiden ; aber weglassen. Probieren Sie es ruhig mal aus!

Betrachten wir die Zeile im Detail: der Anfang

```
define pushbutton Btn of form
```

entspricht dieser Befehlszeile der ersten gezeigten Beispiele

```
oForm.Btn = new pushbutton ( oForm )
```

Statt *new* steht hier *define* am Anfang. Beides führt zum selben Ergebnis, es wird ein neues Objekt (hier ein Button) erstellt. *define* ist die Variante zur Verwendung innerhalb einer Formular- bzw. Klassen-Definition. Die Zeilen sind auf den ersten Blick grundverschieden, haben aber dasselbe Ergebnis!

Beide enthalten den Namen des Buttons (*Btn*), die gewünschte Basisklasse (*pushbutton*) und eine Referenz auf das Formular (einmal *oForm* als Objekt-Variable, bzw. innerhalb des Formulars wird wieder nur *form* geschrieben).

```
... property;
text "&Klick!",;
OnClick {;form.close(); form.release()}
```

entspricht diesen Zeilen der ersten gezeigten Beispiele:

```
oForm.Btn.text = "&Klick!"
oForm.Btn.OnClick = {;form.close(); form.release()}
```

Wieder sieht der Code zwar sehr ähnlich, aber in einigen Details doch ganz anders aus. Und wieder führt er in beiden Fällen zum selben Ergebnis!

Mit *property* wird eine Liste von Bestandteilen des Objekts eingeleitet, wobei wir hier nur zwei Elemente ändern, die Eigenschaft *text* zur Beschriftung und das bekannte Ereignis *OnClick*. Da alles noch zum *define*-Befehl gehört ist kein erneuter Verweis auf den Button nötig, die Belegung der Eigenschaften und Ereignisse werden der Reihe nach mit Kommas getrennt geschrieben. Beachten Sie, dass diese Variante keine Zuweisung an eine Objekt-Variable ist, es gibt hier also keine Gleichheitszeichen mehr!

Das heisst, wenn Sie ein Objekt und dessen Eigenschaften ausserhalb eines Formulars definieren, muss sowohl die Definition des Objekts selbst mit *new*, als auch der Zugriff auf die Elemente des Objekts in eigenen Befehlen stehen. Zuweisungen an einzelne Eigenschaften sind wie Zuweisungen an Variablen zu schreiben, also links die Bezeichnung *<objektname>.<eigenschaft>*, dann das Gleichheitszeichen und dann der Inhalt, der hier zugewiesen werden soll.

```
oForm.Btn = new pushbutton ( oForm )
oForm.Btn.text = "&Klick!"
oForm.Btn.OnClick = {;form.close(); form.release()}
```

Wird ein Objekt dagegen innerhalb eines Formulars erstellt, so wird es nicht mehr mit *new* sondern mit *define* definiert und die Syntax ist etwas anders. Direkt darauf folgt das Schlüsselwort *property* und gleich im Anschluss sind einfach die gewünschten Elemente und ihre Inhalte ohne Gleichheitszeichen gelistet. Dabei ist zu beachten, dass das Ganze als ein Befehl betrachtet wird.

```
define pushbutton Btn of form property;
text "&Klick!",;
OnClick {;form.close(); form.release()}
```

Da diese Zeilen sehr lang werden können ist es sinnvoll und übersichtlicher, sie auf mehrere Zeilen im Quelltext zu verteilen. Im Idealfall verwendet man pro Eigenschaft eine Zeile, aber das ist Ihre Sache. In jedem Fall muss jede Zeile bis auf die letzte mit *;* abgeschlossen sein, damit dBWin erkennt, dass der Befehl noch nicht zuende ist, sondern in der nächsten Zeile weiter geht.

Die Reihenfolge der Elemente ist in beiden Varianten im Regelfall beliebig. Es spielt also keine Rolle, ob Sie z. B. bei einem Button zuerst die Position, dann seine Grösse und dann seinen Text definieren, oder genau andersherum. Ebenso ist es egal, ob Sie zuerst die Eigenschaften definieren und dann evtl. Ereignisse abfangen. Oder zuerst die Ereignisse, oder beides bunt gemischt.

(i) Sicher, der Designer macht das alles ohne dass Sie sich darum kümmern müssen. Aber dann würden Sie auch nichts über Klassen und Objekte lernen.

3.2 Einfache abgeleitete Klassen

Sie können sich jederzeit (fast) beliebige eigene Klassen programmieren. Das sind dann Klassen, die von einer dBWin-Basisklasse abgeleitet werden, aber dennoch für sich allein betrachtet vollständige eigenständige Klassen sind.

Verlassen wir wieder für einen Moment dBWin und blicken in die weite Welt hinaus. Von den zuvor aufgeführten Basisklassen aus dem „richtigen Leben" liessen sich leicht u. a. die folgenden Unterklassen (engl. Subclass) ableiten:

Menschen	Männer, Frauen, Kinder, Asiaten, Europäer, Politiker etc.
Fahrzeuge	PKWs, LKWs, Motorräder, Mofas, Traktoren, Bagger etc.
Computer	Server, Büro-PCs, Notebooks, PDAs, Spiele-Konsolen etc.

Auch überschneiden sich manche Unterklassen in Ihren Elementen, also in ihren Eigenschaften und Methoden. So gibt es sowohl asiatische Frauen als auch Männer, ein Pickup ist eine Mischung aus PKW und kleinem LKW und Notebooks können sowohl unterwegs wie auch im Büro benutzt werden.

Allen Unterklassen gemeinsam ist aber die Abstammung von der Basisklasse, ganz gleich wie ähnlich oder verschieden die Unterklassen untereinander sind.

Und natürlich können diese abgeleiteten Klassen nicht nur als eigenständige Klasse direkt verwendet werden, sondern können auch selbst wieder als Basis für weitere davon abgeleitete Klassen dienen, die für sich genommen wieder spezielle Eigenschaften haben, die sie voneinander unterscheiden. Beispiele:

Basisklasse	davon abgeleitet	davon nochmal abgeleitet
Menschen	Frau	Mutter, Ärztin, Sekretärin
Fahrzeuge	PKW	Limousine, Kombi, Cabrio
Computer	Server	Mailserver, Datenbankserver

Jede von einer Basisklasse abgeleitete Unterklasse „erbt" also zuerst einmal ein paar wesentliche Elemente dieser Basisklasse. Sie hat aber gleichzeitig ein paar spezifische Besonderheiten, die nur für die abgeleitete Klasse, aber eben nicht auch für die übergeordnete Basisklasse gelten. Zumindest nicht immer. Beispiele: Jede Frau ist ein Mensch, aber ein Mensch ist nicht zwingend eine Frau. Jede Mutter ist eine Frau, aber nicht jede Frau ist zwingend auch Mutter.

Möglichkeiten und Variationen, die Gemeinsamkeiten und Besonderheiten sind so vielfältig wie das Leben. Dennoch sind einige Details fest und einige Elemente sind nur in ganz bestimmten Klassen genau so und nicht anders. Sehen Sie sich um auf unserem Planeten und Sie wissen was ich meine ...

Und dieses Prinzip können wir auch auf dBWin übertragen. Auch hier gibt es zunächst einmal die Basisklassen und diverse davon abgeleitete Unterklassen:

Formulare	Eingabemasken, Dialoge, Meldungsfenster etc.
Eingabefelder	Eingaben für Text, Passwörter, Zahlen, Datum etc.
Buttons	grosse, kleine, mit/ohne Grafik, runde, eckige etc.

Und wie im „richtigen Leben" können wir das auch noch stärker gliedern:

Basisklasse	davon abgeleitet	davon nochmal abgeleitet
Formulare	Meldungsfenster	Hinweis, Frage, Warnung
Eingabefelder	Texteingabe	Name, Strasse, Passwort
Buttons	Pushbutton	OK, Abbruch, Hilfe

Das ist wieder nur eine kleine Auswahl der vielen Möglichkeiten. Auch hier gibt es natürlich Überschneidungen zwischen den einzelnen Unterklassen. Diverse Ähnlichkeiten sind ebenso oft zu finden wie deutliche Unterschiede.

Jede Meldung ist ein Fenster (ein Formular), aber nicht jedes Formular ist gleich eine Meldung. Ein Formular kann auch eine Eingabemaske sein, oder ein Formular das dem Anwender die Ergebnisse von Berechnungen anzeigt. Jede Dialog-Frage („ *Wollen Sie das Programm wirklich beenden?* ") ist eine Meldung, aber eine Meldung muss nicht zwingend eine Frage sein, sie kann auch nur ein lapidarer Hinweis („ *Interner Fehler, Daten sind verloren* ") sein.

Selbst ähnliche abgeleitete Objekte wie Eingabemasken (sie sind von der Basisklasse der Formulare abgeleitet) unterscheiden sich in vielen Details. Eine Maske zur Eingabe von Adressen sieht ganz anders aus wie eine zur Erfassung von Buchungssätzen. Ein Eingabefeld für einen Namen hat eine andere interne Formatierung und muss die eingegebenen Zeichen anders prüfen und darstellen als ein Eingabefeld für Beträge oder für ein Datum.

Viele der Unterklassen stammen also von derselben Basisklasse ab. Manchen sieht man ihre Herkunft an, anderen nicht. Auch hier ist die Vielfalt gross.

Welchen Sinn machen solche abgeleiteten Klassen in der Praxis? Warum sollten Sie überhaupt aus den Basisklassen Ihre eigenen Klassen ableiten? Warum nicht einfach den Designer starten, das Formular zusammenklicken und beim nächsten Formular dasselbe nochmal und so weiter und so fort ...

Weil Sie damit immens viel Zeit und Arbeit sparen! Viel mehr als Sie am Anfang brauchen um das Prinzip dahinter richtig zu verstehen, denn lernen müssen Sie es nur einmal, davon profitieren tun Sie den Rest Ihres Lebens!

Und als wenn das nicht schon Grund genug wäre kommt noch hinzu, dass Ihr Code und Ihre Programme einheitlicher und damit viel leichter zu pflegen und zu erweitern werden. Und nicht zuletzt können Sie sowohl Basisklassen, als auch daraus abgeleitete eigene Klassen immer wieder neu verwenden, für alle zukünftigen Programme und Projekte. Genau, das ist schon fast wie klonen.

Ein kleines theoretisches Beispiel, dessen Code für die Praxis natürlich folgt: Aus der Basisklasse Mensch könnte man zwei Unterklassen für Männer und Frauen ableiten. Das muss man nicht zwingend, schliesslich unterscheiden sich Männer und Frauen „nur" durch die Eigenschaft ihres Geschlechts und den sich daraus ergebenden anatomischen und auch emotionalen Feinheiten. Der Rest ist (mal gaaanz pauschal betrachtet) gleich oder zumindest ähnlich. Dennoch ist es in der Praxis nützlich diese Unterscheidung zu treffen. Das Geschlecht ist ein wesentlicher Unterschied, der eine eigene Klasse zulässt.

Was das mit dBWin zu tun hat? Nun, in dBWin (bzw. bei Windows) gibt es zwei Arten von Fenstern, die sich in sehr vielen Punkten gleichen, aber auch in ein paar wesentlichen Merkmalen unterscheiden. Die Rede ist einmal von den sog. MDI-Fenstern, die es mehrfach pro Programm geben kann, die man zum Symbol verkleinern und bei Nichtgebrauch einfach in den Hintergrund stellen kann. Und von den Dialogen, die immer allein auftreten und solange aktiv sind und penetrant im Vordergrund kleben bis man sie wieder schliesst.

ⓘ **MDI** steht für **M**ultiple **D**ocument **I**nterface, was vereinfacht gesagt soviel bedeutet wie dass Sie innerhalb eines Programmfensters mehrere Dokumente in jeweils eigenen Unterfenstern öffnen und bearbeiten können. Sie kennen das aus Ihrer Textverarbeitung, auch dort können Sie ja mehrere Briefe und andere Texte gleichzeitig innerhalb des Programms bearbeiten.

Beide Fenster stammen von der Basisklasse *form* ab (analog dazu: Mensch), unterscheiden sich in einer wesentlichen Eigenschaft, nämlich ob *mdi true* oder *false* ist (analog: Geschlecht männlich oder weiblich). Das wiederum bedingt noch weitere „kleine Unterschiede". Die Unterschiede sind damit so wichtig, dass sie eine eigene Unterklasse rechtfertigen (analog: Mann, Frau).

Beide Unterklassen haben Gemeinsamkeiten (wie Kopf, Arme und Beine bei Mann und Frau, Titeltext und Systemmenü bei MDI-Fenster und Dialog), die in ihren Details aber dennoch unterschiedlich ausgeprägt sind. Dabei können die Unterschiede sehr stark oder auch nur sehr gering sein, alles ist möglich.

Und beide verhalten sich anders. Sie kauft Schuhe, er Bohrmaschinen, das MDI-Fenster kann im Hintergrund sein, der Dialog stets im Vordergrund.

So, genug der grauen Theorie, wir basteln uns jetzt ein paar eigene Klassen! Dazu muss ich Sie leider erst mal erschrecken und Ihnen die Syntax zeigen:

```
class <unterklasse> [(<parameter>)]
  [ of <basisklasse> [(<parameter>)]
    [custom]
    [from <dateiname>] ]
  [protect <liste>]
  [<startcode>]
  [<methoden>]
endclass
```

Keine Bange, bei nüchterner Betrachtung wird es meistens nur so benutzt:

```
class <unterklasse> [(<parameter>)]
  of <basisklasse> [(<parameter>)]
  <startcode>
  <methoden>
endclass
```

Das sieht doch gleich nur noch halb so böse aus. Und wenn Sie das jetzt an einem realen Beispiel sehen wird es plötzlich sehr einfach und verständlich.

3.2.1 Eigene Klassen für Formulare

Listing *myclass.prg* bzw. *myclass.cc* (nur ein Ausschnitt dieser Dateien)
```
class MyFormClass ( sTitel, fCenter ) of FORM
  this.text = sTitel
  this.top = 0
  this.left = 0
  this.mdi = .t.
  this.escexit = .f.
  this.maximize = .t.
  this.minimize = .t.
  this.sysmenu = .t.
  this.sizeable = .t.
  this.moveable = .t.
  this.autoSize = .f.
  this.showspeedtip = .t.
  this.autoCenter = fCenter
  this.metric = 0
  this.ScaleFontName = "Arial"
  this.ScaleFontSize = 10
endclass
```

Wir definieren einfach eine eigene Formular-Klasse namens *MyFormClass*, die von der Basisklasse *form* abstammt. Übrigens, dass ich *FORM* oben gross geschrieben habe dient rein der Optik, damit es etwas deutlicher als Urheber der Klasse hervorsticht. Wenn Sie es lieber klein schreiben wollen, nur zu.

Die Parameter verwende ich um später den Titeltext des Fensters gleich bei dessen Erzeugung angeben zu können, und um es ggf. zentrieren zu lassen. Insgesamt ist der Quellcode unserer ersten eigenen Klasse damit sehr einfach zu schreiben und ebenso einfach zu verstehen. Dennoch, auch auf die Gefahr einer Wiederholung, nochmal im Detail, denn das ist die Basis Ihres Wissens:

```
class MyFormClass ( sTitel, fCenter ) of FORM
...
endclass
```

Das Schlüsselwort *class* besagt, dass hier die Definition einer neuen Klasse beginnt. Diese Definition endet erst einige Zeilen später bei *endclass*, und wieviele Zeilen und Befehle dazwischen liegen ist verschieden. Es können wenige sein und in komplexeren Fällen können es auch hunderte werden.

Nach *class* kommt der Name Ihrer eigenen Klasse. Dieser ist frei wählbar, sofern er den Namenskonventionen von dBWin entspricht und eindeutig ist.

ⓘ Namen für eigene Klassen gehorchen ähnlichen Regeln wie z. B. auch die Namen für Prozeduren oder Variablen. Die max. ausgewertete Länge sind 32 Zeichen, Gross- und Kleinschreibung ist beliebig. Zahlen im Namen sind zulässig, nur nicht als erstes Zeichen. Der Unterstrich ist erlaubt, Bindestrich dagegen nicht. Umlaute sind möglich, aber ich rate von ihrer Verwendung ab.

💣 Achten Sie darauf, dass die Namen Ihrer Klassen stets eindeutig sind. Verwenden Sie keine Namen, die für Dateien, Prozeduren oder Variablen verwendet werden oder die für Basisklassen und Befehle reserviert sind.

Danach folgen im Beispiel zwei Parameter, die wir später beim erzeugen von Objekten aus dieser Klasse gleich zu Beginn mit übergeben werden. Hat eine Klasse keine Parameter, lassen Sie auch die Klammern weg. Das sähe so aus:

```
class MyFormClass of FORM
```

Müssten die Parameter an die übergeordnete Klasse weitergegeben werden, sähe das Ganze so auch (dazu folgen aber später noch diverse Beispiele):

```
class MyFormClass (<parameter>) of FORM (<parameter>)
```

Nach dem Namen der Klasse und evtl. Parametern folgt das Schlüsselwort *of* und der Name der Basisklasse (hier *form*, die Basisklasse der Formulare). Dadurch erfährt dBWin von welcher Basisklasse die neue Klasse abstammt.

Zwischen *class* ... und ... *endclass* gibt es im Beispiel nur einfache Zeilen wie

```
this.<eigenschaft> = <gewünschter Inhalt>
```

Damit werden einigen Eigenschaften der neuen Klasse von Anfang bestimmte Werte zugewiesen. Diese Anfangswerte sind sofort aktiv, sobald Sie später Objekte aus dieser Klasse erzeugen. Natürlich sind diese Eigenschaften nicht zementiert, sondern (fast) alle sind später im Programm auch wieder änderbar.

Dabei bedeutet *this*, dass sich diese Anweisung auf das aktive Objekt bezieht, in dessen unmittelbaren Zusammenhang der Befehl steht, also das Formular. Es folgt ein Punkt und der Name der zu ändernden Eigenschaft. Danach wird per Gleichheitszeichen der gewünschte Inhalt an die Eigenschaft zugewiesen.

> (i) Statt *this.* könnten Sie auch *form.* schreiben, siehe einige Seiten vorher. Ich verwende bewusst beide Varianten, damit Sie mit beiden vertraut werden.

Sie kennen das alles längst aus dem Formular-Designer. Dort tun Sie ja auch nichts anderes, wenn Sie ein Formular bearbeiten. Im *Objektinspektor* öffnen Sie die Seite der *Eigenschaften* und tragen bei *top* und *left* die Position für die linke obere Ecke des Formulars ein. Genauso passiert das hier per Befehl.

```
this.top = 0
this.left = 0
```

Das bedeutet, dass sich das Formular später in der Ecke oben links öffnet. Zumindest solange es nicht mit der Eigenschaft *autoCenter* zentriert wird.

Jetzt haben Sie eine eigene neue Klasse, und das Wissen um sie zu benutzen haben Sie auch. Dazu braucht es nur wenige Zeilen Quellcode (der Formular-Designer bleibt weiterhin aus dem Spiel ...), wobei dieser Code aber in einer anderen Datei steht, und nicht in der Datei in der die Klasse definiert wurde!

Listing *form10.prg*
```
set procedure to myclass          && Klasse einbinden

public oForm
oForm = new MyFormClass ( "zentriert!", .t. )
oForm.open()
wait "Bitte eine Taste ..."
oForm.close()
oForm.release()
```

> Details zu *set procedure to* siehe bitte *dBASE lebt!* Band 2 ab Seite 165.

Sie erstellen jetzt bitte eine andere (neue) Programmdatei, ihr Name ist egal, und stellen dort mit der gezeigten Zeile *set procedure to ...* die Verbindung zu der Quelldatei mit Ihrer selbstdefinierten Klasse *MyFormClass* her.

Der Rest ist Ihnen bekannt, das haben Sie so ähnlich schon zigfach gemacht. Nur dass es jetzt eben nicht mehr

```
oForm = new form()
```

heisst, es wird ja nicht mehr die Basisklasse *form* verwendet. Sondern mit

```
oForm = new MyFormClass ( "zentriert!", .t. )
```

wird erstens Ihre eigene neue Klasse *MyFormClass* verwendet, und zweitens werden beim erstellen des Objekts *oForm* auch gleich die beiden Parameter übergeben, der Titeltext des Fensters und die Option für die Zentrierung.

Danach wird mit *open* das eben erstellte Formular geöffnet, und Sie können anhand des Titels und der Zentrierung auf dem Bildschirm feststellen, dass es geklappt hat. Sehen Sie wie einfach es ist, eine eigene Klasse zu erstellen und anzuwenden?! So einfach, dass ich mir weiterhin eine Abbildung schenke.

💣※ Die Zentrierung funktioniert nicht, wenn Sie eine alte 16bit-Version von dBWin benutzen. Dort war die Eigenschaft *autoCenter* noch nicht vorhanden. Evtl. kennen auch einige frühe 32bit-Versionen diese Eigenschaft noch nicht.

Sie sehen, dass die Zuweisung der Werte 0 bei den Eigenschaften *top* und *left* irrelevant ist, wenn gleichzeitig die Option *autoCenter* auf *true* gesetzt wird. Prüfen Sie was passiert, wenn Sie den Aufruf ändern und keine Zentrierung angeben, wenn Sie bei diesem Parameter also *false* statt *true* übergeben.

```
oForm = new MyFormClass ( "oben links", .f. )
```

Jetzt öffnet sich das Formular an einer anderen Position und wird nicht mehr zentriert. Sie können so steuern, ob ein Formular an einer ganz bestimmten Stelle erscheinen soll, oder ob es autom. auf dem Bildschirm zentriert wird.

ⓘ Es spielt bei aktuellen dBWin-Versionen keine Rolle, ob Sie bei der Zuweisung von logischen Inhalten an Eigenschaften oder an Variablen die Begriffe *true* und *false* ausschreiben, oder die Kürzel *.t.* bzw. *.f.* verwenden. Vielleicht wäre es aber hilfreich, dass Sie sich für eine Variante entscheiden und diese dann konsequent benutzen, damit Ihr Quellcode gut lesbar bleibt.

So, jetzt haben Sie eine eigene Formular-Klasse. Vielleicht fragen Sie sich jetzt, warum das erstens wichtig ist und was Sie zweitens damit tun sollen.

Die Antwort auf die erste Frage ist schnell formuliert: diese Formularklasse hat alle Eigenschaften genau so eingestellt wie Sie sie haben wollen. Wobei Ihre Wunscheigenschaften natürlich von meinem Beispiel abweichen können. Wenn Sie also Details bei sich ändern wollen, tun Sie sich keinen Zwang an.

Ein Beispiel genügt, um den Vorteil deutlich zu machen: Ihre Formularklasse hat die Eigenschaft *metric = 0* fest eingestellt, d. h. Berechnungen für Grösse und Position basieren auf der aktiven Skalierungs-Schrift. Und diese wird mit den beiden Eigenschaften *scaleFontName* und *scaleFontSize* definiert. In der Folge werden die später im Formular benutzten Objekte (Texte, Buttons etc.) an diesen Daten ausgerichtet, damit das Formular optisch gleichmässig und „wie aus einem Guss" wirkt. Im Grunde Kosmetik, aber eine wichtige, denn der optische Eindruck entscheidet oft, ob der Kunde ein Programm mag und gerne benutzt, bzw. ob er es denn überhaupt kauft! Doch, ist wirklich so.

Aber sind denn diese Einstellungen nicht sowieso Standard? Ja, heute schon, aber wer weiss ob das beim nächsten Update auch noch so ist! Anwender von dBWin, die bereits seit der 16bit-Version in den 90ern damit arbeiten wissen wovon ich rede. Denn beim Wechsel von 16bit auf 32bit wurden u. a. auch die Vorgaben für die Schrift bei Formularen und anderen Objekte geändert, von damals noch *MS Sans Serif* der Grösse 8 auf plötzlich *Arial* in der Grösse 10.

Eine kleine Änderung, nur ein anderer Default-Wert für zwei Eigenschaften, die man bisher vielleicht garnicht gross beachtet hat. Und schon durften viele Entwickler ihre zuvor mühsam erstellten Formular ändern, weil nichts mehr richtig gepasst hat, Eingabefelder waren verschoben, Texte evtl. zu kurz etc.

Wer sowas einmal mitgemacht hat ist geheilt und bastelt sich danach lieber eigene Klassen mit eigenen Vorgaben für wichtige Eigenschaften. Und wenn später in den eigenen Programmen nur noch die eigenen Klassen verwendet werden verliert ein Update mit plötzlich mal wieder aus heiterem Himmel geänderten Default-Eigenschaften jeglichen Schrecken. Die eigenen Klassen mit ihren fest zugewiesenen Eigenschaften bleiben ja weiterhin wie sie sind.

ⓘ Es kostet eine gewisse Überwindung, wirklich konsequent zu sein und für alle verwendeten dBWin-Klassen eigene Unterklassen zu schaffen und in den eigenen Programmen nur noch die eigenen Klassen zu verwenden. Aber glauben Sie mir, eine konsequente Anwendung diese Methode spart im Laufe der Jahre viel mehr Zeit (und Nerven!) als sie am Anfang kostet ...

Nun zur zweiten Frage, was Sie damit tun sollen, wie Sie die Klassen nutzen. Und damit auch gleich zur Beschreibung, wie Sie eine einmal erstellte Klasse als neue Hauptklasse für weitere davon abgeleitete Unterklassen verwenden. Wie wäre es mit einem Formular, das autom. immer als Vollbild erscheint:

Listing *myclass.prg* bzw. *myclass.cc* (nur ein Ausschnitt dieser Dateien)
```
class MyFormMaxClass ( sT ) of MyFormClass ( sT, .f. )
   this.windowstate = 2
endclass
```

Drei Zeilen genügen! Eine weitere neue Klasse namens *MyFormMaxClass*, welche wieder nicht von der Basisklasse *form* abgeleitet wird, sondern von unserer eigenen Klasse *MyFormClass*, die wir eben schon definiert haben.

Wichtig ist dabei, dass beide Klassen in derselben Quelldatei definiert sind. Das ist zwar nicht wirklich zwingend, da mit *set procedure to* oder *include#* die Zusammenführung bzw. Einbindung mehrerer Dateien ineinander geht, aber das Leben ist schon kompliziert genug, also lassen wir sie in einer Datei.

Es empfiehlt sich, die Definition einer eigenen Klasse, die wieder von einer anderen eigenen Klasse abgeleitet wird, im Quellcode danach zu schreiben.

```
class MyFormClass ( sTitel, fCenter ) of FORM
...
endclass

class MyFormMaxClass ( sT ) of MyFormClass ( sT, .f. )
...
endclass
```

Nein, die Reihenfolge ist nicht zwingend nötig, aber es ist einfach logischer. Wenn Sie Ihren Code nach Jahren einmal bearbeiten sind Sie vielleicht froh, dass Sie eine gewisse logische Reihenfolge beachtet haben. Ich schreibe das nicht ohne Grund, alle Fehler vor denen ich warne habe ich selbst gemacht ...

Auch die zweite Klasse verwendet Parameter. Sie bekommt allerdings nur einen selbst übergeben, den ich nur aus einem Grund mit *sT* abgekürzt habe statt wieder *sTitel* zu verwenden: damit es im Buch noch in eine Zeile passt.

Rechts davon, beim Aufruf der übergeordneten Klasse *MyFormClass* werden aber zwei Parameter verwendet, da diese Klasse ja auch zwei davon erwartet. Der erste ist der Titeltext, der beim Aufruf von *MyFormMaxClass* übergeben und ohne dort verwendet zu werden einfach an *MyFormClass* durchgereicht wird. Der zweite ist hier die Konstante *.f.* bzw. *false*, da durch das Setzen der Eigenschaft *windowstate* auf *2* (=Vollbild) eine Zentrierung nicht nötig ist.

Der Aufruf ist ähnlich wie bei *MyFormClass*, nur eben mit einem Parameter.

Listing *form11.prg*
```
set procedure to myclass

public oForm
oForm = new MyFormMaxClass ( "Maxi!" )
oForm.open()
wait "Bitte eine Taste ..."
oForm.close()
oForm.release()
```

(i) Wenn Sie das Programm im Befehlsfenster ausführen wird danach auch das Befehlsfenster (oder welches Unterfenster von dBWin auch immer danach aktiv ist) als Vollbild angezeigt. Das ist lästig, ist aber „Windows-Standard".

Was passiert hier genau? Die Klasse *MyFormMaxClass* wird von der Klasse *MyFormClass* abgeleitet und „erbt" von dieser sämtliche Eigenschaften (und übrigens auch alle Methoden und Ereignisse, dazu komme ich aber noch), bis auf diejenigen, die innerhalb von *MyFormMaxClass* ausdrücklich anders definiert werden. In unserem einfachen Beispiel ist das nur *windowstate = 2*.

Haben Sie noch das Beispiel der Klasse Mensch und der daraus abgeleiteten Unterklassen Frau, und davon abgeleitet Ärztin im Kopf? Hier ist es dasselbe. Die obersten Klassen sind Mensch bzw. *form*. Davon werden erst Frau bzw. *MyFormClass* abgeleitet. Und daraus wiederum entwickeln sich in einem weiteren Schritt die neuen Unterklassen Ärztin bzw. *MyFormMaxClass*.

Dieses Spiel könnte man fast beliebig verfeinern, bis an die Grenzen der uns bekannten Evolution bzw. an die Grenze der Klassenverwaltung von dBWin. Wo genau diese Grenze beginnt, darauf bin ich noch nicht gestossen. Aber ein dutzend Ebenen oder mehr sind problemlos möglich und mehr werden Sie in der Praxis wohl sowieso nicht brauchen. Je tiefer verschachtelt Ihre Klassen und Objekte sind, desto undurchsichtiger und fehleranfälliger wird der Code und irgendwann verkehren sich die Vorteile der Klassen dann ins Gegenteil.

(i) Häufiger baue ich auch in einfache Beispiele gern „Gemeinheiten" oder wichtige Details ein. Hier z. B. die Tatsache, dass eigene Klassen und daraus abgeleitete Unterklassen verschiedene Parameter haben können. Dies gilt für die Anzahl der Parameter, aber auch die Datentypen können andere sein (hier ein String, dort eine Zahl etc.). Das macht die Klassen und daraus abgeleitete Unterklassen nicht unbedingt leichter und ich rate daher dazu, Parameter von abgeleiteten Klassen zumindest ähnlich, im Idealfall sogar gleich zu lassen.

3.2.2 In der Grösse begrenztes Formular

Ich werde aus der Klasse *MyFormClass* eine weitere Unterklasse ableiten. Die bekommt Funktionen, die es erlauben dem Formular beliebige Mindest- und Höchstgrössen zu verpassen. Der Anwender kann dann die Grösse der daraus erstellten Fenster nur noch innerhalb dieser Grenzen ändern. Desweiteren wird es möglich sein Minimierung und Maximierung des Formulars zu verhindern.

(i) Statt hierfür wieder eine neue Unterklasse zu entwickeln könnte ebenso die schon vorhandene Klasse *MyFormClass* entsprechend erweitert werden. Ich wähle bewusst eine neue Klasse, da es für Sie übersichtlicher bleibt, wenn einmal erstellte Klassen nicht immer wieder geändert werden. Und ausserdem sollen Sie hier ja lernen, mit Klassen und ihren Möglichkeiten umzugehen ...

Für diese Funktionen brauchen wir alle Elemente einer Klasse. Wir benötigen neue Eigenschaften, neue Methoden und müssen auch ein Ereignis abfangen.

Hier die Definition der neuen Klasse, bei der aus Platzgründen wieder einige Befehlszeilen auf mehrere Druckzeilen verteilt werden mussten. Sie erkennen das aber leicht an der Zeilennummerierung links, so dass Sie beim abtippen darauf achten können und diese Zeilen dann als eine Befehlszeile schreiben.

Listing *myclass.prg* bzw. *myclass.cc* (nur ein Ausschnitt dieser Dateien)

```
1.    class MyFormMinMaxClass ( sTitel, fCenter ) of
                    MyFormClass ( sTitel, fCenter )
2.
3.       this.iMinWidth = -1
4.       this.iMaxWidth = -1
5.       this.iMinHeight = -1
6.       this.iMaxHeight = -1
7.       this.fAllowMin = .t.
8.       this.fAllowMax = .t.
9.
10.      this.onSize = class::MyOnSize
11.
12.      Procedure SetMinMax ( iMinWidth, iMaxWidth,
                       iMinHeight, iMaxHeight )
13.        form.iMinWidth = iMinWidth
14.        form.iMaxWidth = iMaxWidth
15.        form.iMinHeight = iMinHeight
16.        form.iMaxHeight = iMaxHeight
17.      return
18.
19.      Procedure AllowMinMax ( fAllowMin, fAllowMax )
20.        form.fAllowMin = fAllowMin
21.        form.fAllowMax = fAllowMax
22.      return
23.
```

```
24.    Procedure MyOnSize ( iTyp, iWidth, iHeight )
25.
26.       if (iTyp = 1) .and. .not. form.fAllowMin
27.         form.windowstate = 0
28.         return
29.       endif
30.
31.       if (iTyp = 2) .and. .not. form.fAllowMax
32.         form.windowstate = 0
33.         return
34.       endif
35.
36.       if (form.iMinWidth<>-1) .and. (form.iMaxWidth<>-1)
37.         iWidth  = iif ( iWidth < form.iMinWidth,
                           form.iMinWidth, iWidth )
38.         iWidth  = iif ( iWidth > form.iMaxWidth,
                           form.iMaxWidth, iWidth )
39.         form.width = iWidth
40.       endif
41.
42.       if (form.iMinHeight<>-1).and.(form.iMaxHeight<>-1)
43.         iHeight = iif ( iHeight < form.iMinHeight,
                           form.iMinHeight, iHeight )
44.         iHeight = iif ( iHeight > form.iMaxHeight,
                           form.iMaxHeight, iHeight )
45.         form.height = iHeight
46.       endif
47.
48.    return
49.
50. endclass
```

Hier wird unsere neue Klasse *MyFormMinMaxClass* definiert und von der bereits zuvor definierten Klasse *MyFormClass* abgeleitet.

(i) Wieder ist der Name der Klasse beliebig. Ich verwende ein bestimmtes System, beginne meine Klassen mit *My...* und lasse sie auf *...Class* enden. Dazwischen verwende ich möglichst aussagekräftige Namen, die auf die Funktion oder Art der Klasse hinweisen. Dass ich meistens engl. Begriffe verwende ist eine persönliche Marotte, die Sie annehmen können oder nicht. Es steht Ihnen völlig frei, Klassen nach Ihrem eigenen System zu benennen. Wichtig ist nur, dass Sie dabei überhaupt ein gewisses System haben, damit Ihr Quellcode auch noch in einigen Jahren verständlich und pflegeleicht ist.

Als Parameter werden wieder der Titeltext und *true* oder *false* zur Zentrierung übergeben. Beide Parameter werden in dieser Klasse nicht verwendet, sondern einfach nur an die darüberliegende Klasse *MyFormClass* durchgereicht.

In den Zeilen 3 bis 8 werden einige neue Eigenschaften eingeführt und mit festen Vorgaben (den sog. Defaults) belegt. Mit *this.* (oder auch *form.*) wird angegeben, dass hier Eigenschaften eben dieser Klasse erstellt werden sollen.

Ohne *this.* (oder *form.*) wären es keine Eigenschaften, sondern begrenzt gültige Variablen, die später in den Methoden dieser Klasse, wo sie benutzt werden, schon nicht mehr bekannt wären. Syntaktisch ist es aber korrekt und so bekommen Sie keine Fehlermeldung, wenn Sie *this.* oder *form.* vergessen.

Die Vorgaben für Mindest- und Höchstwerte für Breite und Höhe sind -1. Das wird später in der Methode *MyOnSize* abgefragt und nur wenn beide Grenzen für Höhe oder Breite nicht -1 sind werden sie beachtet. Damit haben Sie die Möglichkeit, die Beachtung der Limits gezielt ein- und wieder auszuschalten. Ich habe -1 statt 0 gewählt, damit auch 0 für die Grenzwerte möglich wird.

Die beiden logischen Eigenschaften *fAllowMin* und *fAllowMax* dienen dazu, bei Bedarf die Minimierung bzw. Maximierung des Formulars zu verhindern. Auch sie sind per Default *false* und können später jederzeit geändert werden.

Mit der Methode *SetMinMax* können Sie die Grenzwerte jederzeit ändern. Dazu übergeben Sie ihr die neuen Mindest- und Höchstwerte für Breite und Höhe. Sie können auch nur die Breite oder nur die Höhe limitieren, indem Sie für die beiden anderen Werte jeweils -1 übergeben. Um alle Limits für Höhe und Breite abzuschalten übergeben Sie alle Parameter als -1.

Windows-Fenster haben eine Mindestgrösse, die nicht (ohne Tricks ...) unterschritten werden kann. Sehr kleine Zahlen für die max. Breite oder Höhe werden daher evtl. nicht wie erwartet umgesetzt. So sind Fenster mindestens so hoch wie ihre Titelzeile und mindestens so breit, dass auch die Buttons der Titelzeile und zumindest noch der Anfangsbuchstabe des Titels sichtbar sind.

Die zweite Methode *AllowMinMax* wird verwendet, um bei Bedarf auch die Minimierung und Maximierung des Fensters zu verbieten oder zu erlauben. Als Parameter werden *true* (erlaubt) oder *false* (nicht erlaubt) übergeben.

Wenn Sie Minimierung oder Maximierung nicht erlauben ist es dennoch möglich, das Formular zu verkleinern oder zum Vollbild zu vergrössern. Es wird aber danach sofort wieder auf seine ursprüngliche Grösse zurückgesetzt. Dieser „Pingpong-Effekt" ist zwar nicht so schön, aber ohne tiefere Griffe in die API-Trickkiste geht es nicht anders, da dBWin leider nicht mehr zulässt.

Nun das Ereignis *onSize*, das aktiviert wird wenn das Formular seine Grösse ändert. In Zeile 10 wird es abgefangen und zur Methode *MyOnSize* gelenkt:

```
this.onSize = class::MyOnSize
```

Hierbei gibt es eine Besonderheit. Die Routine *MyOnSize* wird ab Zeile 24 definiert und dort sehen Sie auch, dass ihr drei Parameter übergeben werden. Bei der Zuweisung an das Ereignis werden aber keine Parameter angegeben!

Wie ist das möglich? Müssen Sie jetzt Ihr Wissen über Prozeduren komplett umkrempeln? Nein, die Erklärung für dieses Phänomen ist ganz einfach: die drei Parameter, welche der Ereignis-Routine *MyOnSize* übergeben werden, stammen von dBWin! Was sie genau bedeuten erkläre ich noch, jetzt ist erst mal wichtig, dass diese Parameter nicht von Ihnen sind, sondern <u>automatisch</u> von dBWin übergeben werden sobald die Ereignis-Routine aufgerufen wird.

Die Angabe der Parameter bei der Zuweisung an das Ereignis in Form von

```
this.onSize = class::MyOnSize ( iTyp, iWidth, iHeight )
```

ist vielleicht naheliegend, würde aber nicht funktionieren, sondern zu einer Fehlermeldung führen. Das liegt daran, dass die Parameter erst beim Aufruf der Routine bekannt und definiert sind, nicht aber bereits bei der Zuweisung der Routine an das Ereignis. Auch die Variante mit einem Codeblock

```
this.onSize = {;class::MyOnSize (iTyp,iWidth,iHeight)}
```

würde nichts bringen. Zwar tritt dann die Fehlermeldung nicht gleich beim kompilieren sondern erst zur Laufzeit auf, aber Fehler bleibt eben Fehler ...

Und ein Codeblock ohne Parameter? Der würde zwar keinen Fehler melden,

```
this.onSize = { ; class::MyOnSize() }
```

aber gut funktionieren würde das Ganze dennoch nicht. In *MyOnSize* wären diese Parameter dann alle *false* und hätten damit völlig unbrauchbare Inhalte! Das ist eine sehr gemeine Falle, da dieser Code syntaktisch absolut korrekt ist und weder beim kompilieren noch zur Laufzeit ein Fehler gemeldet würde!

Wenn Sie Ereignisse abfangen, die beim Aufruf der Ereignis-Routine autom. Parameter von dBWin übergeben, schreiben Sie bei Zuweisung der Routine an das Ereignis nur den Namen der Routine, aber keinen Codeblock und auch keine Parameter! Das sind sog. *Funktionszeiger* (Band 2 Seite 228).

Kommen wir zu den zwei Methoden *SetMinMax* und *AllowMinMax*, sie sind ja sehr einfach zu verstehen. Diese Methoden werden von aussen aufgerufen, nachdem Sie mit *new* aus dieser Klasse ein Objekt erstellt haben. Dabei spielt es keine Rolle, ob das Formular bereits mit *open* geöffnet wurde oder nicht.

Sie können damit jederzeit die einzuhaltenden Grenzwerte der Grössen des Formulars, bzw. die Erlaubnis zum Minimieren oder Maximieren ändern.

Die dritte Methode *MyOnSize* bedarf aber schon etwas mehr an Erklärungen. Sie bekommt wie erwähnt drei Parameter von dBWin übergeben. Die Namen, die Sie für die Parameter verwenden, können Sie frei wählen, die Datentypen und Inhalte sind aber von dBWin fest vorgegeben:

1. Parameter: numerisch, kennzeichnet die Art der Änderung
      0 = normale Grössenänderung mit Maus oder Tastatur
      1 = das Formular wurde zum Symbol verkleinert (minimiert)
      2 = das Formular wurde zum Vollbild vergrössert (maximiert)

2. Parameter: numerisch, die neue Breite nach der Änderung.

3. Parameter: numerisch, die neue Höhe nach der Änderung.

Entsprechend der Datentypen (Integer, also Präfix *i*) und der Bedeutung habe ich die Parameter *iTyp*, *iWidth* und *iHeight* genannt. Die Angaben entsprechen übrigens jeweils drei „angeborenen" Eigenschaften des Formulars, nämlich den Eigenschaften *windowstate* (Art), *width* (Breite) und *height* (Höhe).

Zuerst wird geprüft ob die Art 1 ist, ob also das Formular minimiert wurde, und ob das evtl. garnicht erlaubt ist. Ist dem so wird einfach ganz frech die Eigenschaft *windowstate* wieder auf 0 (= normal) zurück geändert. Danach wird die Routine verlassen, weitere Prüfungen sind dann erstmal nicht nötig. Danach passiert dasselbe mit der Art 2, also bei Maximierung des Formulars.

Wurde das Fenster weder minimiert noch maximiert beginnt die Prüfung, ob die neue Breite noch in den erlaubten Grenzen liegt. Natürlich nur, wenn diese Grenzen überhaupt beachtet werden sollen, also wenn sie nicht -1 sind. Ist das der Fall wird die neue Breite bei Bedarf entweder auf das Minimum gesetzt (wenn sie zu klein ist) bzw. auf das erlaubte Maximum (wenn sie zu gross ist). Dann wird die jetzt in den Grenzen liegende neue Breite im Formular gesetzt.

Danach erfolgt die Prüfung der Höhe. Bei Bedarf wird auch sie korrigiert und die Formular-Eigenschaft *height* geändert, damit die Höhe in den Grenzen ist.

Hier nun noch ein beispielhafter Aufruf zur Verwendung des Formulars:

Listing *form13.prg*

```
set procedure to myclass

public oForm
oForm = new MyFormMinMaxClass ( "MinMax-Test", .t. )
oForm.open()
oForm.SetMinMax ( 10, 50, 10, 25 )
oForm.AllowMinMax ( .f., .f. )
wait "Bitte eine Taste ..."
oForm.close() ; oForm.release()
```

Starten Sie das Programm und versuchen Sie mit der Maus die Grösse des Formulars über oder unter die gesetzten Grenzwerte zu ziehen. Es wird nicht funktionieren. Ebenso wird es nicht möglich sein, das Fenster zum Symbol zu minimieren oder zum Vollbild zu maximieren, da das nicht mehr erlaubt ist.

Eine kleine Einschränkung gibt es aber noch: wenn Sie das Formular öffnen ohne Grenzwerte festzulegen, z. B. durch diese Eingaben im Befehlsfenster:

```
set procedure to myclass
public oForm
oForm = new MyFormMinMaxClass ( "MinMax-Test", .t. )
oForm.open()
```

dann öffnet sich das Formular in einer (relativ beliebigen) Anfangsgrösse. Da keine Grenzen festgelegt sind können Sie es verändern wie es Ihnen beliebt.

Vergrössern Sie es jetzt mit der Maus, dass es deutlich höher und breiter wird. Und dann schränken Sie die Grösse nachträglich durch diesen Befehl ein:

```
oForm.SetMinMax ( 10, 20, 10, 20 )
```

und es tut sich ... nichts. Kann auch nicht, denn die Prüfung ob die Grenzwerte eingehalten werden erfolgt ja nur bei Änderung der Grösse. Seit sie die neuen Grenzen durch Aufruf von *SetMinMax* im Befehlsfenster angegeben haben wurde aber die Grösse nicht geändert, also wird sie auch nicht korrigiert.

Die nächste Prüfung und Korrektur erfolgt erst bei der nächsten manuellen Änderung der Grösse. Aber das ist erstens nicht sehr schön und zweitens soll das doch bitteschön sofort erfolgen, wenn Sie die neuen Grenzwerte angeben.

Ihr naheliegender Gedanke ist vielleicht, einfach die Ereignis-Methode direkt von aussen aufrufen, Schliesslich ist es ja auch eine ganz normale Methode. Das ist im Grunde auch völlig richtig, aber es gibt dabei etwas zu beachten.

Eigentlich ist es nicht vorgesehen, Ereignis-Routinen aufzurufen ohne dass das Ereignis stattfindet. Schliesslich sind sie mit dem Ereignis verbunden, sollten also „eigentlich" auch nur dann aufgerufen werden wenn das Ereignis eintritt.

Zwar ist das technisch durchaus möglich, aber es ist nicht so ganz „sauber". Ein Dilemma, für das es zwei Lösungen gibt: entweder Sie programmieren eine weitere Methode, in welcher die Prüfungen und Korrekturen der Grösse durchgeführt werden. Diese wird nicht über das Ereignis aufgerufen, sondern das Ereignis ruft eine andere kleine Methode auf, in der dann die eigentliche Methode zur Prüfung und Korrektur aufgerufen wird. Das sähe etwa so aus:

```
this.onSize = class::MyOnSize

Procedure MyOnSize ( iTyp, iWidth, iHeight )
    class::CheckSize ( iTyp, iWidth, iHeight )
return

Procedure CheckSize ( iTyp, iWidth, iHeight )
    && die eigentlichen Prüfungen und Korrekturen
return
```

Ich habe mich auf das wesentliche beschränkt: es gibt eine Ereignis-Routine, die wiederum ruft eine zweite Methode *CheckSize* auf und übergibt dieser einfach die von ihr selbst erhaltenen Parameter. Diese Methode *CheckSize* können Sie als „normale" Methode auch von aussen aufrufen. Das dürfen Sie dann auch, ohne dass Sie dafür von OOP-Puristen gleich gesteinigt werden.

Nun der zweite Lösungsweg, er ist nicht so „sauber", dafür aber pragmatisch. Rufen Sie einfach die Ereignis-Routine von aussen auf! Aber bitte nicht so:

```
oForm.MyOnSize()                        && so nicht!
```

denn das würde zu sonderbaren Effekten und Endlosschleifen führen, weil die drei in der Ereignis-Routine abgefragten Parameter fehlen. Sondern bitte so:

```
oForm.MyOnSize ( oForm.windowstate, oForm.width,
                                    oForm.height )
```

Sie übergeben die drei Parameter mit echten Inhalten, den Status des Fensters, seine Breite und seine Höhe. Genauso wie es auch passiert wenn das Ereignis „in echt" eintritt. Und damit ist der Aufruf der Ereignis-Routine „von aussen" nicht mehr von einem Aufruf durch das Ereignis selbst zu unterscheiden.

(i) OOP-Puristen werden mich dafür jetzt vermutlich hängen sehen wollen. Damit kann ich leben, OOP ist für mich Mittel zum Zweck, keine Religion.

3.2.3 Ein nicht schliessbares Formular

Und nun ein Formular, das sich vom Anwender nicht schliessen lässt. Je nach Situation und Programm kann sowas mal sehr nützlich sein, um zu verhindern dass der User ein Fenster schliesst bevor eine interne Aktion abgeschlossen ist. Hier ist die erste und noch nicht optimale Definition der dazu nötigen Klasse:

Listing *myclass.prg* bzw. *myclass.cc* (die einfache Version der Klasse)

```
class MyFormNoCloseClass1 ( sT ) of MyFormClass (sT,.f.)
   this.canClose = {;return .f.}
endclass
```

und so wird es aufgerufen (Sie können es auch im Befehlsfenster eingeben):

Listing *form12.prg* (besser jedoch im Befehlsfenster direkt ausführen!)
```
set procedure to myclass

public oForm
oForm = new MyFormNoCloseClass1 ( "Offen" )
oForm.open()
```

Jetzt haben Sie ein offenes Formular, das Sie mit (fast) nichts dazu bewegen können, sich wieder zu schliessen. Nicht einmal dBWin selbst kann jetzt noch beendet werden, weil auch dann das geöffnete Fenster geschlossen würde!

Das Ereignis *canClose* wird ausgelöst, wenn das Fenster geschlossen werden soll. Hier könnte eine Routine eingebaut werden, die prüft ob das schliessen erlaubt sein soll. Das kann von internen Vorgängen (speichern, kopieren etc.) oder von Fragen an den User (*„Wollen Sie wirklich beenden?"*) abhängen. Gibt die Routine *true* zurück kann das Fenster geschlossen werden. Gibt sie *false* zurück (wie es im Beispiel immer der Fall ist) bleibt das Fenster offen.

Bevor Sie jetzt den Netzstecker des PCs abziehen um wieder heil aus der Sache rauszukommen geben Sie einfach diese Zeile im Befehlsfenster ein:

```
oForm.canClose = {;}
```

Damit wird beim Ereignis *canClose* kein Code mehr ausgeführt. dBWin gibt in diesem Fall immer *true* zurück, das Fenster kann also geschlossen werden.

Damit haben Sie ein Formular, das der Anwender nicht mehr schliessen kann. Trotzdem bleiben aber das Symbol zum Schliessen per Maus oben rechts und der Punkt *Schließen ... Strg-F4* im Systemmenü des Fensters sichtbar und anwählbar. Das verwirrt den Anwender unnötig und schreit nach Abhilfe.

Dazu benötigen Sie eine kleine Erweiterung in der eben erstellten Klasse und eine Einbindung der Schnittstelle zur Windows-API. Das sieht so aus:

Listing *myclass.prg* bzw. *myclass.cc* (die verbesserte Version der Klasse)

```
1.    #include winuser.h          && an den Anfang der Datei!
2.
3.    class MyFormNoCloseClass(sT) of MyFormClass (sT,.f.)
4.
5.       this.onOpen = {;class::MyOnOpen()}
6.       this.canClose = {;return .f.}
7.
8.       Procedure MyOnOpen
9.          local iMenu
10.         extern HMENU GetSystemMenu(CHANDLE,BOOL) user32
11.         extern BOOL EnableMenuItem(HMENU,UINT,UINT)user32
12.         iMenu = GetSystemMenu ( form.hWnd, .f. )
13.         EnableMenuItem ( iMenu, SC_CLOSE, MF_BYCOMMAND +
                                               MF_GRAYED )
14.      return
15.
16.   endclass
```

In Zeile 1 wird eine externe Datei namens *winuser.h* eingebunden. Diese ist Bestandteil von dBWin und befindet sich im Verzeichnis *include* unterhalb des Pfades Ihrer dBWin-Installation. Den Pfad sollten Sie möglichst in den *Eigenschaften des Desktop* auf der Seite *Dateien* unter *Suchpfad* eintragen, damit die Datei auch gefunden wird (siehe Band 1 meiner Reihe, Seite 52).

ⓘ Die Zeile mit *#include* schreiben Sie bitte an den Anfang der Quelldatei, also noch bevor die einzelnen Klassen, Prozeduren und Funktionen kommen. Weiterführende Informationen zu *#include* finden Sie in Band 2 ab Seite 173.

Dann wird die Klasse um die Behandlung des Ereignis bei *onOpen* ergänzt, wie Sie es in Zeile 5 sehen können. Das Ereignis *onOpen* wird ausgeführt, wenn ein Formular mit der Methode *open* (oder *readmodal*) geöffnet wird.

In der Ereignisroutine werden zwei externe Funktionen aus der *Windows-API* eingebunden. *GetSystemMenu* ermittelt das Handle des Systemmenüs und *EnableMenuItem* verwendet dieses Handle und ein paar andere Angaben (die indirekt über *#include winuser.h* eingebunden werden), um das Systemmenü des Fensters zu bearbeiten. Damit ist der Menüpunkt *Schliessen* nicht mehr anwählbar. In der Folge wird autom. das Symbol zum Schliessen per Maus in der rechten oberen Ecke des Fensters abgeschaltet. Menü und Mausschalter sind zwar immer noch sichtbar, aber eben nicht mehr nutzbar. Das sagt dem Anwender auch optisch klipp und klar: schliessen verboten!

Bitte beachten Sie im Listing die Zeile 13, die aus Platzgründen im Buch auf zwei Zeilen aufgeteilt werden musste, im Programm ist es aber nur <u>eine</u> Zeile.

Die verwendeten Makros und Defines wie *HMENU, SC_CLOSE* usw. sind gross geschrieben, weil das bei Makros und Define-Konstanten so üblich ist. Natürlich steht es Ihnen weiterhin frei, diese auch klein zu schreiben.

Sollte der Trick nicht funktionieren, macht Ihnen evtl. Windows einen Strich durch die Rechnung. Ich habe es mit XP SP2 getestet und „eigentlich" sollte es mit anderen Versionen auch klappen. Aber „eigentlich" sagt schon alles ...

 Es würde zu weit führen, hier die Details der Windows-API zu erläutern. Auch würde es viel zu weit führen, Dateien wie *winuser.h* hier zu besprechen. Bitte nehmen Sie die gezeigten Befehle einfach so wie sie sind, es macht an dieser Stelle keinen Sinn tiefer darin einzusteigen. Ich plane aber einen extra Band dieser Reihe speziell zur Windows-Programmierung, dort können Sie in die Tiefen der API eintauchen und viele geheime Schätze mit mir entdecken.

3.2.4 Schliessen der Applikation verhindern

Bei der Gelegenheit noch ein kleiner Trick, wie Sie verhindern können, dass ein Anwender mit der Maus durch Klicken des Schliessen-Felds oben rechts im Hauptfenster ein dBWin-Programm schliesst. Das könnte nützlich sein, wenn Sie wichtige Abschlussarbeiten durchführen müssen und es nötig ist, dass man das Programm nur über den von Ihnen vorgegebenen Weg beendet.

Das dBWin-Hauptfenster hat sein Handle als Eigenschaft von *_app.framewin*. Wenn Sie sich mit der Windows-API auskennen wissen Sie, dass Sie mit dem Fenster-Handle den Schlüssel für dutzende geheime Türen in der Hand halten.

 Eine ausführliche Beschreibung von *_app* enthält Band 2 ab Seite 263.

Dieses Handle der Applikation verwenden Sie ähnlich wie im Beispiel vorhin. Ich habe die nötigen Routinen dazu in der Datei *tools3.prg* gesammelt. Darin ist eine (stark vereinfachte) Schnittstelle zur Windows-API, welche einmalig durch Aufruf der Routine *InitTools3* aktiviert wird. Danach können Sie das Mausfeld zum Schliessen oben rechts jederzeit aus- und wieder einschalten.

```
set procedure to tools3
InitTools3()                  && Initialisierung
DisableAppMouseClose()        && Mausfeld aus
EnableAppMouseClose()         && Mausfeld ein
```

Hier der Quellcode der drei Routinen, wobei Sie bitte beachten, dass die Zeilen mit *EnableMenuItem ...* aus Platzgründen auf zwei Zeilen gedruckt werden. Diesmal keine Zeilennummern, es ist auch so schon eng genug.

Listing *tools3.prg*
```
#include winuser.h       && an den Anfang der Datei!

Procedure InitTools3 ( NULL )
   extern HMENU GetSystemMenu(CHANDLE,BOOL) user32
   extern BOOL EnableMenuItem(HMENU,UINT,UINT) user32
return

Procedure DisableAppMouseClose ( NULL )
local iMenu

   iMenu = GetSystemMenu ( _app.framewin.hWnd, .f. )
   EnableMenuItem (
         iMenu, SC_CLOSE, MF_BYCOMMAND + MF_GRAYED)
return

Procedure EnableAppMouseClose ( NULL )
local iMenu

   iMenu = GetSystemMenu ( _app.framewin.hWnd, .f. )
   EnableMenuItem (
         iMenu, SC_CLOSE, MF_BYCOMMAND + MF_ENABLED)
return
```

Soweit der kurze Ausflug in die grosse Welt der Windows-Programmierung. Wenn Sie jetzt auf den Geschmack gekommen sind freuen Sie sich schon mal auf den bald geplanten eigenen Band dieser Reihe speziell zur Windows-API.

(i) **API** ist das *Application Programming Interface*, die Schnittstelle für Anwendungs-Programme um auf interne Windows-Funktionen zuzugreifen.

Übrigens, nicht schliessbare MDI-Fenster sind eigentlich nicht so ganz üblich unter Windows. Aber je nach Situation können Sie durchaus mal nützlich sein.

(i) Das soll keine Anleitung zum entwickeln nicht-Windows-konformer Programme sein. Gewisse Normen und Standards machen schon Sinn, zumal wenn es darum geht, dem einfachen Anwender die Bedienung von Software beizubringen. Da machen Details, die immer und überall gleich sind, schon Sinn und sparen Supportaufwand. Dennoch, aus Redmond kommt nichts das in Stein gemeisselt ist und manchmal sind „Andersartigkeiten" schlicht nötig. Und ausserdem, nicht mal MS hält sich an die eigenen gesetzten Standards, und damit wird leider jeder Ansatz einer Vorbildfunktion zunichte gemacht.

3.2.5 Eigene Klasse für Dialoge

Als Ergänzung zum Formular brauchen wir noch das Gegenstück, eine Klasse für Dialoge. Sie erinnern sich, das Formular ist ein MDI-Fenster, der Dialog nicht. Ein wichtiger Unterschied für Ihre Programmierung unter Windows.

Listing *myclass.prg* bzw. *myclass.cc* (Ausschnitt)

```
class MyDialogClass ( sTitel, fCenter ) of FORM
   this.text = sTitel
   this.top = 0
   this.left = 0
   this.mdi = .f.                        && !
   this.escexit = .t      .              && !
   this.maximize = .f.                   && !
   this.minimize = .f.                   && !
   this.sysmenu = .t.
   this.sizeable = .f.                   && !
   this.moveable = .t.
   this.autoSize = .f.
   this.showspeedtip = .t.
   this.autoCenter = fCenter
   this.metric = 0
   this.ScaleFontName = "Arial"
   this.ScaleFontSize = 10
endclass
```

Im Vergleich zur Formular-Klasse sind nur wenige Zeilen anders, die ich zur besseren Übersicht mit *&&* ! markiert habe. Wichtig ist *mdi*, der Rest ergibt sich meist autom. daraus, bzw. hängt von der Einstellung für *mdi ab*. Ein Dialogfenster ist nicht in der Grösse änderbar und kann nicht zum Symbol minimiert werden. Das ist Standard unter Windows, also auch bei dBWin.

Ein Anwendungsbeispiel folgt später, erst brauchen wir noch weitere Klassen.

ⓘ Sie können die Quelldatei mit ihren eigenen Klassen wie jede „normale" Quelldatei kompilieren. So können Sie prüfen, ob Syntaxfehler enthalten sind.

```
compile myclass.prg          && oder myclass.cc
```

Ebenso können Sie Quelldateien, die „nur" Klassen enthalten, auch ausführen.

```
do myclass.prg               && oder myclass.cc
```

Aber Sie werden danach im Regelfall nichts weiter bemerken, denn es gibt ja darin meist keinen Code, der etwas für den Anwender sofort sichtbares tut. Die Ausführung von Klassendateien mit *do ...* ist daher selten wirklich nötig.

3.2.6 Eigene Klasse für Pushbuttons

Ein Pushbutton hat einige typische Eigenschaften. So z. B. einen fetten Text (*fontbold* = *.t.*), er ist in der Tab-Reihenfolge der Formularobjekte enthalten (*speedbar* = *.f.*) und hat eine gewisse Breite und Höhe (*width* und *height*).

Buttons sollten im Programm einheitlich sein, damit das optische Bild stimmt. Da Sie aber grosse und kleine Buttons benötigen habe ich gleich drei Klassen definiert. Von der Basisklasse *Pushbutton* wird erst *MyPushButton* abgeleitet, und daraus entstehen wiederum *MySmallPushButton* und *MyMiniPushButton*.

Listing *myclass.prg* bzw. *myclass.cc* (Ausschnitt)

```
1.    class MyPushButton ( oForm, sName ) of PUSHBUTTON
                                ( oForm, sName )
2.       this.height = 1.5
3.       this.width = 14
4.       this.text = ""
5.       this.speedbar = .f.
6.       this.fontbold = .t.
7.    endclass
8.
9.    class MySmallPushButton ( oForm, sName ) of
                        MyPushButton ( oForm, sName )
10.      this.height = 1.50
11.      this.width = 7
12.   endclass
13.
14.   class MyMiniPushButton ( oForm, sName ) of
                        MyPushButton ( oForm, sName )
15.      this.height = 1
16.      this.width  = 4
17.   endclass
```

> (i) Ich habe die Zeilen nummeriert, damit Sie längere Befehle, die nicht in eine Zeile im Buch passen, besser als solche erkennen. Diese Zeilennummern stimmen aber bei *myclass.prg* bzw. *myclass.cc* nicht mit der Download-Datei überein, denn Sie sehen im Buch immer nur einen Ausschnitt dieser Dateien.

Die 2. und 3. Klasse „erben" alle Eigenschaften von *MyPushButton*. Lediglich die zwei Eigenschaften *width* und *height* werden dort explizit anders definiert. Die von mir verwendeten Grössen sind natürlich nur Vorschläge und es steht Ihnen wie immer frei, diese nach Ihren individuellen Wünschen zu ändern.

Die beiden Parameter *oForm* und *sName* sind später die Objektreferenz auf das Formular, in dem der Button erscheinen soll, sowie sein interner Name. Über den Namen wird der Button später angesprochen, um bei Bedarf zur Laufzeit seine Details und seine Eigenschaften zu ändern (z. B. die Grafik).

So, nun haben Sie drei Standardklassen für Buttons. Das ist aber noch lange nicht alles, was sich mit Klassen und Objekten machen lässt, Daher werden daraus gleich noch drei sehr häufig benutzte Buttons abgeleitet, die es in fast jedem Formular und Dialog gibt: Pushbuttons für OK, Abbrechen und Hilfe.

Listing *myclass.prg* bzw. *myclass.cc* (Ausschnitt)

```
class MyOkButton (f,n) of MyPushButton (f,n)
   this.text = "&OK"
   this.upbitmap = "Resource #20"
   this.disabledbitmap = "Resource #21"
   this.StatusMessage = "Aktion bestätigen"
   this.speedtip = this.statusmessage
   this.OnClick = {;form.MyEndFunction(.t.)}
endclass

class MyCancelButton (f,n) of MyPushButton (f,n)
   this.text = "&Abbruch"
   this.upbitmap = "Resource #28"
   this.disabledbitmap = "Resource #29"
   this.StatusMessage = "Vorgang abbrechen"
   this.speedtip = this.statusmessage
   this.OnClick = {;form.MyEndFunction(.f.)}
endclass

class MyHelpButton (f,n) of MyPushButton (f,n)
   this.text = "&Hilfe"
   this.upbitmap = "Resource #32"
   this.disabledbitmap = "Resource #33"
   this.StatusMessage = "Hilfe aufrufen"
   this.speedtip = this.statusmessage
   this.OnClick = {;form.MyHelpFunction()}
endclass
```

Alle drei Buttons stammen unserer Klasse *MyPushButton* ab. Sie erben also autom. deren Eigenschaften wie z. B. die Grösse und die Schriftart. Das ist schon mal eine gewisse Gewähr für ein einheitliches Layout im Programm.

Zudem werden für alle Buttons die Beschriftung und der Hotkey (Eigenschaft *text*) festgelegt, sowie die beiden Grafiken für die Button-Zustände anwählbar (*upBitmap*) und nicht anwählbar (*disabledBitmap*). Zuerst sind die Buttons immer anwählbar, da die Eigenschaft *enabled* anfangs immer *true* ist, das ist die Default-Einstellung von dBWin. Wenn Sie dem nicht trauen fügen Sie die Zeile *this.enabled = .t.* ein, aber nicht hier sondern nur bei *MyPushButton*!

Die Buttons haben einen Tooltip-Text (der Text der eingeblendet wird wenn man den Mauscursor darauf setzt). Der Tooltip wird nur angezeigt wenn auch die Formular(!)-Eigenschaft *showSpeedtip* auf *true* gesetzt ist, aber das haben wir ja bereits vorher bei unseren Formular- und Dialog-Klassen sichergestellt.

Für den Text der Statuszeile, der mit der Eigenschaft *statusMessage* definiert wird, verwende ich hier mal denselben Text wie für den Tooltip. Das macht die Klassen einfacher zu pflegen, bei Änderungen muss man nur einen Text ändern und für die Anwender ist es einheitlicher. Natürlich steht es Ihnen frei, andere Texte zu verwenden. Denken Sie aber daran, dass Texte für Tooltips kurz und knackig sein sollten, wenige Worte (max. 5-6!) genügen. Dagegen kann man für *statusMessage* auch schon mal einen längeren Satz verwenden.

ⓘ Sie können die Statuszeile entweder über das Menü *Ansicht*, oder über die Befehle _*app.statusbar* = .t. bzw. _*app.statusbar* = .f. ein/ausschalten. Per Menü funktioniert es aber nur innerhalb von dBWin, während _*app.statusbar* auch in Ihren mit dBWin erstellten *exe*-Programmen geändert werden kann.

Auch haben alle drei Buttons ein Ereignis *onClick* aktiviert, bei dem jeweils eine Funktion aufgerufen wird. Wo sind diese Funktionen? Im Formular! Zu diesem Zeitpunkt gibt es das Formular noch nicht, es gibt ja nur die Klassen, denen noch kein Leben eingehaucht ist. Das passiert erst später, wenn Sie ein Formular designen und diese Buttons darin verwenden. Dann werden Sie im Formular auch die hier aufgerufenen Prozeduren (bzw. Methoden) schreiben.

```
Procedure MyEndFunction ( fOk )
   if fOk
   ...
   else
   ...
   endif
return

Procedure MyHelpFunction ( NULL )
...
return
```

So können Sie später passend zum Formular bzw. Dialog programmieren was beim Klick der Buttons genau geschehen soll. Der vorbereitete Aufruf dieser Methoden gleich in der Buttonklasse hat den grossen Vorteil, dass dann die später noch zu programmierende Methode im Formular immer gleich heisst. Das wird Ihre Arbeit und die Pflege der Programme einmal sehr erleichtern.

Kurz noch zu den Parametern: ich habe die bei *MyPushButton* verwendeten Namen *oForm* und *sName* hier mit *f* und *n* für Formular und Name abgekürzt. Das ist zwar nicht „schön" und auch kein guter Stil, weil aus *f* und *n* nicht der Datentyp des Parameters hervorgeht. Aber ich wollte Ihnen zeigen, dass diese Parameter von abgeleiteten Klassen nicht zwingend immer gleich benannt sein müssen (und bei Platzmangel im Buch kann man sie schon mal etwas kürzen).

Sie haben damit drei Buttons, die sowohl für den Anwender als auch für Sie als Programmierer immer gleich sind. Der Anwender sieht Buttons mit immer derselben Grösse, demselben Text, derselben Grafik und demselben Hotkey. Verständnis und Bedienung des Programms wird damit wesentlich erleichtert.

Und Sie haben Buttons, um deren Grösse, Text und Grafik Sie sich nie mehr kümmern müssen, und die beim Klick immer dieselben Funktionen aufrufen. Wenn Ihnen ein Detail der Buttons später nicht mehr zusagt, ändern Sie es an einer einzigen Stelle im Quellcode, nämlich in der obersten eigenen Klasse, in diesem Fall also in der Klasse *MyPushButton*. Wenn Sie dort beispielsweise die Höhe *height* ändern wird die Änderung autom. an alle daraus abgeleiteten Klassen weitergegeben und sämtliche dieser Klasse entsprungenen Buttons haben dann sofort die neue Höhe, ohne dass Sie in den anderen Klassen oder gar in Ihren Formularen auch nur eine einzige Zeile Code ändern müssen!

ⓘ Es kann je nach Bedarf grosse und kleine Buttons in einem Programm geben. Aber im Regelfall genügen zwei bis drei verschiedene Grössen. Auch sollten Buttons einheitlich und sinnvoll angeordnet sein. Buttongruppen die öfter vorkommen (z. B. [OK], [Abbruch] und [Hilfe] in Dialogen) sollten stets an gleicher Stelle (z. B. immer am rechten oder unteren Rand) und auch immer in derselben Reihenfolge erscheinen, mit dem am häufigsten benutzten Button (meist wohl [OK]) zuerst. Auch wenn Sie gerade Ihre künstlerische Ader entdecken sind Formulare und Dialoge die falsche „Spielwiese" dafür. Nichts wirkt auf die meisten Anwender unprofessioneller als konfuse Dialoge und ein uneinheitliches, wild zusammengewürfeltes „Praktikanten-Layout".

Dazu gehört auch, dass Buttons mit stets den gleichen (bzw. sehr ähnlichen) Funktionen auch immer gleich heissen. Nicht hier [OK], woanders [Fertig] und im dritten Dialog dann [Bestätigen]. Und wenn [OK], dann immer [OK] und nicht ab und zu mal ein [Ok] dazwischen. Dasselbe gilt natürlich für die in den Buttons verwendeten Hotkeys. Sie machen sich keine Freunde, wenn Sie einmal [A̲bbruch] und andermal [Ab̲bruch] verwenden, die Gefahr der Fehlbedienung steigt dadurch nur unnötig. Apropos Hotkeys, die sollten Sie verwenden wann immer es nur geht, tausende mausgeplagter Anwender mit verkrampfter Schulter werden es Ihnen danken. Heben Sie Ihre Produkte von der Masse der schlecht bis schlicht katastrophal bedienbaren Programme ab!

Negativ-Beispiele gibt es zuhauf, gerade auch von den „grossen" Herstellern. Auch weil dort oft unmotivierte und praxisfremde Entwickler arbeiten, die keinerlei Bezug zu den von ihnen entwickelten Programmen haben, die ihre eigenen Programme häufig nicht mal selbst benutzen. Sie müssen nicht die Fehler und den Unsinn von Weltfirmen nachmachen, Sie können das besser!

3.2.7 Eigene Klasse für Texte

Um mit unseren Klassen Formulare und Dialoge zu basteln brauchen wir noch Textobjekte. Hier bieten sich die dBWin Basisklassen *Text* und *Textlabel* an.

Listing *myclass.prg* bzw. *myclass.cc* (Ausschnitt)

```
class MyTextlabelClass ( f, n ) of TEXTLABEL ( f, n )
   this.text = ""
   this.Height = 1  ;  this.fontbold = .f.
   this.FontName = form.ScaleFontName
   this.FontSize = form.ScaleFontSize
endclass

class MyTextClass ( f, n ) of TEXT ( f, n )
   this.text = ""
   this.Height = 1  ;  this.fontbold = .f.
   this.FontName = form.ScaleFontName
   this.FontSize = form.ScaleFontSize
endclass
```

Textlabel ist eine vereinfachte Version der Klasse *Text*. Bei *Textlabel* werden keine HTML-Tags in der Eigenschaft *text* (also dem eigentlich anzuzeigenden Text) ausgewertet, und es fehlen einige Eigenschaften zur Formatierung und optischen Gestaltung des Inhalts. Auch benötigt *Textlabel* angeblich weniger Ressourcen als *Text*. Das behauptet jedenfalls die *dBASE 2000* Online-Hilfe.

Es gibt Anhänger der These, dass *Textlabel* unbedingt *Text* vorzuziehen ist, da es stabiler sei und weniger Speicher belegt. Ich habe daher testweise in einem grossen Projekt alle *Text* gegen *Textlabel* ersetzt (ca. 1.400 Objekte!). Und um die letzten Zweifler von den Vorteilen eigener Klassen zu überzeugen: durch die Anpassung meiner eigenen Klasse *MyTextClass* war das eine Änderung an nur einer Programmzeile um alle ca. 1.400 Textobjekte auf einmal zu ändern! Änderungen im Verhalten des Programms oder im Ressourcenbedarf konnte ich allerdings nicht feststellen. Ich halte mich daher aus der Diskussionen zu *Text* und *Textlabel* heraus, zumal das von der dBWin-Version abhängen mag.

ⓘ Die Onlinehilfe einiger *dBASE Plus* Versionen unterschlagen *TextLabel*. Dennoch ist es verfügbar und kann verwendet werden. Hier die Eigenschaften, die laut der Onlinehilfe von *dBASE 2000* nicht in *Textlabel* verfügbar sind: *alignment, anchor, fixed, function, leading, marginHorizontal* und ...*Vertical, picture, rotate, suppressIfBlank, suppressIfDuplicate, trackJustifyThreshold, tracking, variableHeight, verticalJustifyThreshold, wrap*, HTML-Erkennung.

💣 Manche dBWin Onlinehilfe behauptet fälschlicherweise, dass der Inhalt von Textfeldern über die Eigenschaft *name* definiert wird. Nein, es ist *text*!

3.2.8 Eigene Klasse für Text-Eingabefelder

Hier ein simples Eingabefeld für Texte aller Art. Es basiert auf der Basisklasse *Entryfield* von dBWin und bekommt für einige Eigenschaften spezielle Werte. So wird sichergestellt, dass bei Updates von dBWin keine Überraschung blüht, wenn wichtige Eigenschaften vielleicht plötzlich ganz andere Vorgaben haben. Später werden wir noch andere etwas speziellere Eingabe-Klassen entwickeln.

ⓘ Die plötzliche Änderung von Eigenschaften, bzw. geänderte Vorgaben (Defaults) bei Updates ist ein leidiges Thema, mit dem wohl jeder von uns schon konfrontiert war. Es passiert zwar eher selten, aber wenn es passiert kostet es evtl. sehr viel Zeit und noch mehr Nerven. Vorallem da sowas ja immer grundsätzlich dann passiert, wenn Sie unter Termindruck stehen und ein Projekt kurz vor der Abgabe beim Kunden steht ... Dem baue ich vor, indem ich wichtige Eigenschaften in meinen Klassen selbst vorbelege. Damit verlieren geänderte Default-Werte bei dBWin-Updates jeglichen Schrecken.

Listing *myclass.prg* bzw. *myclass.cc* (Ausschnitt)
```
class MyEntryClass ( f, n ) of ENTRYFIELD ( f, n )
   this.value = ""
   this.Height = 1
   this.OldStyle = .f.
   this.SelectAll = .t.
   this.enabled = .t.
   this.ValidErrorMsg = "Falsche Eingabe"
   this.function = "T"
   this.picture = replicate ( "X", 256 )
   this.FontName = form.ScaleFontName
   this.FontSize = form.ScaleFontSize
endclass
```

Auch hier habe ich wieder die beiden Eigenschaften *FontName* und *FontSize* mit Werten belegt, die an dieser Stelle eigentlich noch garnicht bekannt sind. Aber Sie wissen ja, wer „eigentlich" schreibt hat entweder einen schlechten Schreibstil oder noch ein Hintertürchen parat. Und richtig, die Eigenschaften werden später, wenn aus der noch „toten" Klasse ein „lebendes" Objekt wird, mit den entsprechenden Eigenschaften des Formulars vorbelegt. Konsequenz: wenn Sie später mal die Vorgaben für *ScaleFontName* und *ScaleFontSize* im Formular ändern passen sich alle Objekte darin autom. auf die Änderung an! Ich zeige nachher noch in einem Beispiel wie sich das in der Praxis auswirkt.

ⓘ Selbstverständlich steht es Ihnen bei allen hier gezeigten Klassen frei, noch weitere Eigenschaften mit Anfangswerten zu belegen. Meine Beispiele sind wie immer nur genau das, Beispiele, die Sie bitte nur als Anregung für Ihre eigenen Programme und als Basis für eigene Erweiterungen betrachten!

3.2.9 Eigene Klasse für Spinbox-Eingabefelder

Die Spinbox eignet sich hervorragend für numerische Eingaben und für die
Eingabe von Datumswerten. Auch dafür bauen wir uns eine Klasse, die aus
der dBWin Basisklasse *Spinbox* abgeleitet und von uns erweitert wird.

Listing *myclass.prg* bzw. *myclass.*cc (Ausschnitt)

```
class MySpinboxClass ( f, n ) of SPINBOX ( f, n )
   this.value = NULL
   this.Height = 1
   this.ValidErrorMsg = "Falsche Eingabe"
   this.Border = .t.
   this.oldstyle = .f.
   this.fontbold = .f.
   this.enabled = .t.
   this.FontName = form.ScaleFontName
   this.FontSize = form.ScaleFontSize

   this.OnLeftDblClick = {;class::MyLeftDblClick()}

   Procedure MyLeftDblClick ( iFlag, iSpalte, iZeile )
      if type ( "this.value" ) = "D"          &&Datum
         this.value = date()
      else if type ( "this.value" ) = "N"     &&numerisch
         this.value = 0
      endif
   return

endclass
```

Beachten Sie bitte, dass ich der Eigenschaft *value* weder 0 noch {} zuweise,
sondern NULL. Denn wir wissen ja noch nicht, ob wir die Klasse später mal
für numerische Werte oder für ein Datum verwenden wollen.

 Wichtige Informationen zu NULL finden Sie in Band 2 auf Seite 250.

Und dann fangen wir hier auch gleich noch das Ereignis *OnLeftDblClick* ab.
Es tritt auf, wenn der Anwender einen Doppelklick mit der linken Maustaste
innerhalb der Spinbox ausführt. In der dem Ereignis zugewiesenen Routine
prüfen wir mit *type* ob der aktuelle Inhalt der Spinbox (*value*) den Datentyp
numerisch oder *Datum* hat. Je nach Resultat wird der Inhalt der Spinbox
entweder auf 0 oder mit der Funktion *date* auf das Systemdatum gesetzt.

Sie haben so eine einfache Möglichkeit, wie der Anwender bei Eingaben in
Spinbox-Objekte den Inhalt zurücksetzen (die Zahl auf 0 setzen) kann, oder
bei einem Datumsfeld einfach das akt. Systemdatum des PCs eintragen kann.
Diese Funktion programmieren Sie einmal und nutzen Sie später beliebig oft.

3.2.10 Eigene Klasse für Linien und Rahmen

Sie werden immer wieder Bereich ein Formularen auch optisch voneinander trennen wollen. Sei es rein aus praktischen Gründen oder um das Formular übersichtlicher und damit leichter lern- und bedienbar zu gestalten. Dafür eigenen sich die Klassen *Line* (Linie) und *Rectangle* (Rechteck) sehr gut.

Die Linie ist unsere einfachste Klasse, bei der wir keine Eigenschaft ändern. Der einzige Grund, warum ich dann überhaupt eine solche Klasse anlege ist, dass ich für <u>alle</u> später benutzten Objekte meine eigenen Klassen verwende. Und ausserdem sehen Sie so, dass Klassen auch als Zweizeiler möglich sind.

Listing *myclass.prg* bzw. *myclass.cc* (Ausschnitt)

```
class MyLineClass ( f, n ) of LINE ( f, n )
endclass
```

Bei den Rechtecken baue ich drei Varianten, die sich optisch unterscheiden.

Listing *myclass.prg* bzw. *myclass.cc* (Ausschnitt)

```
class MyRectclassNorm ( f, n ) of RECTANGLE ( f, n )
   this.FontName = form.ScaleFontName
   this.FontSize = form.ScaleFontSize
   this.borderstyle = 0              && Rand einfach
   this.left = 1
   this.fontbold = .t.
endclass

class MyRectclassHigh ( f, n ) of RECTANGLE ( f, n )
   this.FontName = form.ScaleFontName
   this.FontSize = form.ScaleFontSize
   this.borderstyle = 1              && 3D-Rand hoch
   this.left = 1
   this.fontbold = .t.
endclass

class MyRectClassDeep ( f, n ) of RECTANGLE ( f, n )
   this.FontName = form.ScaleFontName
   this.FontSize = form.ScaleFontSize
   this.borderstyle = 2              && 3D-Rand tief
   this.left = 1
   this.fontbold = .t.
endclass
```

> (i) Die beiden Parameter *f* und *n* stehen auch hier wieder für das Formular und den Namen der Objekte. Sie werden beim anlegen mit *new* übergeben. Wenn Sie Band 2 gelesen haben werden Sie jetzt zurecht sagen, dass das aber besser als *oForm* und *sName* geschrieben wird, um Datentyp und Bedeutung der Parameter sofort zu erkennen. Völlig richtig! Ich verwende *f* und *n* auch nur, um möglichst wenig Befehle für den Buchdruck „zerreissen" zu müssen.

3.2.11 Eigene Klasse für Radiobuttons

Die Klasse *Radiobutton* wird auch gern und oft in Formularen verwendet. Hier die zugegeben sehr einfache Definition einer eigenen Klasse dafür.

Listing *myclass.prg* bzw. *myclass.cc* (Ausschnitt)

```
class MyRadioclass ( f, n ) of RADIOBUTTON ( f, n )
    this.FontName = form.ScaleFontName
    this.FontSize = form.ScaleFontSize
    this.Height = 1
    this.group = .f.
    this.value = .f.
    this.text = ""
    this.oldstyle = .f.
    this.fontbold = .f.
    this.statusmessage = ""
endclass
```

Beachten Sie bitte die Vorgabe *.f.* für die Eigenschaft *group*. Sie wissen noch aus Band 2 (Seite 109), was es damit auf sich hat. Meist treten Radiobuttons in einer Gruppe von zwei oder mehr auf, und nur beim ersten wird *group* auf *.t.* gesetzt, um den Beginn einer neuen Gruppe von Elementen zu kennzeichnen.

3.2.12 Eigene Klasse für Checkboxen

Auch die Klasse *Checkbox* ist ein häufig verwendetes Element zur optischen Gestaltung von Formularen und Eingabemasken jeglicher Art. Und darum sollten Sie auch die Checkbox als eigene Klasse definieren und verwenden.

Listing *myclass.prg* bzw. *myclass.cc* (Ausschnitt)

```
class MyCheckclass ( f, n ) of CHECKBOX ( f, n )
    this.FontName = form.ScaleFontName
    this.FontSize = form.ScaleFontSize
    this.Height = 1
    this.Group = .t.
    this.Value = .f.
    this.text = ""
    this.oldstyle = .f.
    this.fontbold = .f.
    this.statusmessage = ""
endclass
```

Wie Sie sehen ist hier die Eigenschaft *group* mit *.t.* vorbelegt. Das ist sinnvoll, weil Checkboxen sowohl einzeln als auch in Gruppen auftreten können und selbst bei mehreren Checkboxen kann jede für sich und unabhängig von den anderen ein- bzw. ausgeschaltet werden. Eine Gruppe von Checkboxen, deren „Verhalten" und deren „Zustände" voneinander abhängig sind ist eher selten, so dass die Eigenschaft *group* bei Checkboxen in fast allen Fällen *.t.* bleibt.

3.2.13 Custom Class Dateien *.cc

Wenn Sie schon an anderer Stelle etwas über die Programmierung eigener Klassen gelesen haben werden Sie sich vielleicht wundern, warum ich die Datei der Klassen bisher *myclass.prg* und nicht *myclass.cc* genannt habe.

In anderen Büchern und Online-Dokumentationen wird *.cc* verwendet, ebenso in der Dokumentation von dBWin. Das ist ein Kürzel für *Custom Class*, grob übersetzt *benutzerdefinierte Klasse*. Diese Bezeichnung trifft es auch ganz gut.

Ich habe anfangs bewusst die Endung *.prg* für die Datei gewählt, um Ihnen zu demonstrieren, dass *Custom Classes*, also diese *.cc*-Dateien, nichts anderes als „normale" Dateien mit dBWin-Quellcode sind. Man muss nicht zwingend *.cc* als Endung für seine Dateien mit eigenen Klassen verwenden, auch wenn das manche aus der Dokumentation und aus anderen Quellen vielleicht so deuten.

Durch die spezielle Endung *.cc* lassen sie sich aber besser von anderen Codes unterscheiden. Dateien die „nur" Klassen enthalten sind ja nicht dazu gedacht, mittels *do <dateiname>* direkt ausgeführt zu werden. Aber man kann sie per *compile <dateiname>* kompilieren, um eine Prüfung auf grobe Syntaxfehler durchzuführen. Noch ein Beweis, dass es ganz „normaler" dBWin-Code ist.

Künftig werde ich mich an die Konvention halten, auch damit Sie die Dateien an der Endung leichter erkennen können und damit „alles seine Ordnung hat". Leider kann das *Regiezentrum* von dBWin keine Dateien umbenennen, aber ein einfacher Befehl im *Befehlsfenster* tut´s ja netterweise auch:

```
rename myclass.prg to myclass.cc
```

benennt die Datei entsprechend um. Der Nachteil ist jetzt aber, dass sie mit dieser Endung nun nicht mehr in der Dateiliste unter *Programme* erscheint, sondern in der Rubrik *Andere* (evtl.. aber erst wenn Sie dBWin neu starten).

Als Alternative könnten Sie die *.prg*-Datei auch einfach kopieren:

```
copy file myclass.prg to myclass.cc
```

aber dann müssen Sie künftig darauf achten, dass Sie immer nur an einer der beiden Änderungen vornehmen und nicht mal da und mal dort ... Wie man´s macht gibt´s Ecken und Kanten, manchmal ist dBWin wie das richtige Leben.

(i) Die Endung *.cc* für Dateien mit eigenen Klassen (*Custom Classes*) muss nicht verwendet werden, dient aber der besseren Übersicht über Ihre Dateien.

3.3   Eigene Klassen im Formular-Designer

In den vorherigen Kapiteln habe ich gemeinsam mit Ihnen eine Reihe eigener Klassen entwickelt. Diese werden jetzt die Grundlage sein, um daraus eigene Formulare zu entwickeln. Auch werden noch weitere Klassen dazukommen.

Diese Formulare und Dialoge können Sie später in Ihren Programmen ganz nach Bedarf einsetzen. Alles was ich hier gemeinsam mit Ihnen entwickle ist sehr flexibel, unabhängig und nicht an ein spezielles Programm gebunden.

Dazu können Sie den *Formular-Designer* von dBWin verwenden, indem Sie Ihre Klassen dort einbinden und wie „normale" dBWin-Klassen benutzen. Gleich auf den nächsten Seiten erfahren Sie wie einfach das funktioniert.

Genauso können Sie Formulare und ihre Anwendung auch ohne Designer „von Hand" programmieren, indem Sie den Code dazu selbst schreiben. Der Designer macht ja auch nichts anderes und oft ist so ein „von Hand" geschriebenes Formular flexibler und schneller. Vorallem wenn Sie Ihre bereits vorgefertigten Klassen dafür verwenden wird es sehr bequem.

Keine Bange, das ist überhaupt nicht kompliziert. Es vertieft Ihr Wissen um dBWin sehr, wenn Sie die Designer einfach mal beherzt beiseite lassen und stattdessen auch mal Quellcode „von Hand" schreiben. Das geht auch noch unter Windows, und es ist ein entscheidender Vorteil, wenn Sie das können. Ab und zu brauchen Sie den Designer aber trotzdem. Zum Beispiel jetzt.

Starten Sie bitte den Formular-Designer von dBWin. Seine grundsätzlichen Funktionen kennen Sie (falls nicht, bitte vorher in Band 1 und 2 nachlesen).

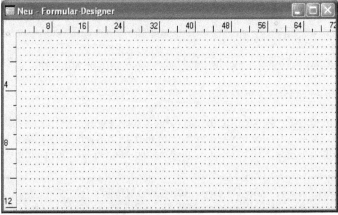

Der Formular-Designer mit einem leeren Formular

Neben dem eigentlichen Design-Bereich, in dem Sie die Formulare gestalten, hat sich auch noch die die sog. *Komponenten-Palette* parallel dazu geöffnet.

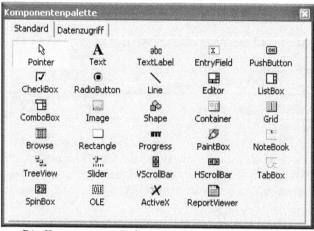

Die Komponenten-Palette mit den Standard-Klassen

Sie sehen die Seiten *Standard* und *Datenzugriff* mit den dBWin-Basisklassen. Das sind alles Klassen und Objekte, die dBWin bereits mitliefert und die Sie beliebig für Ihre eigenen Projekte verwenden können. Je nach Version und je nach evtl. installierter zusätzlicher Klassen mag es bei Ihnen anders aussehen.

> ⓘ Wenn Sie die *Komponenten-Palette* nicht sehen öffnen Sie sie bitte über das Menü *Ansicht - Werkzeugfenster - Komponentenpalette*. Für alle weiteren Details über die Bedeutung der gezeigten Funktionen siehe bitte die Bände 1 und 2 meiner Reihe, dort werden Designer und Formulare ausführlich erklärt.

Aber wo sind Ihre eigenen Klassen geblieben und wie können Sie diese im Designer nutzen? Es ist im Grunde ganz einfach, und wie so oft gibt es auch hier wieder einmal mehrere Wege, die alle zum selben Ziel führen. Ich werde Ihnen alle Wege beschreiben, Sie suchen sich bitte den für Sie genehmen aus.

Die erste Variante geht per Befehl, den Sie direkt im *Befehlsfenster* eingeben. Die anderen Varianten funktionieren über mehr oder weniger gut versteckte Menüpunkte bzw. mit der Maus und über diverse Einstellungs-Dialoge.

Ich gehe in allen Fällen davon aus, dass Sie Ihre Quelldatei mit den Klassen (*myclass.prg* oder auch *myclass.cc*) im aktuellen Verzeichnis gespeichert haben, bzw. in einem Verzeichnis, das als Suchpfad in dBWin angelegt ist.

3.3.1 Eigene Klassen per Befehl einbinden

Wie so oft genügt ein Befehl, den Sie einfach im *Befehlsfenster* eingeben:

```
set procedure to myclass.prg additive
```

oder, falls Sie diese Datei nicht mit *.prg* sondern auf *.cc* enden lassen:

```
set procedure to myclass.cc additive
```

 Zum Befehl *set procedure to ...* siehe bitte auch Band 2 ab Seite 165.

Dieser Befehl lädt die Datei *myclass.prg* als sog. *Klassen-Bibliothek* in den Speicher und stellt die darin definierten Klassen im Designer zur Verfügung. Auf diese Art können Sie eine oder auch mehrere Dateien mit Klassen laden, das funktioniert im Befehlsfenster genauso gut wie direkt im Programmcode.

Der optionale Zusatz *additive* ist evtl. wichtig, wenn Sie mehr als eine Datei mit Klassen verwenden wollen. Vielleicht haben Sie ja eine Datei mit Klassen für Formulare, eine weitere für Eingabe-Klassen, eine dritte für Buttons etc. Je nach dBWin-Version ist *additive* nötig, damit durch das Laden neuer Klassen-Bibliotheken nicht die vorherigen wieder aus dem Speicher entfernt werden.

> Bei vielen aktuellen Versionen von *dBASE Plus* können Sie den Zusatz *additive* weglassen, auch wenn Sie mehrere Klassen-Bibliotheken laden. Bei *dBASE 2000* dagegen ist *additive* nötig um mehr als eine Bibliothek in den Speicher zu bekommen. Bug oder Feature, ich weiss es nicht. Ich rate daher, den Zusatz *additive* bei mehr als einer einzubindenden Datei zu verwenden.

Ist es nicht schön, dass Sie in dBWin soviel mit Befehlen erreichen können und Sie sich nicht für jede Kleinigkeit mit der Maus herumquälen müssen?

Aber freuen Sie sich bitte nicht zu früh, der Weg hat einen kleinen Nachteil. dBWin bzw. der Designer merkt sich die so eingebundenen Klassen nur bis zum beenden. Beim nächsten Start muss die Datei der Klassen bei Bedarf wieder neu eingebunden werden, um für neue Formulare verfügbar zu sein.

Es sei denn, Sie laden beim nächsten Start gleich ein Formular, das eine Ihrer eigenen Klassen verwendet. Dann findet die Einbindung der Klassen wieder autom. statt und sie stehen ab diesem Moment auch für neue leere Formulare zur Verfügung. Das ist sicher besser als nichts, aber optimal ist es nicht.

3.3.2 Eigene Klassen per Dialog einbinden

Viel sinnvoller und in der Praxis hilfreicher ist es, wenn Sie Ihre Klassen auf Dauer in dBWin integrieren. So dass sie nach jedem Start auch in neuen und anfangs noch leeren Formularen sofort verfügbar sind. Und das geht so:

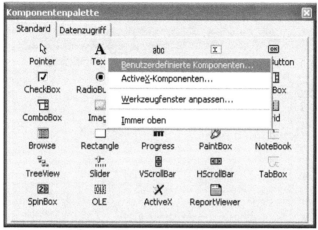

Benutzerdefinierte Komponenten per Maus hinzufügen

Klicken Sie im Fenster *Komponentenpalette* mit der <u>rechten</u> Maustaste und wählen Sie im Mausmenü den Eintrag *Benutzerdefinierte Komponenten* aus.

Damit öffnen Sie den Dialog, in dem Sie Ihre in den Designer eingebundenen Klassen verwalten können. Die Liste ist anfangs im Regelfall wohl noch leer.

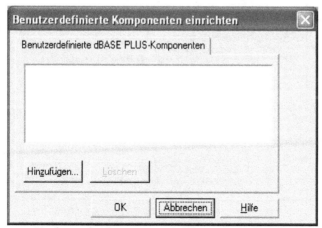

Noch wurden keine eigenen Klassen eingebunden

Ein Klick auf **[Hinzufügen]** öffnet den üblichen Windows-Dialog zur Auswahl von Dateien. Wählen Sie darin z. B. die Datei *myclass.co* aus.

> (i) Die Dateiendung *.co* steht für die kompilierte *.cc*-Datei. Sie können hier gern diese *.co*-Dateien einbinden, genausogut aber auch die Quelldateien *.cc*.

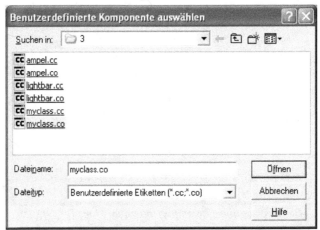

Üblicher Windows-Dialog zur Auswahl einer Datei

Bestätigen Sie die Auswahl, damit die Datei in dBWin eingebunden wird.

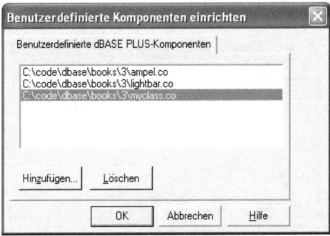

Dateien mit Ihren Klassen sind jetzt eingebunden

Mit **[Löschen]** können Sie die eingebundenen Klassen auch wieder entfernen.

Nun hat das Fenster *Komponentenpalette* plötzlich eine weitere Seite namens *Individuell* bekommen. Dort sehen Sie die Klassen der eingebundenen Datei, und jetzt können Ihre eigenen Klassen in Ihren Formularen „verbaut" werden.

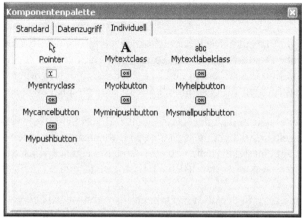

Eigene Klassen innerhalb der Komponenten-Palette

> ⓘ Sie können wie gezeigt mehr als eine Klassendatei mit eigenen Klassen auf diese Art in den Designer einbinden. Alle so eingebundenen Klassen sind gemeinsam auf der Seite *Individuell* im Fenster *Komponentenpalette* zu sehen.

> Wenn Sie *.cc*-Dateien ändern und danach neu compilieren passiert es häufig, dass dBWin die Einbindung in den Designer eigenmächtig entfernt. Wenn Sie dagegen gleich die *.co*-Dateien einbinden passiert das nicht mehr.

3.3.3 Eigene Klassen per INI-Datei einbinden

Vielleicht legen Sie wert darauf, Programme möglichst einfach und ohne viel Mausgefummel zu bedienen. Oder Sie wollen einfach nur wissen, wie dBWin Ihre in den Designer eingebundenen Klassen verwaltet. Dann öffnen Sie bitte die Datei *plus.ini* im Verzeichnis *bin* Ihrer *dBASE Plus* Installation im Editor.

Darin finden Sie u. a. einen Abschnitt *[CustomClasses]* und dort können Sie die Klassendateien auch „von Hand" ändern. So ähnlich sieht das dann aus:

```
[CustomClasses]
CC0=C:\code\dbase\books\3\myclass.cc
CC1=C:\code\dbase\books\3\lightbar.co
```

> ⓘ Bei *dBASE 2000* hiess die Datei noch *db2k.ini*, und davor *dbasewin.ini*.

3.3.4 Eigene Unterklassen im Designer

Als aufmerksamer Leser werden Sie beim ansehen der Komponenten-Palette sicher gestutzt haben. Fehlen da nicht viele Ihrer selbst definierten Klassen? Sie sehen zwar Ihre eigene Klasse *MyPushButton*, aber wo sind die daraus abgeleiteten Klassen wie *MySmallPushButton* oder *MyOkButton* geblieben?

Die werden im Formular-Designer nicht angezeigt, weil wir etwas wichtiges vergessen haben (natürlich war das Absicht von mir, damit es Ihnen auffällt). Bei der Definition Ihrer Klassen gibt es noch das Schlüsselwort *custom*, das zwar optional ist, aber für bestimmte Fälle ist es eben doch zwingend nötig.

Am Ende der ersten Zeile einer Klasse steht evtl. das Schlüsselwort *custom*. Damit wird gekennzeichnet, dass es eine sog. „benutzerdefinierte" Klasse ist. Genauer gesagt eine Klasse, die von einer anderen eigenen Klasse abstammt, und nicht direkt von einer der dBWin-Basisklassen (indirekt natürlich schon).

Die Erklärung dazu in der dBWin-Onlinehilfe (beim Begriff *class*) ist wenig hilfreich. Oder verstehen Sie etwa den Satz „*Kennzeichnet die Klasse als benutzerdefinierte Klasse. Aus diesem Grund werden die vordefinierten Eigenschaften von den visuellen Gestaltungswerkzeugen nicht ausgegeben*".

Wie bitte?! Es geht darum: der Zusatz *custom* bei der Definition von Klassen ist nötig, wenn die neue Klasse von einer Klasse abgeleitet wird, die ihrerseits bereits eine Ableitung ist. Bei eigenen Klassen, die direkt von einer dBWin-Basisklasse abgeleitet werden, ist *custom* dagegen nicht nötig (es schadet lt. meinen Tests aber auch nicht, wenn man es in den Fällen trotzdem schreibt).

Konkretes Beispiel: in diesem Fall ist *custom* nicht zwingend nötig:

```
class MyPushButton ( oForm, sName ) of PUSHBUTTON
                                ( oForm, sName )
...
endclass
```

da die Klasse *MyPushButton* von einer dBWin-Basisklasse abgeleitet wird.

Dagegen ist in diesem Fall der Zusatz *custom* ratsam (aber nicht zwingend):

```
class MySmallPushButton ( oForm, sName ) of
                MyPushButton ( oForm, sName ) custom
...
endclass
```

weil die Klasse *MySmallPushButton* von *MyPushButton* abgeleitet wird, und das ist keine dBWin-Basisklasse, sondern selbst schon eine Ableitung davon.

Der Zusatz *custom* steht also jeweils am Ende der Zeile *class* ... und bevor die diversen Zeilen mit den zu definierenden Eigenschaften der Klasse kommen.

Nun bitte ich Sie, dass Sie in der Datei *myclass.cc* alle Klassen die das betrifft um diesen Zusatz erweitern. Das sind alle Klassen, die nicht direkt von einer dBWin-Klasse sondern von einer anderen eigenen Klasse abgeleitet werden.

Der sicherste Weg um diese Änderungen auch wirklich dBWin beizubringen ist ein Neustart von dBWin. Das beenden und neu starten des Designers allein reicht (meistens ...) nicht aus. Der naheliegende Gedanke, die Datei mit den Klassen von Hand neu zu kompilieren, führt auch nicht immer zum Ziel.

💣 Einige dBWin-Versionen zeigen den störenden Effekt, dass wenn Sie in den Designer eingebundene .*cc*-Dateien neu kompilieren (Befehl *compile*) die eingebundenen Klassen danach von der Seite *Individuell* der *Komponenten-Palette* verschwunden sind. Ein Neustart von dBWin behebt das Problem ...

Wie auch immer sich Ihre dBWin-Version hier verhält, spätestens nach einem Neustart sollten jetzt alle Klassen in der *Komponenten-Palette* sichtbar sein.

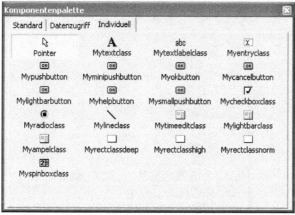

Jetzt sind alle Button-Klassen im Designer verfügbar

Dass dBWin dabei Gross-/Kleinschreibung eigenmächtig ändert und auch die Reihenfolge der Klassen mitunter etwas willkürlich erscheint, na was soll's ...

ⓘ Der Zusatz *custom* scheint nur für die Einbindung der Klassen in den Designer zwingend zu sein. Bei „von Hand" erstellten Formularen kann auf den Zusatz *custom* nach meiner langjährigen Erfahrung verzichtet werden.

3.3.5 Eigene Formularklassen im Designer

Eine Einschränkung fällt Ihnen sicher auf, zumindest wenn Sie alle Beispiele
für die eigenen Klassen bisher mitgemacht und in der Datei *myclass.prg* oder
myclass.cc gesichert haben (oder die Dateien per Download geholt haben).

Sie sehen in der *Komponentenpalette* nur die Klassen, die Sie innerhalb von
Formularen verwenden. Alles was von den Basisklassen *Text*, *Pushbutton*,
Entryfield oder sonstigen Formular-Bestandteilen abgeleitet wurde. Wo aber
sind Ihre Formularklassen *MyFormClass* und *MyDialogClass*, die Sie aus der
Basisklasse *form* abgeleitet haben? Können Sie die hier garnicht verwenden?

Doch, können Sie! Allerdings verwendet der Designer immer eine Basisklasse
für Formulare, und das ist, solange Sie nichts daran ändern, die dBWin-eigene
Basisklasse *form*. Diese ist natürlich änderbar, wenn auch meiner Meinung
nach etwas umständlich und mit ein paar kleineren Stolperfallen versehen.
Eine der Fallen tritt gleich bei unseren Formularklassen in *myclass.cc* auf ...

Starten Sie bitte den Formular-Designer um ein neues Formular anzulegen.
Wählen Sie dort das Menü *Datei - Benutzerdefinierte Formularklasse wählen.*

Datei-Menü im Formular-Designer

Kapitel 3

Es erscheint der folgende Dialog mit noch leeren Eingabefeldern:

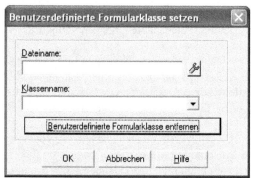

Eine eigene Formularklasse angeben

Ein Klick auf den **[Schraubenschlüssel]** beim Eingabefeld *Dateiname* öffnet einen Ihnen bekannten Dialog zur Auswahl einer Datei. Allerdings sind hier auf den ersten Blick nur Dateien der Endung *.cfm* zulässig, denn andere Arten sind in der Liste des Dropdown-Felds *Dateityp* nicht vorgesehen. Sie können das aber ganz leicht ändern, indem Sie z. B. im Eingabefeld *Dateiname* eine andere Auswahl, z. B. **.cc* oder auch **.prg* eingeben und **[Return]** drücken.

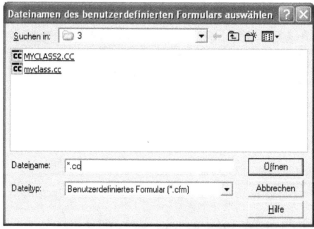

Der Datei-Dialog lässt sich leicht austricksen

ⓘ Die Dateiendung *.cfm* steht für *custom form* und ist die Vorgabe für von Ihnen selbst definierte Formularklassen. Rein technisch betrachtet sind diese *.cfm*-Dateien aber nichts anderes als ganz „normaler" dBWin-Quellcode, so dass Sie statt *.cfm* auch die Endungen *.prg* oder *.cc* etc. verwenden könnten.

Für benutzerdefinierte Formulare eine eigene Dateiendung zu verwenden, wie dies von dBWin mit der Endung .*cfm* vorgesehen ist, macht nicht immer Sinn. Wenn eine Datei ausschliesslich eigene Formularklassen enthält ist das ok und die Endung .*cfm* erleichtert die spätere Unterscheidung Ihrer vielen Dateien.

Wenn Sie aber, wie ich im Beispiel, die eigenen Formularklassen zusammen mit noch anderen Klassen für Objekte (Buttons, Eingabefelder etc.) in einer Datei halten, würde ich die etwas allgemeinere Endung .*cc* für *custom class* vorziehen. Auch diese Endung ist ja, wie Sie sehen, universell verwendbar.

Wählen Sie bitte die vorhin erstellte Datei *myclass.cc* (oder *myclass.prg*, je nach dem welche Dateiendung Sie vorziehen) aus und klicken Sie [**Öffnen**]. Die Datei wird geladen und untersucht. Danach sehen Sie in der Dropdown-Liste *Klassenname* alle darin definierten Klassen aufgeführt. Wählen Sie die eigene Klasse *MyFormClass* aus und bestätigen Sie Ihre Auswahl mit [**OK**].

💣 Sie könnten hier sogar eine völlig andere Klasse wählen, z. B. einen Button oder ein Entryfield. Das Ergebnis wäre aber eine mehr oder weniger lange Liste von Fehlermeldungen und wenn Sie Pech haben am Ende ein Absturz von dBWin. Wählen Sie daher bitte nur Formular-Klassen aus!

Das Ergebnis ist aber vermutlich nicht ganz so wie Sie es erwartet haben:

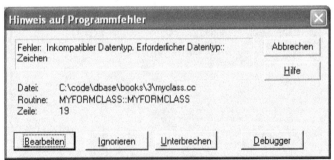

Fehler nach Auswahl unserer eigenen Formularklasse

Gehen Sie mit dem Problem erst einmal so um wie es Politiker mit Problemen auch meistens tun und klicken Sie auf [**Ignorieren**]. Natürlich wird damit die Ursache des Problems nicht gelöst, aber auch das kennen Sie aus der Politik.

Hätten Sie eine Position im oberen Viertel der staatlichen Hierarchie wäre die Angelegenheit für Sie damit erledigt. Sie hätten das Problem ignoriert, um die Lösung kümmern sich (vielleicht) andere, Ihre Rente wäre jedenfalls sicher.

Dummerweise sind Sie aber kein Politiker sondern Programmierer. Und damit müssen Sie sich nun selbst um Ursache und Lösung des Problems kümmern.

Hier nochmal der Ausschnitt aus *myclass.prg* mit der angeblichen Fehlerzeile:

```
class MyFormClass ( sTitel, fCenter ) of FORM
   this.text = sTitel
```

Wo ist das Problem? Wir haben diese Formularklasse doch schon benutzt und in eigenen Programmen verwendet. Warum meckert der Designer daran rum?

Das Problem sind die beiden Parameter *sTitel* und *fCenter*. Eine direkt in den Designer eingebundene Formularklasse kann mit Parametern nichts anfangen!

Sie sehen das auch, wenn Sie das Formular einfach unter einem beliebigen Namen (ich habe *falsch.wfm* verwendet) speichern und seinen Code ansehen:

```
parameter bModal
local f
f = new test2Form()
if (bModal)
   f.mdi = false // Nicht-MDI festlegen
   f.ReadModal()
else
   f.Open()
endif

class test2Form of MYFORMCLASS from "myclass.cc"

endclass
```

Das ist der typische Formular-Code, wie ihn der dBWin-Designer erzeugt. Dabei fehlen aber sowohl bei der Definition der Unterklasse mittels *class ...* als auch bei der Erzeugung des Objekts mittels *new ...* die beiden Parameter.

Unsere Klasse *MyFormClass* erwartet aber nun einmal diese zwei Parameter, weil wir dies in der Datei *myclass.prg* so definiert haben. Denn dort steht ja

```
class MyFormClass ( sTitel, fCenter ) of FORM
```

Aus *Band 2 - Grundlagen* meiner Reihe wissen Sie sicher noch was passiert, wenn eine Routine (eine *Procedure* oder *Function*) Parameter erwartet, diese aber beim Aufruf nicht übergeben bekommen. Na, erinnern Sie sich? Richtig, die Parameter werden von dBWin dann behandelt als wären sie vom Datentyp *logisch* und als wäre ihr Inhalt *false*. Und bei Klassen passiert genau dasselbe! (Band 2 enthält dazu ein Beispiel auf Seite 163, bei Bedarf bitte nachlesen).

Und wenn der Parameter *sTitel* jetzt plötzlich nicht mehr vom Typ *String* ist, sondern *logisch* und dann den Inhalt *false* hat erklärt das, warum die Zeile

```
this.text = sTitel
```

den Fehler „*inkompatibler Datentyp*" erzeugt. Die Eigenschaft *text* ist ja vom Typ *String*, ihr wird jetzt ein *logischer* Wert zugewiesen und schon knallt´s.

Der zweite Parameter *fCenter* führt dagegen zu keinem Fehler, da er mittels

```
this.autoCenter = fCenter
```

an eine ebenfalls *logische* Eigenschaft zugewiesen wird. Hier stimmt also der Datentyp und für dBWin ist die Welt in Ordnung. Dass auch dieser Parameter hier überhaupt nicht übergeben und damit <u>immer</u> *false* ist, kann zwar für Sie eine ohne das nötige Hintergrundwissen kaum zu findende Fehlerquelle sein. Für dBWin ist das aber ohne Bedeutung, Hauptsache die Datentypen passen.

Und damit Sie später einmal nicht aufgrund solcher Konstellationen Stunden über Stunden mit der Fehlersuche verbraten habe ich in diesem Beispiel den Fehlerfall bewusst provoziert. Jetzt wissen Sie worauf Sie achten müssen.

> Je nach dBWin-Version kann es passieren, dass die Buttonleiste unter dem Menü verschwindet, wenn beim Einbinden einer eigenen Formularklasse ein Fehler auftritt. Klicken Sie dann einfach kurz ein anderes dBWin-Fenster, z. B. das *Befehlsfenster* oder das *Regiezentrum* an und wechseln Sie danach in den *Formular-Designer* zurück. Jetzt ist die Buttonleiste wieder sichtbar.

Ihre eigenen Formularklassen dürfen also keine Parameter erwarten, wenn Sie diese Klassen auch im Formular-Designer verwenden wollen. Um Formulare „von Hand", also direkt durch Eingabe des Quellcodes und ohne Designer zu entwerfen ist diese Einschränkung nicht nötig. Ob Sie den Designer benutzen oder nicht, das bleibt Ihnen überlassen. Das hängt von Ihrem Arbeitsstil und auch von der Komplexität Ihrer Programme und Formulare ab.

Eigene Formularklassen wieder aus dem Designer entfernen
Im Dialog des Menüs *Datei - Benutzerdefinierte Formularklasse setzen* finden Sie auch einen Button mit Text *Benutzerdefinierte Formularklasse entfernen*. Damit wird wieder die dBWin-eigene Basisklasse *form* im Designer aktiviert.

Bereits gespeicherte Formulare mit anderen Formular-Basisklassen bleiben aber erhalten. Diese müssen Sie ggf. direkt im Quellcode ändern, da eine Änderung des Basisformulars im Designer nachträglich nicht möglich ist.

Wenn Sie im Designer eine eigene Klasse als Basisformular verwenden wollen, definieren Sie diese Formularklasse bitte immer ohne Parameter.

Listing *myforms.cfm*
```
class MyDesignerFormClass of FORM custom
   this.top = 0           ; this.left = 0
   this.mdi = .t.         ; this.escexit = .f.
   this.maximize = .t.    ; this.minimize = .t.
   this.sysmenu = .t.     ; this.sizeable = .t.
   this.moveable = .t.    ; this.autoSize = .f.
   this.showspeedtip = .t. ; this.autoCenter = .f.
   this.ScaleFontName = "Arial" ; this.ScaleFontSize = 10
endclass
```

Die Klasse *MyDesignerFormClass* leiten Sie aus der dBWin-Basisklasse *form* ab, das ist ja inzwischen nicht mehr besonders aufregend für Sie. Welche der vielen Eigenschaften Sie vorgeben und welche nicht bleibt Ihnen überlassen. Ohne Vorgabe werden eben die Default-Einstellungen von dBWin verwendet.

Ich habe diesmal eine Datei der Endung *.cfm* verwendet. Aber Sie wissen ja bereits, dass man genausogut auch wieder mit *.prg* oder *.cc* arbeiten könnte.

ⓘ Sie sehen am Beispiel auch, dass Sie fast immer mehrere Befehle in nur einer Zeile Code schreiben können. Dazu müssen die einzelnen Befehle nur mit einem Semikolon ; getrennt werden. Damit lässt sich leicht Platz sparen, aber übertreiben Sie es nicht, sonst geht die Übersichtlichkeit schnell verloren.

Obige Klasse lässt sich problemlos in den Designer als sog. *benutzerdefinierte Formularklasse* einbinden. Bereits bestehende Formulare werden dabei nicht geändert, diese behalten natürlich ihre jeweilige Basisklasse für das Formular. Lediglich alle ab der Einbindung des neuen Basisformulars neu angelegten Formulare werden mit dieser neuen Klasse als Basis erstellt.

Das ist übrigens auch über die Datei *plus.ini*, die Sie im Verzeichnis *bin* Ihrer *dBASE Plus* Installation finden, steuerbar. Es gibt zwei INI-Einträge dafür:

```
[FormDesigner]
BaseFormClassFileName=myforms.cfm
BaseFormClassName=MyDesignerFormClass
```

Dort werden sowohl die Quelldatei, als auch die in dieser Datei befindliche Klasse, die künftig als Basisformular im Designer dienen soll, eingetragen.

 Bei *dBASE 2000* hiess die Datei noch *db2k.ini*, und davor *dbasewin.ini*.

Visuelle Basisklassen   **99**

4. Eigene Klassen für Dialoge

Im vorigen Kapitel haben wir einige eher einfache Klassen entwickelt. Das könnte ich nun locker noch 200 Seiten so weitermachen und mit Ihnen eine neue Klasse nach der anderen programmieren. Hm, klingt langweilig ...

Ausserdem sind Sie jetzt fit, um aus den anderen visuellen Basisklassen von dBWin *(listbox, grid, notebook, slider, shape* und wie sie noch alle heissen) selbständig neue Unterklassen mit individuellen Eigenschaften zu erstellen.

Wir wollen daher diese wenigen Klassen erst einmal in der Praxis einsetzen und erst später und nur bei Bedarf weitere und dann sicher auch mal etwas komplexere Klassen entwerfen. Aber das hat Zeit, die Praxis hat Vorrang.

Beginnen möchte ich mit ein paar Dialogen, die Sie häufig brauchen werden, und die vollständig aus unseren Klassen und Objekten bestehen werden.

Natürlich lassen sich Dialoge und Formulare aus eigenen Klassen auch im Formulardesigner entwickeln. Sie müssen nur eine Formularklasse entwerfen und als neue *Benutzerdefinierte Formularklasse* in den Designer integrieren. Wie das geht haben Sie schon erfahren und die ebenfalls bereits entwickelte Klasse *MyDialogClass* wäre dafür auch eine gute Basis. Sie sollten dann aber die Parameter *sTitel* und *fCenter* wieder entfernen, damit die zuvor gezeigten Probleme mit Parametern an eigene Klassen im Designer nicht auftreten.

Ich gehe aber bewusst einen anderen Weg und lasse den Designer jetzt mal ganz aus dem Spiel. Sie können das bischen Code selbst schreiben, das geht auch „von Hand" und mit etwas Übung genauso einfach wie im Designer.

Gleichzeitig lernen Sie so auch, wie Sie Ihre eigenen Formulare und Dialoge in beliebige Programme integrieren. Dazu muss zwischen den Quelldateien eine Verbindung hergestellt werden und bei kompilierten *exe*-Programmen müssen zudem alle beteiligten Dateien in das Projekt aufgenommen werden.

Spätestens an den letztgenannten Punkten scheitern viele dBWin-Anwender, die ausschliesslich mit dem Designer arbeiten. Das weiss ich aus sehr vielen Kundengesprächen. Deshalb gehe ich einen anderen Weg, der diese Punkte und die damit evtl. verbundenen Fallen und Besonderheiten berücksichtigt. Damit erhalten Sie für alle erwähnten Anwendungsfälle konkrete Beispiele.

4.1 Dialog-Klasse für Texteingaben

Einen simplen Dialog für die Eingabe eines Strings werden Sie immer wieder benötigen. Sei es für die Abfrage des Usernamens oder des Passworts beim Start des Programms, zur Abfrage eines Suchbegriffs oder wozu auch immer.

Für solch einen Dialog brauchen wir die folgenden Komponenten:

- **das Dialog-Fenster (kein MDI)**
- **einen Erklärungstext**
- **ein Eingabefeld für den Text**
- **Pushbuttons für Ok, Abbruch und (falls gewünscht) Hilfe**

Für diese Objekte haben wir im vorherigen Kapitel bereits eigene Klassen von den dBWin-Basisklassen abgeleitet. Damit ist die wichtigste Vorarbeit getan.

Ausserdem werde ich eine kleine Routine aufbauen, in welcher der komplette Dialog gesteuert wird. Die Erstellung des Dialogs im Speicher, die flexible Einstellung des Eingabefelds, der Aufruf des Dialogs und zuletzt auch noch die Auswertung der Eingabe. Alles wird in dieser einen Routine ausgeführt.

Mit Hilfe dieser Prozedur können Sie dann den Dialog zur Texteingabe in all Ihren Programmen mit nur einer einzigen Befehlszeile beliebig oft benutzen. Dafür ist natürlich gründliche Vorarbeit nötig. Aber die machen Sie einmal, während Sie die spätere Zeitersparnis daraus immer wieder aufs neue haben!

Um das Ganze von Anfang an modular und flexibel zu gestalten werde ich die Codes auf mehrere Dateien aufteilen. Eine Quelldatei nur für die Klassen der Dialoge und eine weitere für die Routinen, innerhalb derer die Klassen dann verwendet werden. Die Dateien sind völlig unabhängig von einem speziellen Programm, so dass Sie sie später in all Ihre Programme einbinden können.

> (i) Dieser modulare Aufbau und die strikte Trennung von Klassen einerseits und Routinen welche die Klassen verwenden andererseits ist für den Anfang etwas mehr Arbeit. Für dBASE-Entwickler der „alten Schule", die noch aus alten DOS-Zeiten daran gewöhnt sind den Code einfach in einer Datei ohne jede Struktur „runterzuklopfen" ist das evtl. eine gewisse Umstellung. Und es fordert anfangs auch eine gewisse Disziplin, sich konsequent daran zu halten.
>
> Aber es erleichtert die spätere Anwendung und Erweiterung der Klassen und der dazugehörenden Routinen enorm. Sie werden die Vorteile des modularen Aufbaus sehr schnell erkennen und schon bald nicht mehr missen wollen. Die langfristige Zeitersparnis ist ein Vielfaches des anfänglichen Mehraufwands.

4.1.1 Texteingabe, Klassen-Definition

Listing *dlgclass.prg* (Ausschnitt)

```
1.    class MyEntryDialogClass (sTitel, fCenter, fEscExit)
                       of MyDialogClass ( sTitel, fCenter )
2.
3.      this.width  = 56            && dBWin-Eigenschaft
4.      this.height = 8.5           && dBWin-Eigenschaft
5.      this.sHelp  = ""           && neue Eigenschaft!
6.      this.escexit = fEscExit     && dBWin-Eigenschaft
7.
8.      define MyTextclass Text1 of this property;
9.         top 1, left 2, alignment 0, width 34, Height 1
10.     define MyEntryClass Entry1 of this property;
11.        top 2, left 2, width 34
12.
13.     define MyRectclassDeep Rect1 of this property;
14.        top 4, left 2, width 34, Height 3.5
15.     define MyTextclass InfoText of this property;
16.        top 4.25,left 2.5,alignment 9,width 33,Height 3.1
17.
18.     define MyOkButton Btn1 of this property;
19.        left 40, top 1, default .t., Group .t.
20.     define MyCancelButton Btn2 of this property;
21.        left 40, top 3.5
22.     define MyHelpButton Btn3 of this property;
23.        left 40, top 6
24.
25.     Procedure MyEndFunction ( fOk )
26.        form.close ( fOk )
27.     return
28.
29.     Procedure MyHelpFunction ( NULL )
30.        MsgBox ( form.sHelp, "Hilfe", 64 )
31.     return
32.
33.     Procedure GetEdit ( NULL )
34.     return form.Entry1.value
35.
36.     Procedure InitText ( sText, sInfo, sHelp )
37.        form.Text1.text = sText
38.        form.InfoText.Text = sInfo
39.        form.Entry1.StatusMessage = sInfo
40.        form.sHelp = sHelp
41.     return
42.
43.     Procedure InitEdit ( sValue, sPic, sFunc, iMax )
44.        form.Entry1.value = sValue
45.        form.Entry1.Picture = sPic
46.        form.Entry1.Function = sFunc
47.        form.Entry1.MaxLength = iMax
48.     return
49.  endclass
```

Ich beginne mit der Klasse für den eigentlichen Dialog. Den Quellcode dazu erstelle ich in einer eigenen neuen Datei namens *dlgclass.prg*, in der sich bis zum Ende des Buches noch weitere nützliche Dialoge ansammeln werden ...

Beachten Sie bitte, dass manchmal längere Befehle auf mehreren Zeilen im Buch gedruckt werden müssen. Sie erkennen es an der Zeilennummerierung. Wenn dagegen mehrere einzelne Befehlszeilen mittels *;* am Ende verbunden sind werden sie als eigene Zeilen mit jeweils eigener Zeilennummer gedruckt.

In Zeile 1 wird unsere neue Klasse *MyEntryDialogClass* definiert. Sie stammt von der bereits in der Datei *myclass.cc* definierten Klasse *MyDialogClass* ab.

ⓘ Auch auf die Gefahr mich zu wiederholen: es spielt keine Rolle, ob Sie Quelldateien mit solchen Klassen mit der Endung *.prg* oder *.cc* speichern. *.cc* für Custom Class ist bei dBWin für solche Fälle üblich, aber *.prg* ist auch ok. Ich nutze im Buch bewusst beide und überlasse es Ihnen wie Sie das machen.

Der Klasse werden drei Parameter übergeben, wenn man mit *new* ein neues Objekt aus ihr erzeugt. Zwei Parameter werden einfach an die übergeordnete Klasse durchgereicht, der dritte dagegen wird direkt hier verarbeitet (Zeile 6).

Die Reihenfolge der Parameter an die Klasse ist beliebig. Es könnte auch der in *MyEntryDialogClass* verwendete Parameter *fEscExit* als erstes übergeben werden und danach die zwei an *MyDialogClass* durchgereichten Parameter.

ⓘ Es ist nicht nötig, dass Parameter an eine Klasse, die bereits von einer anderen Klasse abstammt, gleich sind oder in derselben Reihenfolge stehen. Dennoch ist eine Systematik ratsam, beispielsweise so wie ich es hier zeige. Zuerst die Parameter die einfach an die obere Klasse durchgereicht werden (*sTitel* und *fCenter*), dann die eigenen Parameter der neuen Klasse (*fEscExit*). Wenn es Ihnen andersrum lieber ist, bitteschön, nur zu. Hauptsache Sie haben irgendein System, das hilft Fehler durch vertauschte Parameter zu vermeiden.

ⓘ Bei den Parametern an Klassen gilt dasselbe wie auch für Parameter an Prozeduren und Funktionen. Sie sind relativ frei in der Schreibweise solange die Namen nur eindeutig sind. Verwenden Sie stets aussagekräftige Namen und möglichst ein Präfix das den Datentyp kennzeichnet (Band 2, Seite 187).

 Für korrekte Datentypen bei Parametern sind Sie selbst verantwortlich.

In den Zeilen 3-6 werden Eigenschaften des Formulars gesetzt. Dabei handelt es sich nicht nur um schon von dBWin vorgegebene Formular-Eigenschaften, sondern es wird auch eine neue Eigenschaft namens *sHelp* angelegt (Zeile 5).

ⓘ Es spielt keine Rolle, ob Sie zuerst die vorgegebenen Eigenschaften des Objekts belegen und dann die neu hinzugefügten (sofern es denn solche gibt), oder andersrum. Oder wie im Beispiel bewusst gezeigt beide durcheinander.

Alle anderen Eigenschaften, die hier nicht explizit auf spezielle Werte gesetzt werden, sind so wie in der übergeordneten Klasse *MyDialogClass* angegeben. Dort werden z. B. die Eigenschaften *mdi*, *metric* und noch weitere gesetzt, die Details finden Sie bei der Klasse *MyDialogClass* in der Datei *myclass*. Und Eigenschaften, die weder in der oberen Klasse *MyDialogClass* noch in dieser jetzt davon abgeleiteten Klasse *MyEntryDialogClass* gesetzt werden? Ganz einfach, die bekommen autom. die Inhalte wie sie dBWin per Default vorgibt.

Änderungen an Eigenschaften von *MyDialogClass* werden sich automatisch auf die Klasse *MyEntryDialogClass* auswirken, weil diese von ihr abstammt. Änderung in *MyEntryDialogClass* bleiben ohne Einfluss auf *MyDialogClass*, da diese „Vererbung" von Eigenschaften nur in einer Richtung funktioniert.

Zum Vergleich: bekommt ein dunkelhäutiges Paar Nachwuchs, so wird dieser ebenfalls dunkelhäutig sein. Entscheidet sich der Sprössling später dazu seine Haut zu bleichen, wie wir es von einem bekannten Popstar kennen, wird sich dadurch zwar das Aussehen dieser Person, aber nicht das seiner Eltern ändern.

Ab Zeile 8 wird ein Textobjekt definiert, das über dem Eingabefeld erscheint, das ab Zeile 10 programmiert wird. Beide Objekte sind anfangs ohne Text. Beim Eingabefeld wird die Eigenschaft *value* bereits in der übergeordneten Klasse *MyEntryField* auf „" gesetzt, was sich autom. an das Feld hier vererbt.

Auch beim Textobjekt wird in der übergeordneten Klasse *MyTextClass* (auch wieder in *myclass*) die Eigenschaft *text* auf „" gesetzt. Es ist damit anfangs immer leer und wir können uns hier eine explizite Zuweisung von „" sparen.

Ab Zeile 13 wird ein Rahmen und darin eingebettet ein weiteres Textobjekt definiert. Es dient später einmal dazu, bei Bedarf auch etwas längere und mehrzeilige Informationen als Eingabehilfe für den Anwender anzuzeigen.

Dieser Infotext wird optisch noch durch den vertieften 3D-Rahmen abgesetzt. Wenn Sie einen erhöhten oder einen normalen Rahmen wollen verwenden Sie bitte unsere definierten Klassen *MyRectClassHigh* oder *MyRectClassNorm*.

💣 Das Rechteck muss <u>vor</u> dem darin eingebetteten Text definiert werden, sonst ist der Text unsichtbar, weil er ganz von dem Rechteck überdeckt wird.

Ab Zeile 18 sind drei Pushbuttons. Für Buttons haben wir das meiste bereits in den darüberliegenden Klassen definiert, so dass hier lediglich die Position mit *left* und *top* angegeben werden muss. Alle anderen Dinge wie Beschriftung, Hotkey, Bitmap und die beim Klick aufzurufende Funktion sind ja bereits in den oberen Klassen dieser Buttons (entweder in *MyOkButton* oder darüber in *MyPushButton*) definiert. Sie fangen schon an Zeit und Arbeit zu sparen ...

Sie haben hier bereits eine mehrstufige Ableitung von Klassen programmiert. In der Datei *myclass* wird zuerst aus der dBWin Basisklasse *Pushbutton* die eigene Klasse *MyPushButton* erstellt, und daraus wiederum die Unterklassen für *MyOkButton*, *MyHelpButton* und *MyCancelButton*. Diese werden letztlich hier verwendet. Sehen Sie, so einfach ist mehrstufige Ableitung von Klassen!

Einer der drei Buttons wird zudem noch als Default-Button definiert, indem seine Eigenschaft *default* auf *.t.* gesetzt wird. Das wird der Button der autom. ausgeführt wird, wenn der Anwender im Dialog später **[Return]** drückt.

ⓘ Ob der Default-Button bei **[Return]** direkt ausgeführt wird oder nicht hängt auch von der Grundeinstellung von *cuaenter* ab, siehe Band 1 Seite 49.

Zuletzt sollte immer beim <u>ersten</u> Button einer Buttongruppe die Eigenschaft *group* auf *.t.* gesetzt werden. So wird es später möglich, mit den Cursortasten den Fokus von einem Button zum nächsten zu setzen. Gerade für Anwender die ein Programm lieber mit der Tastatur bedienen eine wichtige Funktion.

In Zeile 25 beginnen die Funktionen (die Methoden) unserer Dialog-Klasse. Die Routine *MyEndFunction* kennen Sie noch von den Definitionen der zwei Buttons *MyOkButton* und *MyCancelButton*. Beim Klick dieser Buttons wird die Funktion aufgerufen, einmal mit Parameter *.t.* und das andere mal mit *.f.*.

Ich hatte ja bei den Buttons bereits erwähnt, dass die eigentliche Funktion erst in dem Formular programmiert wird, in dem diese Buttons verwendet werden. Hier ist nun solch ein Fall, der denkbar einfach ist. Beim Klick auf **[OK]** wird der Dialog mit *.t.* beendet, bei Klick auf **[Abbruch]** wird dagegen *.f.* geliefert.

💣 Wenn Sie den Dialog mit **[Alt]** + **[F4]** oder mit Klick auf das Symbol oben rechts in die Ecke schliessen wird er ebenfalls mit *.f.* beendet. Aber in diesen beiden Fällen wird die Prozedur *MyEndFunction* <u>nicht</u> aufgerufen!

Ähnlich verhält es sich mit der Routine *MyHelpFunction*, deren Aufruf bereits beim Button *MyHelpButton* vorgesehen wurde. Nur dass an diese Routine kein Parameter übergeben wird. In diesem Fall wird mittels *MsgBox* eine Meldung angezeigt, deren Inhalt die neu hinzugefügte Formulareigenschaft *sHelp* ist.

 Details zu den möglichen Varianten von *MsgBox* in Band 1 Seite 239.

Am Ende haben wir noch die Routinen *InitText* und *InitEdit*. Hier werden die Texte und einige Eigenschaften des Eingabefelds festgelegt. Es wäre ebenso möglich, statt zwei Methoden alles in nur eine Methode zu packen, die dann beispielsweise *InitDialog* heisst und entsprechend mehr Parameter bekommt. Ich habe die Initialisierung der Texte und des Eingabefelds bewusst getrennt, damit es übersichtlicher ist. Später kommt ein Beispiel mit nur einer Routine.

In *InitText* wird übrigens auch die von mir hinzugefügte Formulareigenschaft *sHelp* gefüllt. Beim Klick auf **[Hilfe]** wird dieser Text als Meldung angezeigt.

In *InitEdit* werden einige wichtige Eigenschaften des Eingabefelds belegt, um später die Eingabe ganz nach Bedarf formatieren und eingrenzen zu können. Damit kann dieser Dialog für fast alle Arten von Texten verwendet werden. Wenn Sie eine formatierte Eingabe wollen, die z. B. nur in Grossbuchstaben erfolgt und auf max. 10 Zeichen Länge begrenzt ist, geben Sie später einfach disee Befehle und Parameter für *picture*, *function* und *maxLength* hier an.

Details dazu sehen Sie bitte in der Beschreibung der zwei Eigenschaften *picture* und *function* der Basisklasse *entryfield* in der dBWin-Onlinehilfe nach.

Bleibt die Methode *GetEdit*, mit der später bei der Anwendung des Dialogs der Inhalt des Eingabefelds abgerufen werden kann. Ein Beispiel dazu folgt.

Damit sind alle Methoden programmiert, die in diesem einfachen aber später mal sehr nützlichen Dialog benötigt werden. Es werden keine Ereignisse wie *onOpen* oder *onMove* abgefangen und Sie müssen sich im Grunde um nichts weiter kümmern. Auch gibt es keine Bezüge zu Tabellen oder Datenbanken.

Der Dialog ist damit absolut flexibel einsetzbar und völlig unabhängig vom Programm bzw. vom „Umfeld", in dem er später einmal eingebunden wird. Sie haben ihn einmal programmiert und können ihn tausende mal verwenden.

Es spielt keine Rolle, ob Sie die Methoden in einer Klasse als *Procedure* oder als *Function* programmieren, da beide identisch sind (Band 2, Seite 153).

4.1.2 Texteingabe, Aufruf-Routine

Nun fehlt uns noch eine ebenso flexible und unabhängige Routine, in der der Dialog aufgerufen und gesteuert wird. Dazu sind mehrere Befehle nötig, aber die wollen Sie ja nicht in jedem Programm immer wieder neu schreiben. Also lege ich hierfür eine weitere Quelldatei namens *dlgfuncs.prg* an, die das regelt.

ⓘ Ich verwende Dateinamen wie *dlgclass* und *dlgfuncs*, da diese Namen auf die Inhalte (Dialog-Klassen und Dialog-Funktionen) hinweisen. Dass ich meist engl. Begriffe verwende ist reine Gewohnheit oder auch eine Marotte, ebenso meine Abneigung gegen Dateinamen die länger als acht Zeichen sind. Es steht Ihnen jederzeit frei andere Namen zu verwenden, wenn Sie es wollen.

Listing *dlgfuncs.prg* (Ausschnitt)

```
1.    Procedure DoMyEntryDialog ( sTitel, sText, sInfo,
          sHelp, sValue, sPic, sFunc, iMax, fEscExit )
2.
3.    local oDlg, fReturn
4.
5.       oDlg = NEW MyEntryDialogClass (sTitel,.t.,fEscExit)
6.       oDlg.InitText ( sText, sInfo, sHelp )
7.       oDlg.InitEdit ( sValue, sPic, sFunc, iMax )
8.
9.       fReturn = oDlg.ReadModal()
10.
11.      if fReturn
12.        sValue = oDlg.GetEdit()
13.      endif
14.
15.      oDlg.Release()
16.
17.   return fReturn
```

In Zeile 1 steht der Kopf der Routine mit einer ganzen Reihe von Parametern:

• **sTitel**	der Titeltext des Dialogs
• **sText**	der einzeilige Text über dem Eingabefeld
• **sInfo**	der mehrzeilige Text unter dem Eingabefeld
• **sHelp**	der Hilfstext beim Klick auf **[Hilfe]**
• **sValue**	eine evtl. Vorgabe für das Eingabefeld
• **sPic**	die *picture*-Eigenschaft des Eingabefelds
• **sFunc**	die *function*-Eigenschaft des Eingabefelds
• **iMax**	die *maxLength*-Eigenschaft des Eingabefelds
• **fEscExit**	Dialog mit **[Esc]** abbrechen erlaubt ja/nein

---

ⓘ Bedeutung der ersten Buchstaben *s*, *i* und *f* siehe Band 2 Seite 188.

In Zeile 3 werden die lokalen Variablen deklariert. Wir benötigen eine Objekt-Variable für das Dialog-Objekt, sowie eine logische Variable zum merken und am Ende der Routine zur Rückgabe, ob der Dialog mit [OK] beendet wurde.

Dann wird mit *new* ein Objekt der Klasse *MyEntryDialogClass* erzeugt und es werden dabei gleich die drei Parameter übergeben, die in der Klasse als *sTitel*, *fCenter* und *fEscExit* empfangen werden. Zwei dieser Parameter sind flexibel und werden an die Routine übergeben, der andere wird aber fix auf .*t.* gesetzt.

Das hat zur Folge, dass der Dialog immer autom. zentriert geöffnet wird, da dem Klassen-Parameter *fCenter* immer der konstante Wert .*t.* übergeben wird. Bei Dialogen unter Windows ist das üblich und i.d.R. auch sinnvoll, es spricht also nichts dagegen, das hier fest vorzugeben. Natürlich könnten Sie es auch variabel halten und als weiteren Parameter an *DoMyEntryDialog* übergeben. Ich habe es bewusst so gelöst um Ihnen viele Varianten im Beispiel zu zeigen.

> (i) Ich werde nur diesen ersten Dialog so ausführlich beschreiben. Bei den noch folgenden Dialogen und Klassen werde ich dann nur noch auf die neuen Punkte eingehen, denn die grundsätzlichen Prinzipien bleiben ja immer gleich.

Nun werden die beiden Methoden *InitText* und *InitEdit* der Klasse aufgerufen und die diversen Parameter, die auch schon an die Routine *DoMyEntryDialog* übergeben wurden, einfach weitergereicht. Dabei spielt es keine Rolle, welche der beiden Methoden zuerst aufgerufen wird. Wichtig ist dagegen, dass beim Aufruf der Methoden die Objektvariable (hier *oDlg*) vorangeschrieben wird.

Schliesslich wird der Dialog mit *readModal* geöffnet. Die Ausführung der Routine „stoppt" an dieser Stelle und wird erst fortgesetzt wenn der Dialog geschlossen wird. Wurde er mit [OK] geschlossen erhalten Sie .*t.* zurück, ansonsten wird .*f.* geliefert. Diese Rückgabe merkt sich die Variable *fReturn*.

Nur wenn der Dialog mit [OK] beendet wurde ist die Eingabe des Anwenders auch relevant. In diesem Fall wird durch Aufruf von *GetEdit* der Inhalt des Eingabefelds ermittelt und im Parameter *sValue* gespeichert. Damit wird der Parameter *sValue* innerhalb dieser Routine geändert und mit dem neuen vom Anwender eingegebenen Text belegt. Aber nur, wenn der Anwender den Dialog mit [OK] beendet, sonst bleibt der Inhalt von *sValue* unverändert.

Am Ende wird mit *release* der Dialog wieder aus dem Speicher entfernt und die Routine gibt .*t.* oder .*f.* zurück, je nach dem wie der Dialog beendet wurde. Diese Rückgabe wiederum kann im aufrufenden Code abgefragt werden. So kann auf die Aktionen des Anwenders dort entsprechend reagiert werden.

4.1.3 Texteingabe, Anwendung im .PRG

Es gibt ungezählte Möglichkeiten, wie Sie diesen Dialog und die ihn steuernde Routine in Ihren Programmen verwenden. Hier ein einfaches Beispiel dafür:

Listing *dlgtest1.prg*

```
1.   set procedure to myclass.cc additive
2.   set procedure to dlgclass.prg additive
3.   set procedure to dlgfuncs.prg additive
4.
5.   #define CR chr(13)
6.
7.   DoDialogTest()
8.
9.   Procedure DoDialogTest ( NULL )
10.  local sEingabe, fReturn
11.  local sTitel, sText, sInfo, sHelp
12.
13.
14.      sTitel   = "Dialog zur Stringeingabe"
15.      sText    = "Bitte &Text eingeben"
16.      sInfo    = "Infotext mit weiteren Angaben."
17.      sInfo    = sInfo + CR
18.      sInfo    += "Zeilenumbruch erzwingen geht auch!"
19.      sHelp    = "Hilfstext 1"+CR+"Hilfstext 2"+CR+"etc."
20.      sEingabe = "Vorgabe"
21.
22.      fReturn = DoMyEntryDialog ( sTitel, sText, sInfo,
                       sHelp, sEingabe, "", "", 50, .t. )
23.
24.      if fReturn
25.         ? "Neuer Stringinhalt:" , sEingabe
26.      else
27.         ? "Alter Stringinhalt:" , sEingabe
28.      endif
29.
30.  return
```

Das erste kleine Problemchen, das vorallem Einsteiger und DOS-Umsteiger bewegt, ist die Frage wie auf mehrere Quelldateien verteilte Klassen und Routinen so zusammengebracht werden, dass sie gemeinsam nutzbar sind.

Früher wurden andere Quelldateien einfach mit *do <dateiname>* aufgerufen. Das ist unter Windows vorbei und ich weine dem auch nicht nach. Es geht zwar heute auch noch (in gewissen Grenzen), aber es entspricht in keinster Weise mehr dem Stil, wie man unter Windows Programmabläufe erstellt.

Also werden diese Quelldateien mit *set procedure to <dateiname> additive* verbunden, am besten immer gleich am Anfang der Datei. Schon klappt's auch mit dem Nachbarn, bzw. mit benachbarten Quellcodes aus anderen Dateien.

In Zeile 5 wird mittels *#define* der Befehl *chr(13)* mit der Zeichenkette *CR* gleichgesetzt. Wann immer jetzt im Code *CR* erscheint wird dies autom. vor der Ausführung (genauer gesagt vor der Compilierung) mit *chr(13)* ersetzt.

 Mehr zu *#define* und den vielfältigen Möglichkeiten in Band 2 Seite 174.

Dann wird die Routine *DoDialogTest* aufgerufen, deren Code darunter steht.

In der Routine gibt es eine Reihe lokaler Variablen, die mit den gewünschten Inhalten vorbelegt werden. Einige der String-Variablen werden aus mehreren Texten zusammengesetzt, teils werden die Texte auch noch mit *CR* getrennt.

Ich habe bewusst mehrere Möglichkeiten verwendet um Strings miteinander zu verknüpfen. Die Zeilen 17, 18 und 19 zeigen drei verschiedene Varianten.

 Mehr zu diesen Themen in Band 2 unter *Basiswissen Programmierung.*

Nun wird in Zeile 22 die Routine zur Steuerung des Dialogs aufgerufen und die diversen Parameter werden übergeben. Statt der Parameter können Sie die zu übergebenden Infos natürlich auch direkt in den Funktionsaufruf schreiben. Dann hätten Sie das was ich Ihnen versprochen habe, einen Dialog inkl. der kompletten Steuerung und Initialisierung mit nur einer einzigen Befehlszeile. Durch die Texte wäre die Zeile aber sehr lang, daher habe ich es so gemacht.

Die in *fReturn* gemerkte Rückgabe ist *.t.*, wenn der Dialog mit [OK] beendet wurde. Diese Information hat einen weiten Weg hinter sich. Zuerst wird bei den Buttons *MyOkButton* und *MyCancelButton* (*myclass.cc*) *.t.* oder *.f.* an die Methode *MyEndFunction* des Formulars geschickt. Dort wird dieser Wert als Parameter *fOk* empfangen und an die Formular-Methode *close* geschickt. Die Methode *close* sorgt auch noch gleich dafür, dass der ihr übergebene Wert bei Abschluss des Formulars von der Methode *readmodal* zurückgegeben wird.

Diese Rückgabe von *readmodal* wird in unserer Routine *DoMyEntryDialog* gemerkt und auch von dort als Rückgabewert geliefert, um schlussendlich im aufrufenden Code abgefangen und ganz nach Bedarf ausgewertet zu werden. Puh, manche Informationen haben wirklich eine lange Reise hinter sich. Ich glaube wir können alle froh sein, dass sich die Bits dabei nicht abnutzen ...

Am Ende der Testroutine *DoDialogTest* wird die Information wie der Dialog beendet wurde ausgewertet. Dort wird zur Kontrolle ein Text angezeigt, der den Status des Beendens und den Inhalt der Stringvariable *sEingabe* anzeigt. *sEingabe* wird sich nur ändern, wenn der Dialog mit [OK] beendet wurde.

4.1.4 Texteingabe, Anwendung im .EXE

Aus meiner Tätigkeit im Bereich dBASE-Beratung und Schulung kenne ich auch die nächste kleine Hürde, die wir gemeinsam sicher überwinden werden. Dabei geht es um die Frage, wie aus den oben gezeigten *prg*-Programmen ein unabhängig lauffähiges *exe-Programm* wird. Auch hierfür nun ein Beispiel, das nicht nur für diesen sondern für alle weiteren Dialoge als Muster gilt.

 Alle Grundlagen hierzu siehe bitte im Band 2 ab den Seiten 41 und 277.

Legen Sie bitte ein neues Projekt an. Entweder im Menü *Datei - Neues Projekt* oder einfach den Befehl *create project* direkt im Befehlsfenster eingeben.

Es öffnet sich der *Projekt-Explorer* mit der leeren Liste der Projekt-Dateien. Ein Klick mit der rechten Maustaste irgendwo innerhalb der Liste öffnet das Mausmenü mit dem Punkt *Dateien dem Projekt hinzufügen*, den Sie aufrufen.

Der Projekt-Explorer mit einem neuen Projekt

 Ich beschreibe nur die Variante von *dBASE Plus*, bei den Vorgänger-Versionen sieht es teils etwas anders aus, das Prinzip ist aber dort dasselbe.

In dem sich daraufhin öffnenden Standard-Dialog zur Auswahl von Dateien wählen Sie bitte alle für das Programm benötigten Quelldateien aus. Es sind:

- *myclass.cc* (oder *myclass.prg*, je nach dem was Sie verwenden)
- *dlgclass.prg*
- *dlgfuncs.prg*
- *dlgtest1.prg*

Sie werden feststellen, dass *prg*-Dateien in der Rubrik *Programm* erscheinen, während *cc*-Dateien unter *Andere* aufgeführt werden. Das ist verwirrend und meiner Meinung nach nicht ideal, da diese *cc*-Dateien auch nichts anderes als Programmcode enthalten. Aber gut, auch im *Regiezentrum* ist das ja schon so.

Klicken Sie anschliessend in der Rubrik *Programm* die Datei *dlgtest1.prg* mit der rechten Maustaste und wählen Sie *Zur Haupt-Programmdatei bestimmen*. Damit legen Sie fest, dass diese Quelldatei als erste ausgeführt werden soll, wenn später das fertige Programm gestartet wird. In dieser Datei haben wir ja auch die Verbindungen zu den anderen beteiligten Dateien hergestellt, indem dort die anderen Dateien mittels *set procedure to ...* eingebunden wurden.

ⓘ Die Verbindung von Dateien mit *set procedure to ...* ist nur <u>einmal</u> nötig, und in den meisten Fällen wird es in der sog. *Haupt-Programmdatei* gemacht. Damit werden alle beteiligten Quelldateien untereinander „bekannt gemacht".

💣 Nicht so bei den Header-Dateien, die mit *#include* eingebunden werden. Die müssen meist in allen Dateien, in denen sie benötigt werden, per *#include* eingebunden werden. In diesem Beispiel ist das nicht relevant, aber es wird „gern" falsch gemacht, daher der Hinweis dazu. Siehe auch Band 2 Seite 173.

Jetzt brauchen Sie nur noch einen beliebigen Projektnamen und einen Namen für die zu erstellende *exe*-Datei. Der Name wird anhand des Projektnamens vorgeschlagen, Sie können diesen Vorschlag übernehmen oder auch ändern. Mit allen für den ersten Test nötigen Einträgen sieht die Projektdatei so aus:

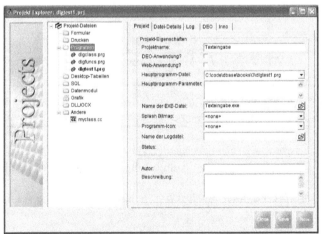

Unser Projekt ist schon fertig!

Jetzt müssen Sie das Projekt nur noch speichern. Als Dateiname können Sie der Einfachheit halber *dlgtest1* verwenden, so wie die Hauptdatei heisst.

Aus dem Projekt ein lauffähiges Programm machen Sie am einfachsten über das Menü *Erstellen - Alle neu erstellen*. Dabei werden auch autom. alle am Projekt beteiligten Quelldateien nochmals neu compiliert. Das stellt sicher, dass nach evtl. Änderungen immer der neuste Quellcode verwendet wird.

Das Menü *Erstellen* ist leider nur sichtbar wenn der *Projekt-Explorer* aktiv ist. Als Alternative gibt es aber zum Glück auch hier wieder passende Befehle:

```
compile *.prg
compile *.cc
build from dlgtest1.prj
```

compiliert zuerst alle *prg*- und *cc*-Dateien im akt. Verzeichnis und erstellt aus dem Projekt ein lauffähiges Programm. Ich gehe mal davon aus, dass Sie die Dateien im akt. Verzeichnis gespeichert haben, sonst müssen Sie das korrekte Verzeichnis eben erst einstellen (Befehl *cd* oder siehe auch Band 1 Seite 52).

Ausgeführt wird das fertige Programm anschliessend beispielsweise im Menü *Erstellen* unter dem Punkt *Execute ...*, oder auch im Befehlsfenster mit

```
run <name der exe-Datei>
```

Ebenso können Sie es natürlich im Windows-Explorer etc. ausführen lassen.

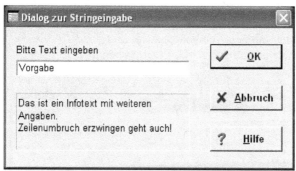

Unser Texteingabe-Dialog als exe-Programm

Das Programm ist jetzt auch ganz ohne dBWin lauffähig. Probieren Sie es aus, indem Sie dBWin beenden und das neue Programm allein ausführen, es geht! Nur die Testausgabe des bearbeiteten Strings am Ende sehen Sie nicht mehr, da es bei einem *exe* (von engl. *execute* = ausführen) kein Befehlsfenster gibt.

4.1.5 Texteingabe, Anwendung im .WFM

Als letztes ausführliches Beispiel werde ich Ihnen zeigen, wie Sie den Dialog in einem Formular einsetzen können. Dazu ist es nicht einmal nötig, dass Sie die Klassen aus *myclass.cc* oder das Dialog-Formular aus *dlgclass.prg* in den Formular-Designer als individuelle Klassen bzw. Basisformular integrieren.

Es genügt ein „normales" Formular mit ganz „normalen" Standard-Objekten, so wie es der Formular-Designer von Haus aus anbietet. Nur die Einbindung der Programmdateien durch *set procedure to ...* ist etwas komplizierter, da Sie dabei einige Vorgaben (oder auch Mucken) des Designers beachten müssen. Das Beispiel gilt sinngemäss auch für die anderen Dialog-Klassen im Buch.

Öffnen Sie bitte den Formular-Designer und entfernen Sie (falls nötig) eine *Benutzerdefinierte Formularklasse* und die *Benutzerdefinierten Komponenten*. Wie das geht wurde in den vorherigen Kapiteln erwähnt, als es darum ging diese Ding in den Designer zu integrieren. Nun fliegen sie wieder raus, damit Sie sehen, dass Ihre Klassen aus *myclass* und *dlgclass* auch ohne die spezielle Einbindung in den Designer innerhalb von Formularen leicht anwendbar sind.

ⓘ Falls Sie es nicht mehr wissen und bevor Sie jetzt lange zurückblättern: Im Menü *Datei - Benutzerdefinierte Formularklasse setzen* finden Sie einen Button mit der Beschriftung *Benutzerdefinierte Formularklasse entfernen*. Komponenten entfernen Sie mit Rechtsklick in der *Komponentenpalette*, dann im Mausmenü auf *Benutzerdefinierte Komponenten*, dort der Button *Löschen*.

Da das Formular nur das Prinzip zeigen und keinen Schönheitswettbewerb gewinnen soll beschränke ich mich auf das Wesentliche. Legen Sie bitte ein neues Formular mit drei Komponenten an: *Entryfield*, *Pushbutton* und *Text*. Die Platzierung ist völlig egal, das Ergebnis könnte z. B. etwa so aussehen:

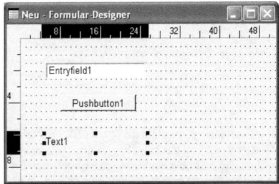

Ein simples Formular mit drei Objekten

Ich plane folgende Funktion: in das Eingabefeld können sie einen beliebigen Text als Vorgabe für den Dialog eingeben. Mit dem Button wird der Dialog aufgerufen und das Textobjekt soll am Ende das Ergebnis des Dialogs zeigen.

Das ist so simpel, und dennoch enthält das Formular damit alle wesentlichen Merkmale, die Sie brauchen um Dialoge dieser Art in Formulare einzubinden. Sie können Inhalte aus dem Formular an den Dialog übergeben (der Text aus dem Eingabefeld), dann den Dialog aufrufen (über den Button) und am Ende natürlich das Ergebnis des Dialogs auswerten (den Text im Formular zeigen).

Die Formulardatei nenne ich *dlgtest3.wfm*, weil sie später über *dlgtest3.prg* aufgerufen wird. *Dlgtest2.prg* fehlt nicht, die bekommt eine Sonderrolle ...

Einige von Ihnen kommen jetzt vielleicht auf die naheliegende Idee, die erstellte Programmdatei *dlgtest1.prg* im Formular mit *do* aufzurufen. Und diesen Aufruf könnten man in das *onClick*-Ereignis des Buttons einbauen.

```
function PUSHBUTTON1_onClick
   do dlgtest1.prg
return
```

Hm, netter Versuch. Funktioniert auch fast, nur der Text aus dem Eingabefeld des Formulars erscheint nicht im Dialog. Auch dafür gäbe es eine Lösung:

```
function PUSHBUTTON1_onClick
   do dlgtest1.prg with form.entryfield1.value
return
```

Jetzt wird der Inhalt des Eingabefelds im Formular als Parameter an die Datei *dlgtest1.prg* übergeben. Dort müssten Sie den Parameter nur noch in Empfang nehmen, was mit dem Befehl *parameters* möglich ist. Das sähe dann so aus:

Listing *dlgtest2.prg* (Ausschnitt)
```
public _sParam1
parameters _sParam1

set procedure to myclass.cc additive
set procedure to dlgclass.prg additive
set procedure to dlgfuncs.prg additive

#define CR chr(13)

DoDialogTest()
```

Der Befehl *parameters* ... muss übrigens nicht unbedingt gleich in der ersten Zeile sein, aber auf jeden Fall <u>vor</u> dem Aufruf der Funktion *DoDialogTest*.

In der Routine *DoDialogTest* ist auch eine kleine Änderung nötig. Die Zeile

```
sEingabe = "Vorgabe"
```

wird ersetzt durch

```
sEingabe = _sParam1
```

und so wird der an die Programmdatei übergebene Parameter als Vorgabe für den Dialog verwendet. Probieren Sie es ruhig selbst aus, es funktioniert!

 Sie finden die Änderungen auch fertig als Download-Datei *dlgtest2.prg*. Dann müssen Sie in der *onClick*-Routine aber *do dlgtest2.prg ...* schreiben.

Und wie bekommen Sie jetzt den im Dialog eingegebenen Text ins Formular? Auch hierfür gäbe es eine Lösung, die sehr an DOS-Gewohnheiten erinnert. Zwar ist es keine „saubere" Lösung, aber sei´s drum, probieren wir sie aus. Merken Sie sich die Eingabe des Anwenders in einer globalen Variable oder noch dreister in einer Eigenschaft, die Sie dem Objekt *_app* unterschieben.

Dazu erweitern Sie die Routine *DoDialogTest* noch um eine Zeile, so dass das Ende der Funktion jetzt so aussieht (ich zeige nur den Ausschnitt vom Ende):

```
if fReturn
   ? "Neuer Stringinhalt:" , sEingabe
else
   ? "Alter Stringinhalt:" , sEingabe
endif

_app.sQuickAndDirty = sEingabe        && das ist neu

return
```

Jetzt muss nur noch die *onClick*-Routine unseres Formulars erweitert werden, dort wird die neue *_app*-Eigenschaft abgefangen und dem Text zugewiesen.

```
function PUSHBUTTON1_onClick
   do dlgtest2.prg with form.entryfield1.value
   form.text1.text = _app.sQuickAndDirty
   return
```

Ich habe die neue Eigenschaft für *_app* nicht ohne Grund so genannt. Für eine „Quick & Dirty"-Lösung kann man es so machen, professionell ist es nicht!

 Infos zum globalen dBWin-Objekt *_app* siehe bitte Band 2 ab Seite 263.

So kann man es machen und so funktioniert es auch. Unter DOS hat man das auch Jahrzehnte so gemacht und die Welt ist trotzdem nicht untergegangen.

Aber erstens wird dieser Weg nicht mehr funktionieren sobald Sie aus Ihrem Code ein eigenständiges *exe* erstellen, denn dann gibt es keine *prg*-Dateien mehr, die Sie an die Anwender weitergeben, sondern nur noch das *exe*. Und zweitens ist das unter Windows kein gutes Mittel der Programmierung mehr. Die Zeiten von *do <datei>* sind vorbei, heute verwendet man Routinen die aufgerufen werden, ggf. mit Parametern, und die Ergebnisse zurückgeben.

Hier nun also eine moderne und „gute" Variante unserer Dialog-Routine:

Listing *dlgtest3.prg*
```
1.    set procedure to myclass.cc additive
2.    set procedure to dlgclass.prg additive
3.    set procedure to dlgfuncs.prg additive
4.
5.    #define CR chr(13)
6.
7.    Procedure DoDialogTest ( sVorgabe )
8.    local sEingabe, fReturn
9.    local sTitel, sText, sInfo, sHelp
10.
11.      sTitel   = "Dialog zur Stringeingabe"
12.      sText    = "Bitte &Text eingeben"
13.      sInfo    = "Infotext mit weiteren Angaben."
14.      sInfo    = sInfo + CR
15.      sInfo   += "Zeilenumbruch erzwingen geht auch!"
16.      sHelp    = "Hilfstext 1"+CR+"Hilfstext 2"+CR+"etc."
17.      sEingabe = sVorgabe
18.
19.      fReturn = DoMyEntryDialog ( sTitel, sText, sInfo,
                   sHelp, sEingabe, "", "", 50, .t. )
20.
21.   return sEingabe
```

Unsere Routine bekommt jetzt einen Parameter *sVorgabe*, der später auf die lokale Variable *sEingabe* kopiert wird. Und am Ende wird die Eingabe des Anwenders (bzw. der per Parameter übermittelte Text, wenn der Anwender den Dialog abgebrochen hat) mit *return* zurückgegeben. Die Routine selbst wird hier garnicht mehr aufgerufen, die Zeile mit *DoDialogTest()* entfällt, da wir die Routine jetzt ja nur noch „von aussen" aufrufen, nicht mehr von hier.

Die Ausgaben mit *?* ins Befehlsfenster sind ebenfalls weggefallen, sie waren sowieso nur zum Test nötig. Und wenn Sie wollen können Sie natürlich auch noch weitere Angaben (z. B. die max. Eingabelänge) als Parameter umsetzen. Das können Sie jetzt aber auch bestimmt ohne meine Hilfe ...

Jetzt bleibt noch das Formular, in dem der Dialog aufgerufen werden soll. Wenn wir hier den altmodischen Aufruf mittels *do <programmdatei>* nicht mehr wollen und stattdessen eine Routine (eine *Procedure* oder *Function*) aufrufen, so müssen wir auch hier zuerst wieder eine Verbindung zu der Quelldatei herstellen, in der sich die gewünschte Routine befindet.

Sie wissen bereits wie das geht, mit *set procedure to ...* Dieser Befehl muss von Ihnen an den Anfang des Formular-Quellcodes geschrieben werden. Das erreichen Sie beispielsweise, indem Sie im Designer das Formular bearbeiten und [F12] drücken um den Quellcode direkt im Editor bearbeiten zu können.

Damit es klappt müssen alle direkt oder indirekt beteiligten Programmdateien per *set procedure to ...* eingebunden werden! Und Sie müssen immer darauf achten, diese Zeilen vor die ersten vom Designer erzeugten Befehlszeilen zu schreiben. Sonst sind sie beim nächsten speichern im Designer evtl. wieder weg, weil der Designer beim speichern des Codes mitunter sehr rüpelhaft ist.

💣 Fehlende Einbindungen von Dateien, also fehlende *set procedure to ...* Befehle bemerken Sie evtl. nicht sofort. Eine einmal mit *set procedure to ...* eingebundene Datei bleibt oft eingebunden bis Sie dBWin wieder beenden. Dann werden Sie den fehlenden oder versehentlich gelöschten *set procedure* Befehl nicht sofort bemerken. Erst nach dem nächsten Start von dBWin und wenn Sie das Formular wieder ausführen führt das dann zu Fehlermeldungen.

Listing *dlgtest3.wfm*

```
1.    set procedure to dlgtest3.prg additive
2.    set procedure to myclass.cc additive
3.    set procedure to dlgclass.prg additive
4.    set procedure to dlgfuncs.prg additive
5.
6.    ** END HEADER -- Diese Zeile nicht entfernen
7.    //
8.    // Erstellt am ...
9.    //
10.   parameter bModal
11.   local f
12.   f = new dlgtest1Form()
13.   if (bModal)
14.       f.mdi = false // Nicht-MDI festlegen
15.       f.ReadModal()
16.   else
17.       f.Open()
18.   endif
19.
20.   class dlgtest1Form of FORM
21.       with (this)
```

```
22.          height = 10
23.          left = 18
24.          top = 5
25.          width = 55
26.          text = "Dialog per Formular aufrufen"
27.       endwith
28.
29.       this.ENTRYFIELD1 = new ENTRYFIELD(this)
30.       with (this.ENTRYFIELD1)
31.          height = 1.0
32.          left = 5.0
33.          top = 1.5
34.          width = 20.0
35.          value = "Textvorgabe"
36.          validErrorMsg = "Ungueltige Eingabe"
37.       endwith
38.
39.       this.PUSHBUTTON1 = new PUSHBUTTON(this)
40.       with (this.PUSHBUTTON1)
41.          onClick = class::PUSHBUTTON1_ONCLICK
42.          height = 1.0
43.          left = 8.0
44.          top = 3.5
45.          width = 15.0
46.          text = "Dialog starten"
47.       endwith
48.
49.       this.TEXT1 = new TEXT(this)
50.       with (this.TEXT1)
51.          height = 1.0
52.          left = 5.0
53.          top = 6.0
54.          width = 20.0
55.          text = "(leer)"
56.       endwith
57.
58.       function PUSHBUTTON1_onClick
59.       local sText
60.          sText = form.entryfield1.value
61.          sText = DoDialogTest ( sText )
62.          form.text1.text = sText
63.       return
64.    endclass
```

In der Methode *Pushbutton1_onClick* sehen Sie, wie der Aufruf der Routine
jetzt erfolgt. Als Dreizeiler mit lokaler Variable *sText* ist es übersichtlicher,
aber man könnte es natürlich auch ganz kurz und knackig so formulieren:

```
form.text1.text = DoDialogTest (form.entryfield1.value)
```

ⓘ Die Reihenfolge der *set procedure* Befehle am Anfang ist beliebig.

4.2 Dialog-Klasse für Spinbox-Eingaben

Als zweiten Dialog zeige ich Ihnen die Eingabe von numerischen Daten oder Datumswerten in einer Spinbox. Auch das ist ein häufig benötigter Vorgang.

Die Komponenten-Liste ähnelt sehr dem Texteingabe-Dialog:

- **das Dialog-Fenster (kein MDI)**
- **einen Erklärungstext**
- **ein Spinbox-Eingabefeld**
- **Pushbuttons für Ok, Abbruch und (falls gewünscht) Hilfe**

Statt einem Eingabefeld für Texte (*Entryfield*) brauchen wir hier eine *Spinbox*. Auch die haben wir ja bereits als eigene Klasse definiert und damit haben wir alle benötigten Objekte fix und fertig in Form unserer Klassen zur Verfügung.

Da Sie die Prinzipien wie man sowas angehen kann bereits aus dem vorigen Kapitel kennen beschränke ich mich künftig auf den Quellcode und gehe nur bei Bedarf auf evtl. neu hinzugekommene Punkte der Programmierung ein.

4.2.1 Spinbox-Eingabe, Klassen-Definition
Listing *dlgclass.prg* (Ausschnitt)

```
1.    class MySpinboxDialogClass ( sTitel, fCenter,
            fEscExit ) of MyDialogClass ( sTitel, fCenter )
2.    this.width  = 56
3.    this.height = 7.5
4.    this.sHelp  = ""
5.    this.escexit = fEscExit
6.
7.    define MyTextclass Text1 of this property;
8.       top 1, left 2, alignment 0, width 14, height 1
9.    define MySpinboxClass Spin1 of this property;
10.      top 1, left 16, width 20
11.
12.   DEFINE MyRectclassDeep Rect1 of this property;
13.      top 3, left 2, width 34, Height 3.5
14.   define MyTextClass InfoText of this property;
15.      top 3.25,left 2.5,alignment 9,width 33,height 3.1
16.
17.   define MyOkButton Btn1 of this property;
18.      left 40, top 1, default .t., Group .t.
19.   define MyCancelButton Btn2 of this property;
20.      left 40, top 3
21.   define MyHelpButton Btn3 of this property;
22.      left 40, top 5
23.
24.   Procedure MyEndFunction ( fOk )
25.      form.close ( fOk )
26.   return
```

```
27.
28.    Procedure MyHelpFunction ( NULL )
29.        MsgBox ( form.sHelp, "Hilfe", 64 )
30.    return
31.
32.    Procedure GetSpin1 ( NULL )
33.    return form.spin1.value
34.
35.    Procedure InitText ( sText, sInfo, sHelp )
36.        form.Text1.text = sText
37.        form.InfoText.Text = sInfo
38.        form.Spin1.StatusMessage = sInfo
39.        form.sHelp = sHelp
40.    return
41.
42.    Procedure InitSpin1 ( xValue, xRMin, xRMax, iStep,
                             fReq, sPic, sFunc )
43.        form.spin1.value = xValue
44.        form.spin1.RangeMin = xRMin
45.        form.spin1.RangeMax = xRMax
46.        form.spin1.Step = iStep
47.        form.spin1.RangeRequired = fReq
48.        form.spin1.Picture = sPic
49.        form.spin1.Function = sFunc
50.    return
51.
52.  endclass
```

Was ist hier anders? Zuerst einmal hat die Klasse natürlich einen anderen
Namen, und zwar *MySpinboxDialogClass*. Die Klassen-Parameter sind gleich.

Dann gibt es eine Spinbox, also wird die Klasse *MySpinboxClass* verwendet.
Entsprechend heisst die Methode, mit der die Spinbox initialisiert wird, nun
auch *InitSpin1* (warum noch das *1* am Ende erfahren Sie im nächsten Kapitel).
Die Methode zum auslesen des Inhalts heisst jetzt analog dazu *GetSpin1*.

Ausserdem haben sich die Parameter geändert, die an *InitSpin1* übergeben
werden, da eine Spinbox zusätzliche Eigenschaften hat, die ein Eingabefeld
nicht kennt. Es sind *rangemin, rangemax, rangerequired* und *step*.

 Zur Bedeutung dieser *Spinbox*-Eigenschaften siehe Band 2 ab Seite 95.

Drei Parameter von *InitSpin1* haben ein *x* als Präfix. Das habe ich so gewählt,
da diese Parameter als Datentyp sowohl numerisch (Präfix *i*) als auch Datum
(Präfix *d*) sein können. An dieser Stelle wissen wir aber noch nicht welcher
Typ später einmal im Dialog eingegeben wird, als verwende ich den Präfix *x*.

4.2.2 Spinbox-Eingabe, Aufruf-Routine

Auch hier basteln wir uns eine flexible Routine, über die der gesamte Dialog später einmal gesteuert wird. Wir erweitern dazu die Datei *dlgfuncs.prg*.

Listing *dlgfuncs.prg* (Ausschnitt)

```
1.    Procedure DoMySpinboxDialog ( sTitel, sText, sInfo,
                          sHelp, xValue, xRMin, xRMax, iStep,
                          fReq, sPic, sFunc, fEscExit )
2.
3.    local oDlg, fReturn
4.
5.     oDlg = NEW MySpinboxDialogClass(sTitel,.t.,fEscExit)
6.     oDlg.InitText ( sText, sInfo, sHelp )
7.     oDlg.InitSpin1 ( xValue, xRMin, xRMax, iStep, fReq,
                                      sPic, sFunc )
8.
9.     fReturn = oDlg.ReadModal()
10.
11.    if fReturn
12.      xValue = oDlg.GetSpin1()
13.    endif
14.
15.    oDlg.Release()
16.
17.   return fReturn
```

Die Routine hat eine grosse Ähnlichkeit mit der für den Texteingabe-Dialog, nur dass es hier mehr und etwas andere Parameter zu verarbeiten gibt.

Folgende Parameter werden an diese Routine übergeben:

• **sTitel**	der Titeltext des Dialogs
• **sText**	der Text vor der Spinbox
• **sInfo**	der mehrzeilige Text unter der Spinbox
• **sHelp**	der Hilfstext beim Klick auf **[Hilfe]**
• **xValue**	eine evtl. Vorgabe für die Spinbox
• **xRMin**	Minimalwert der Spinbox
• **xRMax**	Maximalwert der Spinbox
• **iStep**	Schrittweite der Spinbox
• **fReq**	Flag ob Min/Max-Werte beachtet werden
• **sPic**	die *picture*-Eigenschaft der Spinbox
• **sFunc**	die *function*-Eigenschaft der Spinbox
• **fEscExit**	Dialog mit **[Esc]** abbrechen ein/aus

Wieder ist die Rückgabe der Routine *.t.* oder *.f.*, je nach dem ob der Dialog mit **[OK]** beendet wurde oder nicht. Und nur bei *.t.* wird auch der vom Anwender eingegebene Wert im dann veränderten Parameter *xValue* zurückgeliefert.

4.2.3 Spinbox-Eingabe, Anwendung

Die praktische Anwendung im Programm ist jetzt ebenso einfach. Ich zeige
Ihnen dafür zwei Varianten, erst für eine Zahl und dann noch für ein Datum.

Listing *dlgtest4.prg*

```
1.   set procedure to myclass.cc additive
2.   set procedure to dlgclass.prg additive
3.   set procedure to dlgfuncs.prg additive
4.
5.   DoDialogZahl()
6.   DoDialogDatum ( date()-7 )
7.
8.   Procedure DoDialogZahl ( NULL )
9.   local iEingabe, fReturn, sTitel, sText, sInfo, sHelp
10.
11.      sTitel   = "Dialog zur Eingabe einer Zahl"
12.      sText    = "&Zahl:"
13.      sInfo    = "Zahl zwischen -999 und 999 eingeben."
14.      sHelp    = "Hilfstext zur Zahleneingabe"
15.      iEingabe = 123
16.
17.      fReturn = DoMySpinboxDialog ( sTitel, sText, sInfo,
         sHelp, iEingabe, -999, 999, 1, .t., "999", "", .f. )
18.
19.      if fReturn
20.         ? "Neue Zahl:" , iEingabe
21.      else
22.         ? "Alte Zahl:" , iEingabe
23.      endif
24.
25.   return
26.
27.   Procedure DoDialogDatum ( dVorgabe )
28.   local dEingabe, fReturn, sTitel, sText, sInfo, sHelp
29.
30.      sTitel   = "Dialog zur Eingabe eines Datums"
31.      sText    = "&Zahl:"
32.      sInfo    = "Datum von 01.01.1900 bis 1.12.2099"
33.      sHelp    = "Hilfstext zur Datumseingabe"
34.      dEingabe = dVorgabe
35.
36.      fReturn = DoMySpinboxDialog ( sTitel, sText, sInfo,
         sHelp, dEingabe, {01.01.1900}, {31.12.2099}, 1, .t.,
                                            "", "", .f. )
37.
38.      if fReturn
39.         ? "Neues Datum:" , dEingabe
40.      else
41.         ? "Altes Datum:" , dEingabe
42.      endif
43.
44.   return dEingabe
```

Zwei Routinen, einmal wird eine Zahl eingegeben und andermal ein Datum. Die Unterschiede sind vorallem die Datentypen einiger Variablen, die Sie an den Präfixen der Variablennamen (*i* bei Zahlen, *d* beim Datum) gut erkennen.

Auch sind einige konstante Parameter beim Aufruf von *DoMySpinboxDialog* unterschiedlich. So wird bei der Zahl der Bereich auf *-999* bis *999* begrenzt und als Parameter für die *picture*-Eigenschaft wird „*999*" übergeben. Beim Datum dagegen wird die Eingabe auf den Bereich ab dem *01.01.1900* bis zum *31.12.2099* begrenzt. Beide fixen Datumswerte müssen in *{}* geschrieben sein. Die *picture*-Eigenschaft kann leer bleiben, die Spinbox erkennt, dass sie ein Datum als Inhalt zugewiesen bekommt und formatiert es von selbst korrekt.

Beim Aufruf beider Routinen habe ich bewusst einen Unterschied eingebaut. An *DoDialogZahl* wird kein Parameter übergeben und sie liefert auch kein Ergebnis zurück, die *return*-Anweisung am Ende enthält keine Rückgabe. Dafür wird die Vorgabe der Zahl in der Routine fest zugewiesen in der Zeile

```
iEingabe = 123
```

Am Ende wird die Zahl im Befehlsfenster ausgegeben, das war's dann. Es ist ein Beispiel für den Fall, bei dem sowohl die evtl. Vorgabe für den Dialog als auch die evtl. Behandlung des Ergebnisses geschlossen in der Routine abläuft.

Etwas anders ist es dagegen bei *DoDialogDatum*. Hier wird die Vorgabe des Dialogs als Parameter übergeben, als Datum „heute vor einer Woche". Und dann wird auch noch das Datum als Rückgabewert geliefert, egal ob es vom Anwender geändert wurde oder auf welche Weise der Dialog beendet wurde. Sie können dies leicht prüfen, indem Sie den Aufruf der Routine so ändern:

```
? DoDialogDatum ( date()-7 )
```

und sich damit den Rückgabewert (das Datum) nochmals anzeigen lassen.

Damit haben Sie das nötige Wissen, um auch diesen Dialog beliebig oft in Ihren eigenen Programmen einsetzen zu können. Er ist flexibel und je nach Bedarf kann er für Zahlen oder für ein Datum verwendet werde. Durch freie Belegung der Texte und wichtiger Eigenschaften der Spinbox können Sie damit nahezu alle denkbaren Fälle von Zahl- und Datumseingaben abdecken.

Auch wie Sie ihn in ein *exe*-Programm oder ein Formular einbinden wissen Sie, das muss ich Ihnen jetzt nicht nochmal als Beispiel zeigen. Das Prinzip dazu ist exakt dasselbe wie zuvor beim Dialog für die Texteingabe erläutert. Lust auf mehr? Prima, im nächsten Kapitel wird dieser Dialog „vererbt"...

4.3 Dialog-Klasse für Eingaben von ... bis ...

Als nächsten Dialog zeige ich Ihnen eine Erweiterung des Spinbox-Dialogs, um nicht nur einen sondern zwei Werte eingeben zu können. Das ist nützlich für alle Fälle, in denen Zahlen- oder Datumsbereiche *von ... bis ...* nötig sind.

Hier ist die Zutatenliste um solch einen Dialog zu backen:

- **das Dialog-Fenster (kein MDI)**
- **einen Erklärungstext**
- **zwei Beschriftungstexte**
- **zwei Spinbox-Eingabefelder**
- **Pushbuttons für Ok, Abbruch und (falls gewünscht) Hilfe**

Wie wollen Sie vorgehen? Wieder eine neue Dialog-Klasse anlegen mit allen nötigen Objekten, so wie bisher schon? Jein! Natürlich wäre es möglich, jetzt eine weitere Dialogklasse analog zu den bisherigen anzulegen, aber das wird auf die Dauer doch etwas langweilig. Wie wäre es also, wenn wir stattdessen den Dialog des letzten Kapitels „vererben" und den neuen Dialog als eine Art Ableitung daraus erstellen. Dann müssten Sie im neuen Dialog nur noch die fehlenden Objekte (die zweite Spinbox und den zweiten Text) ergänzen.

Hört sich kompliziert an? Ist es aber nicht. Und ausserdem lernen Sie so, wie einfach es ist eine eigene Klasse als Basis einer anderen Klasse zu verwenden. Es wird jetzt also etwas komplexer und Sie müssen etwas weiter und auch mal „um die Ecke" denken. So macht **Objekt-Orientierte** Programmierung Spass! Übrigens, diese „Vererbung" von Klassen und Objekten ist völlig steuerfrei ...

4.3.1 Eingabe von ... bis ..., Klassen-Definition

Diese Klasse sieht auf den ersten Blick schon etwas böser aus. Obwohl in ihr weniger Objekte definiert werden als in der vorherigen mit nur einer Spinbox. Auch sehen Sie die Ihnen bislang evtl. noch unbekannte Anweisung *super::*

Listing *dlgclass.prg* (Ausschnitt)

```
1.    class My2SpinboxDialogClass (sTitel,fCenter,fEscExit)
          of MySpinboxDialogClass (sTitel,fCenter,fEscExit)
2.
3.    this.Rect1.height = this.Rect1.height - 0.75
4.    this.Rect1.top    = this.Rect1.top    + 0.75
5.    this.InfoText.height = this.InfoText.height - 0.75
6.    this.InfoText.top    = this.InfoText.top    + 0.75
7.
8.    define MyTextclass Text2 of this property;
9.       top 2, left 2, alignment 0, width 14, height 1
10.   define MySpinboxClass Spin2 of this property;
11.      top 2, left 16, width 20
```

```
12.
13.    Procedure GetSpin1 ( NULL )
14.    return form.spin1.value
15.
16.    Procedure GetSpin2 ( NULL )
17.    return form.spin2.value
18.
19.    Procedure InitSpin1 ( xValue, xRMin, xRMax, iStep,
                              fReq, sPic, sFunc )
20.       super::InitSpin1  ( xValue, xRMin, xRMax, iStep,
                              fReq, sPic, sFunc )
21.    return
22.
23.    Procedure InitSpin2 ( xValue, xRMin, xRMax, iStep,
                              fReq, sPic, sFunc )
24.       form.spin2.Value = xValue
25.       form.spin2.RangeMin = xRMin
26.       form.spin2.RangeMax = xRMax
27.       form.spin2.Step = iStep
28.       form.spin2.RangeRequired = fReq
29.       form.spin2.Picture = sPic
30.       form.spin2.Function = sFunc
31.    return
32.
33.    Procedure InitText ( sText1, sText2, sInfo1,
                              sInfo2, sHelp )
34.       form.Text2.Text = sText2
35.       form.spin2.StatusMessage = sInfo2
36.       super::InitText ( sText1, sInfo1, sHelp )
37.    return
38.
39.    Procedure ReadyToRun ( NULL )
40.       class::SetInfoText()
41.       class::SetBefore()
42.    return
43.
44.    Procedure SetInfoText ( NULL )
45.       form.spin1.OnGotFocus = {;form.InfoText.text =
                              form.spin1.StatusMessage}
46.       form.spin2.OnGotFocus = {;form.InfoText.text =
                              form.spin2.StatusMessage}
47.    return
48.
49.    Procedure SetBefore ( NULL )
50.       form.Text1.Before = form.Spin1
51.       form.Text2.Before = form.Spin2
52.       form.Btn1.Before = form.Spin2
53.       form.Btn2.Before = form.Btn1
54.       form.Btn3.Before = form.Btn2
55.    return
56.
57. endclass
```

Keine Panik, es ist alles ganz easy, wenn man erst mal die Hintergründe kennt. Ich wiederhole die wichtigen Codeteile. Die neue Klasse wird so deklariert:

```
class My2SpinboxDialogClass (sTitel,fCenter,fEscExit)
    of MySpinboxDialogClass (sTitel,fCenter,fEscExit)
```

Das heisst, die neue Klasse *My2SpinboxDialogClass* ist eine direkte Ableitung der bereits bekannten Klasse *MySpinboxDialogClass* (ohne die *2* im Namen).

Damit ist die neue Klasse am Anfang erst einmal exakt mit der alten identisch. Alle Komponenten der übergeordneten Klasse, die eine Spinbox, die Texte und die Buttons, sind sofort in der neuen Klasse verfügbar. Alles ohne dass Sie dazu auch nur eine einzige Zeile weiteren Code schreiben! Prima Sache!

Nochmal ganz deutlich: wenn Sie das Ganze auf diese zwei Befehle verkürzen

```
class My2SpinboxDialogClass (sTitel,fCenter,fEscExit)
    of MySpinboxDialogClass (sTitel,fCenter,fEscExit)
endclass
```

hätten Sie eine neue Klasse, die eine <u>exakte Kopie</u> der übergeordneten ist! Diese neue Klasse sieht so aus wie die alte und verhält sich auch genau so. Von dieser Perfektion in Sachen Klonen träumt so mancher Wissenschaftler.

Nur, uns nutzt so eine exakte Kopie nicht wirklich viel. Wir wollen zwar die alte Klasse als Basis verwenden, die neue Klasse aber nochmals erweitern. Das beginnt damit, dass wir den Infotext samt seinem Rahmen ein wenig verkleinern und nach unten schieben. Wegen der einzufügenden zweiten Spinbox, die den Infotext überschneiden würde, das sieht nicht gut aus.

```
this.Rect1.height = this.Rect1.height - 0.75
this.Rect1.top    = this.Rect1.top    + 0.75
this.InfoText.height = this.InfoText.height - 0.75
this.InfoText.top    = this.InfoText.top    + 0.75
```

Damit verändern wir die Position und die Grösse des Rechtecks (*rect1*) und des Textes (*InfoText*) um ein paar Millimeter, dann stimmt die Optik wieder.

Diese Befehle stehen nicht innerhalb einer Methode der Klasse, sondern ganz am Anfang, gleich hinter dem Klassenkopf und noch vor den Objekten darin. Das hat zur Folge, dass diese Befehle gleich beim Erstellen eines Objekts aus der Klasse (also wenn Sie später mit *new* diese Klasse zum Leben erwecken) automatisch ausgeführt werden. Nochmal, damit es sitzt: die Befehle werden nicht erst ausgeführt wenn Sie die Methoden *readmodal* oder *open* aufrufen, sondern bereits dann wenn Sie das Objekt mit *new* im Speicher anlegen.

> (i) Der Bereich unmittelbar nach dem Kopf einer Klasse, aber noch vor den ersten darin definierten Komponenten ist sehr gut geeignet für all die Befehle, die gleich am Anfang, wenn aus der Klasse mit *new* ein Objekt erstellt wird, gebraucht werden. Sie werden auch ohne *open* oder *readmodal* ausgeführt.

Anschliessend werden die zweite Spinbox (*spin2*) und der dazugehörende Text (*text2*) definiert. Das ist nichts besonderes, das kennen Sie alles schon.

Zu den Methoden: die schon bekannte Methode *GetSpin1* (Zeile 13) hat jetzt eine Schwester *GetSpin2* (Zeile 16) bekommen. Die verhält sich fast genauso, nur dass sie eben den Inhalt der neuen zweiten Spinbox zurückliefert.

Soweit so gut, aber wenn ich Ihnen sage, dass Sie in der ersten Methode statt

```
Procedure GetSpin1 ( NULL )
return form.spin1.value
```

auch genausogut diese Variante verwenden könnten

```
Procedure GetSpin1 ( NULL )
return super::GetSpin1()
```

wird der eine oder die andere von Ihnen sicher Neuland betreten. Nun, es geht, Sie können es gern probieren, und in Kürze wissen Sie auch warum das so ist.

Auch die Methode *InitSpin1* (19) musste verdoppelt werden, da es jetzt zwei Spinboxen zum initialisieren gibt. Natürlich wäre das auch mit weiterhin nur einer Methode möglich gewesen, die dann eben entsprechend mehr Parameter bekommen hätte. Aber mit zwei Methoden ist es einfach viel übersichtlicher und Parameter hat das arme Ding auch so schon wahrlich genug, finde ich.

Die neue Methode *InitSpin2* (23) verstehen Sie sofort. Sie macht dasselbe wie im letzten Kapitel die Methode *InitSpin1*, nur dass hier jetzt eben die zweite Spinbox *spin2* angesprochen wird statt wie vorher die erste und einzige *spin1*. Vom Prinzip ist sie also mit *InitSpin1* aus *MySpinboxDialogClass* identisch.

Aber was um alles in der Welt passiert in der Methode *InitSpin1* (Zeile 19)?

```
Procedure InitSpin1 ( ... )
  super::InitSpin1 ( ... )
return
```

Sind da ein Superheld im Spiel? Nein, über *super::<methode>* wird einfach eine Methode der übergeordneten Klasse aufgerufen. So einfach geht das!

Statt mir hier meine Finger wund zu tippen, indem ich für die erste Spinbox nochmal die vielen Parameter in die entsprechenden Eigenschaften schreibe, rufe ich einfach die dafür bereits vorhandene Methode der übergeordneten Klasse auf. Die macht ja schon genau das mit der ersten Spinbox, der reiche ich alle Parameter einfach nur durch (es sind ja dieselben), das war's, fertig.

Sie haben völlig recht, so etwas ähnliches kennen Sie schon längst. Mit

```
class::<methode> [parameter]
```

rufen Sie eine Methode auf, die sich in derselben Klasse befindet. Und mit

```
super::<methode> [parameter]
```

machen Sie dasselbe mit einer Methode aus der übergeordneten Klasse.

Damit können Sie in Klassen, die Sie aus anderen Klassen abgeleitet haben, jederzeit auch die Methoden der übergeordneten Klasse abrufen, als wären es normale Methoden dieser Klasse. Nur dass sie „eine Stufe höher" ablaufen.

Der gegenseitige Aufruf von Methoden auf diese Art funktioniert aber nur in einer Richtung. Die „Kind-Klasse" kann Methoden ihrer „Eltern-Klasse" mit *super::<methode>* aufrufen, in der anderen Richtung funktioniert das nicht. Wie im richtigen Leben: wenn Kinder Hilfe (oder Geld ...) brauchen sind die Eltern meist zur Stelle. Aber wenn die Brut mal im Haushalt helfen soll ...

Fragen Sie sich, warum in der zweiten Klasse die Routine *InitSpin1* überhaupt steht, obwohl sie doch exakt dasselbe macht wie *InitSpin1* der ersten Klasse? Könnte man sie in der neuen Klasse nicht ganz weglassen und wäre sich nicht trotzdem vorhanden, weil sie ja aus der übergeordneten Klasse geerbt wird? Stimmt, prima mitgedacht, Glückwunsch! In *My2SpinboxDialogClass* ist die Routine *InitSpin1* völlig überflüssig, da sie nichts eigenes macht, sondern nur die Parameter an dieselbe Routine in der übergeordneten Klasse durchreicht. Man könnte sie weglassen, die „geerbte" Methode würde verwendet werden. Testen Sie es, entfernen Sie *InitSpin1* (Zeilen 19-21) aus der zweiten Klasse!

InitText ist dagegen nicht überflüssig, denn sie hat auch eigene Arbeit zu tun. Sie bekommt die Daten für alte und neue Objekte, belegt die Eigenschaften des neuen Objekts *text2* und den Statuszeilen-Text der neuen Spinbox *spin2* selbst. Aber für die anderen Objekte *text1* und *spin1*, die auch geerbt wurden, verwendet auch sie die übergeordnete Methode und ruft *super::InitText* auf.

Sie sehen, auch unterschiedliche Zahl (und sogar Datentypen) der Parameter von zwei gleichnamigen Methoden aus verschiedenen Klassen sind möglich!

Und damit jetzt auch richtig schön die Köpfe rauchen gibt es hier noch mehr neue Methoden. Eine wird später „von aussen" aufgerufen, *ReadyToRun*. Sie heisst so, weil Sie noch ein paar weitere Restarbeiten erledigt, die für einen korrekten Betrieb des Dialogs nötig sind. Sie ruft einfach nur zwei weitere Methoden innerhalb dieser neuen Klasse auf, die ich gleich noch erkläre.

Natürlich könnten Sie sich *ReadyToRun* auch sparen und stattdessen die zwei dort aufgerufenen Methoden *SetInfoText* und *SetBefore* „von aussen" starten. Aber es ist für die Zukunft einfach viel pflegeleichter, wenn es eine Methode gibt, die evtl. Zusatzarbeiten erledigt und nicht zwei oder drei oder gar mehr. Sie rufen dann „von aussen" nur diese eine Methode auf und die erledigt den Rest, ohne dass Sie sich für jede Klasse merken müssen wieviele Methoden beim Start aufzurufen sind und welche Reihenfolge dabei ggf. einzuhalten ist.

Und da Sie eben gelernt haben, dass es in verschiedenen Klasse problemlos Methoden gleichen Namens geben darf spricht auch nichts dagegen und viel dafür, diese extra Initialisierungs-Methode in jeder Klasse gleich zu nennen.

Wenn Sie wollen können Sie es sogar soweit treiben, dass es diese Methode immer gibt, selbst wenn sie eigentlich (ja ja ...) garnicht nötig ist. Dann ist sie eben leer und sieht einfach nur so aus:

```
Procedure ReadyToRun ( NULL )
return
```

und bei jedem Objekt rufen Sie anfangs die Methode *<objekt>.ReadyToRun()* auf. Ob das für das einzelne Objekt bzw. seine Klasse wirklich nötig ist oder nicht brauchen Sie sich nicht merken, das interessiert Sie nicht mehr. Klassen die eine Initialisierung brauchen haben in der *ReadyToRun* den nötigen Code, bei den anderen Klassen ist die Methode eben leer, was soll's. Das *können* Sie so mache, Sie müssen es nicht. Wenn es Ihnen hilft, bitte, wenn nicht auch ok.

> (i) Dieser Tip widerspricht meinem Rat aus einem früheren Band, möglichst keinen überflüssigen Code zu schreiben um Programme schnell und schlank zu halten. In diesem speziellen Fall können die Vorteile einer überall gleichen Methode zur Initialisierung von Klassen den Nachteil von manchmal leeren und umsonst aufgerufenen Methoden aber überwiegen. Es liegt bei Ihnen.

In der Methode *SetInfoText* wird durch Reaktion auf das Ereignis *onGotFocus* der beiden Spinboxen dafür gesorgt, dass im eingerahmten Textfeld stets der für die gerade aktive Spinbox passende Infotext gezeigt wird. Das ist für die Anwender eine nicht zu unterschätzende Hilfe und spart später vielleicht so manchen Anruf bei der Hotline. Und damit sparen Sie sich Zeit und Nerven.

Zuletzt noch die Methode *SetBefore*. Damit beheben wir ein paar unschöne Nebeneffekte, die auftreten wenn man eine Klasse mit einem schon fertigen Formular erweitert und nachträglich neue Objekte (*spin2* und *text2*) zufügt.

Das Problem ist, dass durch das nachträgliche hinzufügen der beiden Objekte die Tab-Reihenfolge im Formular durcheinander ist. Und damit sind oftmals auch die Hotkeys für die Spinboxen nicht mehr funktionsfähig, da diese ja auf exakte der Reihenfolge der Objekte beruhen (siehe Band 1 Seite 262 und 264).

ⓘ Es gibt für Spinboxen keinen Text und damit auch keinen Hotkey. Aber wenn vor einem Spinbox-Objekt ein Text-Objekt steht, das einen Hotkey hat, bewirkt dieser Hotkey des Text-Objekts die Aktivierung der Spinbox, da das Text-Objekt garnicht aktiv sein kann (es sind darin keine Eingaben möglich).

Maus-Akrobaten werden das vermutlich garnicht bemerken. Aber wer mit der Tastatur arbeitet wird schnell erst darüber stolpern und dann darüber fluchen. Also müssen wir, nachdem neue Objekte dem Formular zugefügt wurden, die Tab-Reihenfolge der Komponenten im Formular wieder geradebiegen.

Am einfachsten geht das, indem man die Eigenschaft *before* eines Objekts manipuliert und einem Objekt einfach einen anderen „Vorgänger" unterjubelt. Damit ist die interne „logische Verkettung" der Objekte im Formular wieder so wie wir sie haben wollen, die Tab-Folge funktioniert, die Hotkeys ebenso.

💣 Sowohl der Name der Eigenschaft *before* als auch die Erklärung in der dBWin-Onlinehilfe ist sehr verwirrend. Aus ihrer ersten Englisch-Stunde ist Ihnen vielleicht noch in Erinnerung, dass *before* „vorher" heisst. Aber lt. der Onlinehilfe ist es ein Verweis auf das nächste Objekt! Was stimmt? Beides!

Bei den Textobjekten wird das nächste Objekt zugewiesen, bei den Buttons dagegen das vorherige. Der Code beweist es, denn er funktioniert genau so.

Bug oder Feature? Vermutlich weder das eine noch das andere, sondern eine Besonderheit, weil *Text*-Objekte im Grunde absolut passiv sind und damit in der Tab-Reihenfolge der Objekte im Formular „eigentlich" aussen vor sind. Sie können ein Textobjekt ja nicht gezielt aktivieren, nichts in ihm eingeben. Lt. Dokumentation haben Objekte der Klasse Text keine Eigenschaft *before*, in der Praxis aber anscheinend doch, sonst gäbe es hier eine Fehlermeldung. Aber gut, wie oft zählt am Ende nur, dass wir eine Lösung gefunden haben.

Auch die Behauptung in der dBWin Onlinehilfe, dass *before* schreibgeschützt ist und nur indirekt im Designer geändert werden kann, stimmt so also nicht.

4.3.2 Eingabe von ... bis ..., Aufruf-Routine

Was jetzt kommt wissen Sie, eine neue Routine für die Datei *dlgfuncs.prg*.

Listing *dlgfuncs.prg* (Ausschnitt)

```
1.   Procedure DoMy2SpinboxDialog ( sTitel, sText1,
                     sText2, sInfo1, sInfo2, sHelp,
                     xValue1, xValue2, xRMin1, xRMin2,
                     xRMax1, xRMax2, iStep, fReq, sPic,
                     sFunc, fEscExit )
2.   local oDlg, fReturn
3.
4.      oDlg=NEW My2SpinboxDialogClass(sTitel,.t.,fEscExit)
5.      oDlg.InitText (sText1,sText2,sInfo1,sInfo2,sHelp )
6.      oDlg.InitSpin1 ( xValue1, xRMin1, xRMax1, iStep,
                     fReq, sPic, sFunc )
7.      oDlg.InitSpin2 ( xValue2, xRMin2, xRMax2, iStep,
                     fReq, sPic, sFunc )
8.      oDlg.ReadyToRun()
9.
10.     fReturn = oDlg.ReadModal()
11.
12.     if fReturn
13.        xValue1 = oDlg.GetSpin1()
14.        xValue2 = oDlg.GetSpin2()
15.     endif
16.
17.     oDlg.Release()
18.
19.  return fReturn
```

Im wesentlichen kennen Sie das alles bereits, es ist nicht so viel anders als die Routine zum Steuerung des Dialogs mit nur einer Spinbox. Die Unterschiede sind ein paar zusätzliche Parameter, die an die Routine übergeben und von ihr an die Dialog-Methoden weitergereicht werden. Und es werden jeweils zwei Methoden für die Initialisierung der Spinboxen und zum Abruf der Inhalte beim Verlassen des Dialogs mit **[OK]** aufgerufen. Das Prinzip bleibt gleich.

💣 Bei so vielen Parametern an Prozeduren kann es leicht passieren, dass Sie sich vertippen oder verzählen und so ungewollt falsche Werte übergeben. Wenn Sie Glück haben merken Sie es, allerdings oft nicht beim compilieren sondern erst wenn das Programm läuft und irgendwo einen Fehler aufgrund falscher Datentypen meldet. Wenn Sie Pech haben merken Sie es nicht, weil trotz verwechselter Reihenfolge der Parameter ihre Datentypen stimmen. Ob das Ergebnis dann aber noch stimmt und das Programm noch tut was es soll steht auf einem ganz anderen Blatt. Achten Sie bei so vielen Parametern auf eine sinnvolle und möglichst immer gleiche Reihenfolge bei der Übergabe. Damit lassen sich solche Fehler nicht ausschliessen, aber doch minimieren.

4.3.3 Eingabe von ... bis ..., Anwendung

Ich habe wieder zwei Varianten für Sie, für Zahlen und für Datumsbereiche.
Wieder ist die erste Routine (Zahlen von ... bis ...) ohne Parameter und auch
ohne Rückgabewert, die zweite Routine (Datum von ... bis ...) dagegen mit.
Rückgabewert der zweiten Routine ist die Tagesdifferenz der Datumswerte.

Listing *dlgtest5.prg*

```
1.    set procedure to myclass.cc additive
2.    set procedure to dlgclass.prg additive
3.    set procedure to dlgfuncs.prg additive
4.
5.    DoVonBisZahl()
6.    ? DoVonBisDatum ( date(), date()+365 )
7.
8.    Procedure DoVonBisZahl ( NULL )
9.    local iZahl1, iZahl2, fReturn, sTitel
10.   local sText1, sText2, sInfo1, sInfo2, sHelp
11.
12.       sTitel  = "Welches Monatsgehalt wollen Sie?"
13.       sText1  = "M&inimum"
14.       sText2  = "Ma&ximum"
15.       sInfo1  = "Monatlicher Verdienst Minimum"
16.       sInfo2  = "Monatlicher Verdienst Maximum"
17.       sHelp   = "Bitte geben Sie Ihr Wunschgehalt ein."
18.       iZahl1  = 500
19.       iZahl2  = 5000
20.
21.       fReturn = DoMy2SpinboxDialog ( sTitel, sText1,
              sText2, sInfo1, sInfo2, sHelp, iZahl1, iZahl2,
              0, 1000, 999, 9999, 1, .t., "9999", "J", .t. )
22.
23.       if fReturn
24.          ? "Wunschgehalt neu:" , iZahl1, " bis ", iZahl2
25.       else
26.          ? "Wunschgehalt alt:" , iZahl1, " bis ", iZahl2
27.       endif
28.
29.   return
30.
31.   Procedure DoVonBisDatum ( dVon, dBis )
32.   local dDatum1, dDatum2, fReturn, sTitel
      local sText1, sText2, sInfo1, sInfo2, sHelp
33.
34.       sTitel  = "Wann sind Sie in Urlaub?"
35.       sText1  = "Urlaub &von"
36.       sText2  = "Urlaub &bis"
37.       sInfo1  = "Urlaub beginnt an diesem Tag"
38.       sInfo2  = "Urlaub endet an diesem Tag"
39.       sHelp   = "Geben Sie ein wann Sie in Urlaub sind."
40.       dDatum1 = dVon
41.       dDatum2 = dBis
```

```
42.
43.    fReturn = DoMy2SpinboxDialog ( sTitel, sText1,
          sText2, sInfo1, sInfo2, sHelp, dDatum1, dDatum2,
          {01.01.2000}, {01.01.2000}, {01.01.2025},
          {01.01.2025}, 1, .t., "", "J", .t. )
44.
45.    if fReturn
46.       ? "Urlaubszeit neu:" , dDatum1, " bis ", dDatum2
47.    else
48.       ? "Urlaubszeit alt:" , dDatum1, " bis ", dDatum2
49.    endif
50.
51. return dDatum2 - dDatum1   && Tagesdifferenz liefern
```

Die Zahl der Parameter an *DoMy2SpinboxDialog* ist in einem Grenzbereich angekommen, ab dem es langsam etwas unübersichtlich wird. Noch geht es, aber weitere Parameter wären dann irgendwann mal nicht mehr pflegeleicht. Eine Erweiterung um eine dritte Spinbox nach demselben Prinzip ist möglich, und wenn Ihnen der Sinn danach steht nur zu, Sie können das jetzt ja selbst!

Eine andere sinnvollere Erweiterung dieses Dialogs wäre aber die Prüfung der Eingaben in der Hinsicht, dass der Inhalt der zweiten Spinbox nicht kleiner als derjenige der ersten sein darf. Eine Abfrage *von ... bis ...* bedeutet doch meist, dass der erste Wert immer der kleinere und der zweite stets der grössere ist.

Lösungsvorschlag: die Klasse mit den zwei Spinboxen hat noch keine eigene Methode *MyEndFunction*. Das ist auch kein Problem, dann wird einfach die aus der übergeordneten Klasse geerbt, denn dort gibt es *MyEndFunction* ja.

Hätte die abgeleitete Klasse aber ihre eigene *MyEndFunction* würde die von den Buttons aufgerufen. Obwohl die Buttons aus der übergeordneten Klasse stammen, aber die Buttons rufen *class::MyEndFunction* auf, und *class::* zielt auf die aktive Klasse, bei abgeleiteten Klassen also auch auf die abgeleitete!

Listing *dlgclass.prg* (Ausschnitt, Ergänzung von *My2SpinboxDialogClass*)

```
Procedure MyEndFunction ( fOk )
   if form.spin2.value >= form.spin1.value
      form.close ( fOk )         && 2. Wert groesser ist ok
   else
      if 6 = MsgBox ("Der zweite Wert ist kleiner als der
          erste!" + chr(13) + "Dialog trotzdem beenden?",
          "Ist das richtig so?", 52 )
         form.close ( fOk )      && 6 = Button JA geklickt
      else
         form.spin2.SetFocus()  && 2. Spinbox aktivieren
      endif
   endif
return
```

Hier noch die beiden Dialoge mit einer und zwei Spinboxen zum Vergleich.

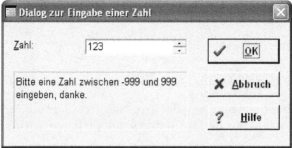

Dialog mit einer Spinbox, Inhalt linksbündig

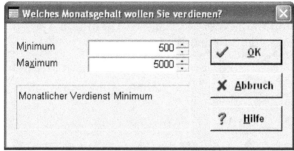

Dialog mit zwei Spinboxen, Inhalt rechtsbündig

Der Unterschied von links- und rechtsbündiger Darstellung wird durch die Eigenschaft *function* der Spinbox erreicht. Im ersten Dialog wird hier beim Aufruf „ " als Parameter übergeben. Es wird keine spezielle Formatierung gewählt, und damit ist eben die Standard-Formatierung (linksbündig) aktiv.

Im zweiten Fall wird per Option „J" eine rechtsbündige Darstellung erzielt. Diese wird im vorletzten Parameter von *DoMy2SpinboxDialog* übergeben. Damit lassen sich Details beider Spinboxen flexibel steuern, indem je nach Bedarf die beiden Eigenschaften *picture* und/oder *function* geändert werden.

> ⓘ Wenn Sie in der dBWin Onlinehilfe nach *picture* oder *function* suchen finden Sie alle zulässigen Einstellungen für diese nützlichen Eigenschaften.

Wenn Sie genau hinsehen bemerken Sie auch, dass das Rechteck mit dem darin eingebetteten Infotext im zweiten Dialog etwas kleiner ist und um wenige Pixel nach unten geschoben wurde. Die Buttons sind dagegen in beiden gleich, da sie vom ersten Dialog an den zweiten „vererbt" werden.

4.4 Dialog-Klasse für Radiobutton-Auswahl

Nun zwei wieder etwas einfachere Dialoge. Es handelt sich jeweils um eine Auswahl zwischen mehreren Optionen, per Radiobutton und per Checkbox.

Die Radiobutton-Auswahl benötigt diese Komponenten:

- **das Dialog-Fenster (kein MDI)**
- **einen Erklärungstext**
- **zwei Radiobuttons (oder drei, oder vier, oder ...)**
- **Pushbuttons für Ok, Abbruch und (falls gewünscht) Hilfe**

Auch die Radiobuttons haben wir bereits als eigene Klasse definiert, und der Rest ist denkbar einfach. Ich beschränke mich daher auf den reinen Quellcode.

4.4.1 Radiobutton-Auswahl, Klassen-Definition
Listing *dlgclass.prg* (Ausschnitt)

```
1.     class My2RadioDialogClass ( sTitel,fCenter,fEscExit )
                        of MyDialogClass ( sTitel, fCenter )
2.        this.width  = 56
3.        this.height = 8.5
4.        this.sHelp  = ""
5.        this.escexit = fEscExit
6.
7.        define MyTextclass Text1 of this property;
8.           top 0.5, left 2, alignment 0, width 34, height 1
9.
10.       define MyRadioClass Radio1 of this property;
11.          group .t., left 2, width 35, top 1.75,;
12.          OnGotFocus {;form.InfoText.text =
                                   this.StatusMessage}
13.
14.       define MyRadioClass Radio2 of this property;
15.          group .f., left 2, width 35, top 2.75,;
16.          OnGotFocus {;form.InfoText.text =
                                   this.StatusMessage}
17.
18.       DEFINE MyRectclassDeep Rect1 of this property;
19.          top 4, left 2, width 34, Height 3.5
20.       define MyTextclass InfoText of this property;
21.          top 4.25, left 2.5, Alignment 9,
                                   width 33, Height 3.1
22.
23.       define MyOkButton Btn1 of this property;
24.          left 40, top 1, default .t., Group .t.
25.       define MyCancelButton Btn2 of this property;
26.          left 40, top 3.5
27.       define MyHelpButton Btn3 of this property;
28.          left 40, top 6
29.
```

```
30.     Procedure MyEndFunction ( fOk )
31.        form.close ( fOk )
32.     return
33.
34.     Procedure MyHelpFunction ( NULL )
35.        MsgBox ( form.sHelp, "Hilfe", 64 )
36.     return
37.
38.     Procedure GetRadio ( NULL )
39.     return iif ( form.Radio1.value = .t., 1, 2 )
40.
41.     Procedure InitDialog ( sText, sRadio1, sRadio2,
                             sInfo1, sInfo2, sHelp, iDef )
42.        form.text1.text = sText
43.        form.Radio1.StatusMessage = sInfo1
44.        form.Radio2.StatusMessage = sInfo2
45.        form.Radio1.Text = sRadio1
46.        form.Radio2.Text = sRadio2
47.        form.InfoText.Text = iif (iDef=1,sInfo1,sInfo2)
48.        form.Radio1.value = iif ( iDef = 1, .t., .f. )
49.        form.Radio2.value = iif ( iDef = 1, .f., .t. )
50.        form.sHelp = sHelp
51.     return
52.
53. endclass
```

Im Vergleich zu den bisherigen Dialogen habe ich diesmal keine getrennten
Init-Methoden für den Text und die Eingabeobjekte erstellt. Alles was für die
Initialisierung des Dialogs nötig ist wird in der Methode *InitDialog* erledigt.

In *InitDialog* wird auch festgelegt welcher der beiden Radiobuttons anfangs
aktiv ist, indem im Parameter *iDef* einfach der Wert *1* oder *2* übergeben wird.
Wenn Sie den Dialog auf drei oder mehr Radiobuttons erweitern müssen Sie
diese Initialisierungs-Routine eben entsprechend anpassen, das ist ja einfach.

 Mehr Infos zum hier verwendeten *iif* siehe bitte in Band 2 auf Seite 240.

Die Auswahl des Anwenders wird später mit der Methode *GetRadio* ermittelt.
Diese liefert *1* oder *2* zurück, je nach dem welcher Radiobutton aktiv war als
der Dialog beendet wurde (bitte ggf. für 3 oder mehr Radiobuttons erweitern).

Beachten Sie auch, dass beim ersten Radiobutton die Eigenschaft *group* auf *.t.*
gesetzt wird. Beim zweiten wird sie auf *.f.* gesetzt, was aber überflüssig ist, da
wir dies bei der Definition von *MyRadioClass* ja bereits so vorgegeben haben.
Ich habe es hier trotzdem nochmal gemacht um zu zeigen, dass überflüssige
Angaben dieser Art keine negativen Auswirkungen haben (ausser dass Sie
einige kostbare Sekunden Ihres Lebens mit unnötiger Tipparbeit verbringen).

4.4.2 Radiobutton-Auswahl, Aufruf-Routine

Und nun wieder die Routine zur Dialogsteuerung aus der Datei *dlgfuncs.prg*.

Listing *dlgfuncs.prg* (Ausschnitt)

```
1.   Procedure DoMy2RadioDialog ( sTitel, sText, sRadio1,
                                   sRadio2, sInfo1, sInfo2,
                                   sHelp, iDefault, fEscExit )
2.   local oDlg, fReturn, iSelection
3.
4.       oDlg = NEW My2RadioDialogClass(sTitel,.t.,fEscExit)
5.       oDlg.InitDialog (sText, sRadio1, sRadio2, sInfo1,
                          sInfo2, sHelp, iDefault )
6.       fReturn = oDlg.ReadModal()
7.
8.       if fReturn
9.          iSelection = oDlg.GetRadio()
10.      else
11.         iSelection = -1
12.      endif
13.
14.      oDlg.Release()
15.
16.  return iSelection
```

Das Prinzip ist Ihnen bestens bekannt, aber ich war so gemein und habe eine kleine Änderung eingeschmuggelt. In den bisherigen Steuerroutinen wurde eine Vorgabe für den Dialog als Parameter übergeben (z. B. die Textvorgabe beim Eingabefeld oder die Vorgabe für den Inhalt der Spinbox), und danach wurde die Eingabe des Anwenders in eben diesem Parameter zurückgegeben.

Hier ist es etwas anders. Zwar wird eine Vorgabe als Parameter *iDefault* an diese Prozedur übergeben, doch der Parameter wird hier nicht mehr geändert.

Dafür liefert die Routine jetzt nicht *.t.* oder *.f.* als Ergebnis, sondern entweder *1* oder *2* für den gewählten Radiobutton, wenn der Dialog mit **[OK]** beendet wurde. Wurde der Dialog dagegen abgebrochen, egal ob nun mit dem Button **[Abbruch]** oder auf eine andere Art, liefert die Routine den Wert *-1* zurück. Das Ergebnis der Routine enthält damit in nur einem Wert zugleich die Art wie der Anwender den Dialog geschlossen hat und ggf. auch seine Auswahl.

Natürlich wäre es möglich *.t.* oder *.f.* je nach Beenden des Dialogs zu liefern und dann im positiven Fall die Nummer des gewählten Radiobuttons in den Parameter *iDefault* zu schreiben und dem aufrufenden Code zurückzugeben. Beide Varianten sind gleich gut, und welche sinnvoll ist hängt mitunter vom Einzelfall und evtl. auch von Ihren Vorlieben und Ihrem Programmierstil ab. Wichtig ist aber, dass Sie mit beiden Varianten sicher umgehen können.

4.4.3 Radiobutton-Auswahl, Anwendung

Wie gewohnt ein Beispielprogramm, das Ihnen den Einsatz des Dialogs zeigt.

Listing *dlgtest6.prg*

```
1.   set procedure to myclass.cc additive
2.   set procedure to dlgclass.prg additive
3.   set procedure to dlgfuncs.prg additive
4.
5.   DoRadioSelect()
6.
7.   Procedure DoRadioSelect ( NULL )
8.   local sTitel, sText, sRadio1, sRadio2
9.   local sInfo1, sInfo2, sHelp, iResult
10.
11.     sTitel  = "Warum dBASE?"
12.     sText   = "Warum programmieren Sie mit dBASE?"
13.     sRadio1 = "Weil es ein ganz tolles &Werkzeug ist"
14.     sRadio2 = "Weil ich &nichts anderes gelernt habe"
15.     sInfo1  = "Die Auswahl, wenn Sie auf dBASE stehen."
16.     sInfo2  = "Die Auswahl, wenn Sie keine Wahl haben."
17.     sHelp   = "Geben Sie an wie Sie zu dBASE stehen."
18.
19.     iResult = DoMy2RadioDialog ( sTitel, sText,
                             sRadio1, sRadio2, sInfo1,
                             sInfo2, sHelp, 1, .t. )
20.
21.     if iResult > 0
22.        ? "Sie haben " ,ltrim(str(iResult))," gewaehlt: "
23.        ?? iif (iResult = 1, sRadio1, sRadio2 )
24.     else
25.        ? "Sie haben den Dialog abgebrochen"
26.     endif
27.   return
```

In der Routine *DoRadioSelect* sehen Sie ein einfaches Beispiel, wie Sie den Dialog und seine Aufrufroutine *DoMy2RadioDialog* in der Praxis anwenden.

Beachten Sie bitte, dass die Aufrufroutine des Dialogs nicht *.t.* oder *.f.* liefert, sondern *-1* wenn der Dialog abgebrochen wurde, bzw. die (positive) Nummer des gewählten Radiobuttons, falls der Dialog mit **[OK]** geschlossen wurde.

ⓘ Natürlich wäre beim Abbruch des Dialogs auch die Rückgabe *0* statt *-1* möglich. Es ist aber allgemein üblich, Fehlerfälle und Abbruch-Bedingungen in Form negativer Werte zu beschreiben. Es steht Ihnen frei es anders zu tun.

ⓘ Band 2 Seite 151 zeigt, wie Sie das & aus dem Radiobutton-Text wieder entfernen, wenn Sie ihn wie im Beispiel in Zeile 23 weiterverwenden wollen.

4.5 Dialog-Klasse für Checkbox-Auswahl

Und hier wie bereits angekündigt die Dialog-Variante mit den Checkboxen. Dabei werden auch die grundsätzlichen Unterschiede von Radiobuttons und Checkboxen deutlich (die in Band 2 ab Seite 109 ausführlich erklärt werden).

Die Zutatenliste ist nicht wirklich aufregend, aber der Vollständigkeit halber:

- **das Dialog-Fenster (kein MDI)**
- **einen Erklärungstext**
- **zwei Checkboxen (oder mehr ...)**
- **Pushbuttons für Ok, Abbruch und (falls gewünscht) Hilfe**

Auf den ersten Blick ist es der Radiobutton-Variante ähnlich. Aber es gibt auch ein paar wichtige Unterschiede, daher lohnt ein Blick auf die Details.

4.5.1 Checkbox-Auswahl, Klassen-Definition

Listing *dlgclass.prg* **(Ausschnitt)**

```
1.    class My2CheckboxDialogClass ( sTitel, fCenter,
          fEscExit ) of MyDialogClass ( sTitel, fCenter )
2.    this.width  = 56
3.    this.height = 8.5
4.    this.sHelp  = ""
5.    this.escexit = fEscExit
6.
7.    define MyTextclass Text1 of this property;
8.       top 0.5, left 2, alignment 0, width 34, height 1
9.
10.   define MyCheckboxClass Check1 of this property;
11.      Group .t., left 2, width 35, top 1.75,;
12.      OnGotFocus {;form.InfoText.text =
                               this.StatusMessage}
13.
14.   define MyCheckboxClass Check2 of this property;
15.      Group .t., left 2, width 35, top 2.75,;
16.      OnGotFocus {;form.InfoText.text =
                               this.StatusMessage}
17.
18.   DEFINE MyRectclassDeep Rect1 of this property;
19.      top 4, left 2, width 34, Height 3.5
20.   define MyTextclass InfoText of this property;
21.      top 4.25, left 2.5, Alignment 9, width 33,
                               Height 3.1
22.
23.   define MyOkButton Btn1 of this property;
24.      left 40, top 1, default .t., Group .t.
25.   define MyCancelButton Btn2 of this property;
26.      left 40, top 3.5
27.   define MyHelpButton Btn3 of this property;
28.      left 40, top 6
```

```
29.
30.    Procedure MyEndFunction ( fOk )
31.        form.close ( fOk )
32.    return
33.
34.    Procedure MyHelpFunction ( NULL )
35.        MsgBox ( form.sHelp, "Hilfe", 64 )
36.    return
37.
38.    Procedure GetCheck1 ( NULL )
39.    return (form.Check1.value = .t.)
40.
41.    Procedure GetCheck2 ( NULL )
42.    return (form.Check2.value = .t.)
43.
44.    Procedure InitText ( sText, sHelp )
45.        form.text1.text = sText
46.        form.sHelp = sHelp
47.    return
48.
49.    Procedure InitCheck1 ( sCheck, sInfo, fCheck )
50.        form.Check1.text = sCheck
51.        form.Check1.value = fCheck
52.        form.Check1.StatusMessage = sInfo
53.        form.InfoText.Text = sInfo
54.    return
55.
56.    Procedure InitCheck2 ( sCheck, sInfo, fCheck )
57.        form.Check2.text = sCheck
58.        form.Check2.value = fCheck
59.        form.Check2.StatusMessage = sInfo
60.    return
61.
62. endclass
```

Jetzt habe ich zur Abwechslung gleich drei Initialisierungs-Methoden für die Klasse geschrieben. Natürlich lassen sich *InitText*, *InitCheck1* und *InitCheck2* auch in einer Methode mit entsprechend mehr Parametern zusammenfassen. Aber so ist es einfach übersichtlicher und der Quellcode bleibt pflegeleichter.

Die Initialisierung der ersten Checkbox enthält einen zusätzlichen Befehl, der den Infotext mit der Beschreibung dieser ersten Checkbox vorbelegt. Dies ist nötig, weil nach dem Aufruf des Dialogs diese Checkbox aktiv ist, also den Fokus hat. Das ist auch unabhängig davon, ob sie ein- oder ausgeschaltet ist.

Auch zur Auswertung der Checkboxen brauchen wir mehr als eine Methode, da beide Checkboxen völlig unabhängig voneinander geschaltet sein können, so dass alle Varianten (*ein/ein*, *ein/aus*, *aus/ein* und *aus/aus*) denkbar werden. Also werden die Einstellungen der Checkboxen mit je einer Methode ermittelt.

4.5.2 Checkbox-Auswahl, Aufruf-Routine

Bei der Routine zur Dialogsteuerung aus *dlgfuncs.prg* sind wieder ein paar
Details anders als bei der vorherigen Version für den Radiobutton-Dialog.

Listing *dlgfuncs.prg* (Ausschnitt)

```
1.   Procedure DoMy2CheckboxDialog ( sTitel, sText,
                          sCheck1, sCheck2, sInfo1, sInfo2,
                          sHelp, fCheck1, fCheck2, fEscExit )
2.      local oDlg, fReturn
3.
4.      oDlg = NEW My2CheckboxDialogClass ( sTitel, .t.,
                                             fEscExit )
5.      oDlg.InitText (sText, sHelp )
6.      oDlg.InitCheck1 ( sCheck1, sInfo1, fCheck1 )
7.      oDlg.InitCheck2 ( sCheck2, sInfo2, fCheck2 )
8.
9.      fReturn = oDlg.ReadModal()
10.
11.     if fReturn
12.        fCheck1 = oDlg.GetCheck1()
13.        fCheck2 = oDlg.GetCheck2()
14.     endif
15.
16.     oDlg.Release()
17.
18.  return fReturn
```

Hier habe ich wieder die Variante gewählt, in der die Vorgaben für den Dialog
sowohl per Parameter an die Steuerroutine übergeben werden und auch gleich
als Übermittler des Ergebnisses dienen. Darum werden die beiden Parameter
fCheck1 und *fCheck2* in dieser Routine geändert, wenn **[OK]** gedrückt wurde.

Auch sind jetzt nicht nur eine sondern gleich drei Initialisierungs-Routinen der
Klasse *My2CheckboxDialogClass* aufzurufen. An diese drei Methoden werden
die diversen an die Steuerroutine übergebenen Parameter verteilt. Hätte die
Klasse nur eine Methode zur Initialisierung, so wären dieser einen hier alle
Parameter zu übergeben. Wieder ist es nur eine Frage der Übersichtlichkeit
und auch ein wenig abhängig vom eigenen Arbeitsstil, wie man sowas löst.

Die Steuerroutine liefert *.t.* oder *.f.* an den aufrufenden Code zurück, abhängig
wie der Dialog vom Anwender beendet wurde. Nur beim Beenden mit **[OK]**
werden die Einstellungen beider Checkboxen ermittelt und zurückgegeben.

Ⓘ Grundsätzlich ist die Gross-/Kleinschreibung bei dBWin ja völlig egal.
Dass ich in den Beispielen z. B. *NEW* gross schreibe hat sich zufällig ergeben
(anfangs gross geschrieben, dann kopiert ...), ein *new* hätte es genauso getan.

4.5.3 Radiobutton-Auswahl, Anwendung

Wie gewohnt ein Beispielprogramm, das Ihnen den Einsatz des Dialogs zeigt.

Listing *dlgtest7.prg*

```
1.   set procedure to myclass.cc additive
2.   set procedure to dlgclass.prg additive
3.   set procedure to dlgfuncs.prg additive
4.
5.   DoCheckboxSelect()
6.
7.   Procedure DoCheckboxSelect ( NULL )
8.   local sTitel, sText, sCheck1, sCheck2, fReturn
9.   local sInfo1, sInfo2, sHelp, fCheck1, fCheck2
10.
11.      sTitel  = "Nur dBASE?"
12.      sText   = "Mit was programmieren Sie sonst noch?"
13.      sCheck1 = "&C / C++"
14.      sCheck2 = "&Delphi"
15.      sInfo1  = "Auswahl, wenn Sie mit C/C++ arbeiten."
16.      sInfo2  = "Auswahl, wenn Sie mit Delphi arbeiten."
17.      sHelp   = "Ihre Programmiersprachen ausser dBASE."
18.      fCheck1 = .f.
19.      fCheck2 = .t.
20.
21.      fReturn = DoMy2CheckboxDialog ( sTitel, sText,
                    sCheck1, sCheck2, sInfo1, sInfo2,
                    sHelp, fCheck1, fCheck2, .t. )
22.
23.      if fReturn
24.         ? "Sie haben OK geklickt: "
25.         ? "Checkbox1 ist " + iif (fCheck1, "EIN", "AUS" )
26.         ? "Checkbox2 ist " + iif (fCheck2, "EIN", "AUS" )
27.      else
28.         ? "Sie haben den Dialog abgebrochen"
29.      endif
30.
31.   return
```

So, jetzt haben Sie zwei Dialoge mit zwei Radiobuttons bzw. Checkboxen. In einem früheren Kapitel habe ich Ihnen zuerst einen Dialog mit einer Spinbox gezeigt und dann erweitert, indem ich ihn als Grundlage für einen Dialog mit zwei Spinboxen verwendet haben. Der zweite Dialog war eine Ableitung der Klasse des ersten, bei dem nur die fehlenden Objekte hinzugefügt wurden.

Welche Aufgabe jetzt auf Sie zukommt können Sie sich denken: erweitern Sie die Dialoge mit den Radiobuttons und Checkboxen um jeweils eine Variante mit drei, vielleicht auch vier oder mehr Wahlmöglichkeiten. Mit Ihrem jetzt erworbenen Wissen wird Ihnen das sicher nicht schwer fallen. Ich werde die Quellcodes dafür nicht zeigen, das wäre zu einfach, Sie können das selbst!

Hier noch die Auswahl-Dialoge mit je zwei Radiobuttons und Checkboxen.

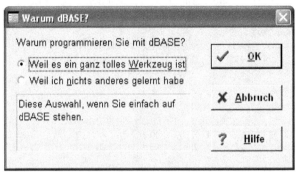

Auswahl-Dialog mit zwei Radiobuttons

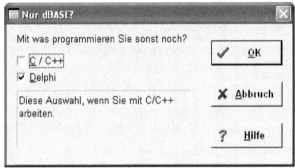

Auswahl-Dialog mit zwei Checkboxen

Sie werden Abfragen und Auswahlen nach diesem Schema sicher häufiger in Ihren Programmen benötigen. Mit Hilfe der Klassen und Objekte können Sie sich das schnell und einfach als fertige Dialoge programmieren und dabei Ihre individuellen Wünsche, Vorstellungen und Ansprüche völlig frei umsetzen.

Sie haben jetzt das Wissen und genügend Übung mit Klassen und Objekten, um bei Bedarf weitere Dialoge aller Art und für jeden Zweck zu entwickeln.

> ⓘ Vielleicht fiel Ihnen auf, dass ich die in mehreren Dialogen verwendeten Komponenten immer einheitlich benenne. So z. B. *InfoText* für das Textobjekt, das dem Anwender einen zusätzlichen Informationstext in den Dialogen zeigt. Das hat den Vorteil, dass gleichartige Objekte in den verschiedenen Dialogen immer gleich heissen und erleichtert die Pflege dieser Klassen ganz erheblich. Nach einer gewissen Zeit und nach mehreren programmierten Klassen wissen Sie beim Anblick eines Elements im Quellcode sofort für was es gedacht ist.

4.6 Dialog-Klasse zur Datenbank-Anzeige

In diesem Kapitel zeige ich einen Dialog, der eine beliebige dBASE-Tabelle
.dbf öffnet und die Datensätze zeigt. Auch eine flexible Suche über mehrere
Indexfelder wird möglich sein, ebenso das (optionale) bearbeiten der Daten.

Für diesen Dialog werde ich verwenden:

- **das Dialog-Fenster (kein MDI)**
- **ein Browse-Objekt zur Anzeige der Daten**
- **ein Textobjekt**
- **ein Eingabefeld**
- **eine Checkbox**
- **drei Radiobuttons**
- **Pushbuttons für Ok, Abbruch und Hilfe**

Die späteren Vorbereitungen, um diesen Dialog im Programm zu benutzen,
werden etwas umfangreicher ausfallen als bei den bisher gezeigten Dialogen.
Daher zeige ich sowohl die gewohnte Anwendung über Prozeduren wie bei
den vorherigen Dialogen, als auch die Steuerung mit einer eigenen Klasse.

Ich verwende die bereits in Band 1 *Einführung* erstellte Tabelle *adressen.dbf*,
um den praktischen Einsatz des Dialogs zu zeigen. Sie können das Beispiel
aber leicht so ändern, dass auch beliebige andere Dateien angezeigt werden.

Zuerst aber wie immer die Klasse des Dialogs mit den Erklärungen dazu.

4.6.1 Datenbank-Anzeige, Klassen-Definition
Listing *dlgclass.prg* (Ausschnitt)

```
1.    class MyDbfListDialogClass ( sTitel, fCenter,
            fEscExit ) of MyDialogClass ( sTitel, fCenter )
2.       form.width = 100
3.       form.height = 15
4.       form.sIdx1 = ""
5.       form.sIdx2 = ""
6.       form.sIdx3 = ""
7.       form.sHelp = ""
8.       form.iRecNo = 0
9.
10.      form.onOpen = {;class::MyOnOpenFunc()}
11.
12.      define BROWSE DataList of this property;
13.         append .f., delete .f., modify .f., fields "",;
14.         alias "", left 1.5, top 0.5, cuatab .f.,;
15.         width form.width-3, height form.height -5,;
16.         StatusMessage "Liste der gefundenen Daten",;
17.         OnLeftDblClick class::DoDoubleClick
```

```
18.
19.    define MyTextClass Text1 of this property;
20.       left 2, top form.height-2, width 20,;
21.       Text "S&uchbegriff eingeben"
22.    define MyEntryClass Entry1 of this property;
23.       StatusMessage "Eingabefeld zur Schnellsuche",;
24.       left 25, top form.height-2, width 25,;
25.       MaxLength 20, value "",;
26.       function "!", SelectAll .f.,;
27.       key form.DoSearch
28.
29.    define MyTextclass Text2 of this property;
30.       left  2, top form.height-4, width 20,;
31.       text "Such- und Sortierfelder"
32.    define MyRadioClass Radio1 of this property;
33.       left 25, top form.height-4, width 15, group .t.,;
34.       OnGotFocus {;class::DoOrder(form.sIdx1)}
35.    define MyRadioClass Radio2 of this property;
36.       left 38, top form.height-4, width 15,;
37.       OnGotFocus {;class::DoOrder(form.sIdx2)}
38.    define MyRadioClass Radio3 of this property;
39.       left 50, top form.height-4, width 15,;
40.       OnGotFocus {;class::DoOrder(form.sIdx3)}
41.
42.    define MyOkButton Btn1 of this property;
43.       left form.width-35, top form.height-4,;
44.       default .t., group .t.
45.    define MyCancelButton Btn2 of this property;
46.       left form.width-35, top form.height-2
47.    define MyHelpButton Btn3 of this property;
48.       left form.width-20, top form.height-2
49.
50.    define MyCheckboxClass Check1 of this property;
51.       left form.width-20, top form.height-3.75,;
52.       width 20, text "&Doppelklick OK",;
53.       speedtip "Auswahl per Doppelklick zulassen"
54.
55.
56.    Procedure MyEndFunction ( fOk )
57.       if .not. eof ( form.DataList.alias ) .and.;
58.          .not. bof ( form.DataList.alias )
59.         form.iRecNo = recno(form.DataList.alias)
60.       endif
61.       form.close ( fOk )
62.    return
63.
64.    Procedure MyHelpFunction ( NULL )
65.       MsgBox ( form.sHelp, "Hilfe", 64 )
66.    return
67.
68.    Procedure GetRecNo ( NULL )
69.    return form.iRecNo
70.
```

```
71.     Procedure InitDialog ( sRTxt1, sRTxt2, sRTxt3,
                                fDblClk, sHelp )
72.        form.radio1.text = sRTxt1
73.        form.radio2.text = sRTxt2
74.        form.radio3.text = sRTxt3
75.        form.Radio1.enabled = .not. empty ( sRTxt1 )
76.        form.Radio2.enabled = .not. empty ( sRTxt2 )
77.        form.Radio3.enabled = .not. empty ( sRTxt3 )
78.        form.Entry1.enabled = .not. empty ( sRTxt1 )
79.        form.Check1.value = fDblClk
80.        form.sHelp = sHelp
81.     return
82.
83.     Procedure InitData ( sIdx1, sIdx2, sIdx3,
                             sFields, sAlias, fEdit )
84.        form.sIdx1 = sIdx1
85.        form.sIdx2 = sIdx2
86.        form.sIdx3 = sIdx3
87.        form.DataList.alias = sAlias
88.        form.Datalist.fields = sFields
89.        form.DataList.append = fEdit
90.        form.DataList.modify = fEdit
91.        class::DoOrder ( sIdx1 )
92.     return
93.
94.     Procedure DoOrder ( sOrder )
95.     private ssOrder
96.        ssOrder = sOrder
97.        set order to &ssOrder
98.        form.Entry1.SetFocus()
99.     return
100.
101.    Procedure DoSearch ( iChar, iPos )
102.    static fLastWasSpace = .f.
103.    local sSeek, sHlp, iRecNo
104.    private ssExact
105.       sHlp = upper ( chr ( iChar ) )
106.       if (iChar = 32) .or. isalpha (chr(iChar)) .or.
                            ((iChar >= 48) .and. (iChar <= 57))
107.          iRecNo = recno ( form.DataList.alias )
108.          sSeek = rtrim ( form.Entry1.value )
109.          sSeek += iif ( fLastWasSpace, " " , "" ) + sHlp
110.          ssExact = set ( "exact" )
111.          set exact off
112.          if .not. seek ( sSeek, form.DataList.alias )
113.             go record (iRecNo)
114.          endif
115.          set exact &ssExact
116.          fLastWasSpace = (iChar = 32)
117.          return asc ( sHlp )
118.       endif
119.    return .t.
120.
```

```
121.    Procedure DoDoubleClick
122.       if form.check1.value = .t.
123.          class::MyEndFunction(.t.)
124.       endif
125.    return
126.
127.    Procedure MyOnOpenFunc ( NULL )
128.       form.text += " " +lower(dbf(form.datalist.alias))
129.       go top in (form.datalist.alias)
130.    return
131.
132. endclass
```

Die Klasse *MyDbfListDialogClass* stammt wieder von *MyDialogClass* ab und verhält sich damit wie ein typischer Windows-Dialog. Sie bekommt neben einer vorgegebenen Breite und Höhe (*width* und *height*) auch noch ein paar neue Eigenschaften für die max. 3 Indexfelder (*sIdx1*, *sIdx2* und *sIdx3*), den schon bekannten Hilfstext und die evtl. zurückzugebende Datensatznummer.

> (i) Ich habe hier bewusst *form.xxx* statt wie bisher *this.xxx* geschrieben, um Ihnen zu zeigen, dass das auch möglich ist. Ob Sie an dieser Stelle *this.* oder *form.* verwenden ist gleich, Sie könnten sogar beide Schreibweisen mischen.

Das Formular-Ereignis *onOpen* wird abgefangen und auf eine eigene Methode *MyOnOpenFunc* der Klasse umgelenkt. Der Quellcode der Methode steht am Ende der Klasse (ab Zeile 127). Darin wird der Dialogtitel um den Namen der Tabelle (inkl. Pfad) ergänzt, und es wird zum ersten Datensatz gesprungen.

Beachten Sie bitte, dass Breite und Höhe des Dialogs diesmal noch aus einem anderen Grund wichtig sind und bestimmte Mindestwerte nicht unterschritten werden sollten. Einige Komponenten des Dialogs richten ihre Position an der Dialoggrösse aus, indem sie ihre linke Position *left* an *form.width* - *x* oder die obere Position *top* an *form.height* - *y* orientieren. Damit werden Radiobuttons und Eingabefelder autom. am unteren Rand des Dialogs und die Pushbuttons autom. am rechten Rand positioniert, egal wie breit oder hoch der Dialog ist. Das funktioniert aber nur, wenn der Dialog mind. 100 breit und 10 hoch ist.

Die Liste der Datensätze wird in einem *Browse* gezeigt, das ab Zeile 12 mit dem Namen *DataList* definiert wird. Auch dieses Objekt richtet seine Grösse autom. an der Breite und Höhe des Formulars aus, indem es links und rechts einen Abstand 1,5 und unten den Abstand 5 zum Rand des Dialogs frei lässt.

Beachten Sie die Eigenschaft *cuatab* im *Browse*, die auf *.f.* geschaltet wird, um mit **[Tab]** von Spalte zu Spalte springen zu können. Das ist aber nur relevant, wenn auch die Änderung der Daten im *Browse* erlaubt ist (dazu später mehr).

Bei einem *Browse*-Objekt ist auch noch zu beachten, dass es die Einstellung *escexit* des Formulars ggf. unterwandern kann. Ist die Eigenschaft *modify* des *Browse* aktiv, kann der Anwender also die Daten direkt in der Tabelle ändern, wird mit **[Esc]** die Änderung im aktiven Datenfeld abgebrochen, aber nicht der ganze Dialog geschlossen, auch nicht wenn *form.escexit* auf *.t.* gesetzt ist.

In der Datensatzliste *DataList* wird auch noch das Ereignis *OnLeftDblClick* abgefangen, um später durch einen Doppelklick auf einen Datensatz diesen direkt auswählen und den Dialog beenden zu können (ist aber abschaltbar).

ⓘ Das *Browse* ist als einzige Komponente nicht als eigene Klasse in der Datei *myclass* definiert, sondern hier wird die dBWin-Basisklasse verwendet. Das sieht zwar etwas inkonsequent aus, aber ich habe es hier extra gemacht, um Ihnen zu zeigen, dass Sie Original-Basisklassen und daraus abgeleitete eigene Klassen in Formularen nach Belieben miteinander mischen können.

Das zu ändern ist für Sie jetzt sicher sehr leicht: legen Sie in *myclass.cc* eine eigene Klasse *MyBrowseClass* an, die von der dBWin-Basisklasse *Browse* abstammt. Definieren Sie dort die Eigenschaften, die Sie vorbelegen wollen. Und hier im Dialog verwenden Sie statt *Browse* dann eben *MyBrowseClass*.

Ab Zeile 19 wird ein simpler Text erstellt, mit einem Hotkey, über den das gleich danach definierte Eingabefeld per Tastatur aktiviert werden kann.

Dieses Eingabefeld, das wie auch der Text davor seine obere Position *top* von der Grösse des Dialogfensters abhängig macht, hat ein paar Besonderheiten. Alle Eingaben werden per *function „!"* in Grossbuchstaben umgewandelt, um die spätere Suche im Index zu erleichtern. Das ist nützlich, weil Indexe, die auf alphanumerischen Feldern beruhen, oft aus Grossbuchstaben bestehen, also mit *upper(<datenbankfeld>)* erstellt werden (siehe Band 1 Seite 119).

Die Eigenschaft *selectall* habe ich abgeschaltet. Sie gibt an, ob der Inhalt des Eingabefelds autom. komplett markiert wird, wenn das Feld den Fokus neu bekommt. Das ist unter Windows zwar üblich, hier aber eher etwas hinderlich wie ich finde. Wenn Sie wollen können Sie es aber auch gern einschalten.

Zuletzt wird das Ereignis *key* des Eingabefelds abgefangen. Es wird immer dann ausgelöst, wenn der Anwender eine Taste drückt und nur darüber ist es möglich, sofort auf Änderungen des Inhalts der Eingabe zu reagieren. Mit dem Ereignis *onChange* wäre das nicht möglich, da *onChange* erst ausgeführt wird wenn der Anwender das Feld wieder verlässt. Wir wollen hier aber <u>sofort</u> auf den Druck einer Taste bzw. auf die Eingabe eines Zeichens reagieren können.

Sind Ihnen die Unterschiede bei der Ereignis-Programmierung aufgefallen? Beim Browse rufe ich eine Ereignis-Routine mit *class::<methode>* auf, beim Editfeld dagegen mit *form.<methode>*. Die erste Variante ruft eine Methode in der Klasse auf, die zweite eine Methode des Formulars. Hier ist die Klasse ein Formular, also sind beide Schreibweisen verwendbar (und austauschbar).

Nun folgt wieder ein simples Textfeld, diesmal ohne Hotkey, denn die danach kommenden Radiobuttons haben ihrerseits einen Text und auch einen Hotkey. Darüber werden später die max. drei Indexe aktiviert, nach denen die Daten sortiert werden und in dem über das Eingabefeld auch gesucht werden kann.

Auch bei den Radiobuttons wird je ein Ereignis auf eine Methode der Klasse umgelenkt. Das Ereignis ist hier *onGotFocus*, das auftritt sobald der jeweilige Radiobutton den Fokus bekommt, wodurch er auch immer eingeschaltet wird.

(i) Statt *onGotFocus* ginge im Grunde auch *onChange*, aber das hat seine Tücken bei Radiobuttons. Die Hintergründe siehe bitte Band 1 ab Seite 256.

Und schon wieder eine etwas andere Art, um die Ereignis-Routine aufzurufen. Hier heisst es nun nicht mehr einfach *class::<methode>*, sondern es wird etwas umständlicher als *{;class::methode (<parameter>)}* geschrieben. Also wirklich, kann sich dieser Typ nicht endlich mal auf eine Variante festlegen? Klar, könnte ich, aber Sie sollen ja die wichtigen Unterschiede beherrschen lernen (kennengelernt haben Sie das ja alles schon in den ersten Bänden ...).

Vorhin war es nur ein Funktionszeiger, jetzt wird ein *Codeblock* verwendet. Dieser ist nötig, da nun eigene Parameter an die Methode übergeben werden, während bei *DoDoubleClick* und *DoOrder* die Parameter von dBWin autom. geliefert werden (und bei der Ereignis-Zuweisung garnicht stehen dürfen!).

(i) Infos zu *Codeblöcken* und warum bei eigenen Parametern an Methoden ein Codeblock nötig ist und kein Funktionszeiger siehe Band 2 ab Seite 230.

Nach den Radiobuttons folgen ab Zeile 42 die bekannten Pushbuttons, nur dass auch die keine feste Position haben, sondern *left* von der Dialogbreite abhängt und *top* von der Dialoghöhe. Damit landen sie immer unten rechts.

Das letzte Objekt, eine Checkbox, erlaubt es die Doppelklick-Funktion, die einen Datensatz auswählt und den Dialog schliesst, abzuschalten. Das kann manchmal hilfreich sein, um ungewollte Doppelklicks zu verhindern, wenn der Benutzer etwas zu hektisch mit der Maus im Formular herumklickt ...

Zu dem Methoden des Formulars (bzw. der Klasse): *MyEndFunction* kennen Sie, nur dass diesmal nicht nur *form.close()* aufgerufen wird, sondern es wird auch noch die aktuelle Datensatznummer aus *DataList* in der am Anfang der Klasse definierten Formulareigenschaft *iRecNo* gemerkt. Aber nur, wenn der Datensatz weder vor dem Anfang der Tabelle noch hinter ihrem Ende ist, was mit *bof* (das steht übrigens für *begin of file*) und *eof* (*end of file*)geprüft wird.

Ausserdem merke ich mir diesen zuletzt aktiven Datensatz immer, egal ob der Dialog mit [OK] oder mit [Abbruch] beendet wurde. So können Sie mit der Methode *GetRecNo* die zuletzt aktive Datensatznummer immer ermitteln, auch dann wenn der Dialog abgebrochen wurde. Wer weiss wie man´s mal braucht.

Die erste von zwei Initialisierungs-Methoden ist *InitDialog*. Ihr werden Texte der Radiobuttons, der Hilfstext und die Vorgabe für die Checkbox übergeben. Falls mal weniger als drei Indexe in einer Tabelle verwendet werden und ein Teil der Radiobutton-Texte leer bleibt werden diese Radiobuttons hier ganz abgeschaltet, damit der Anwender keinen nicht existierenden Index aktiviert.

Bei *InitData* dagegen werden die Informationen übermittelt, die sich auf die gezeigten Daten bzw. auf die Tabelle beziehen. Zuerst die Namen der bis zu drei Indexe, dann *sFields* mit einer Liste der zu zeigenden Felder (die Spalten im *Browse*, ggf. mit weiteren Optionen für Titeltext, Breite, Farbe etc.), dem *Aliasnamen* der Tabelle und zuletzt noch ein Flag das angibt, ob die Daten in der Liste auch geändert bzw. ob neue Datensätze hinzufügt werden dürfen.

 Zu *alias* siehe Band 1 Seite 272, *Browse*-Eigenschaften dort ab S. 154.

Als kleine Anregung, und weil Sie meine Beispiele ja möglichst als Basis für eigene Ideen verwenden und bei Bedarf selbst erweitern sollen: Sie könnten statt einem Parameter für *append* und *modify* die zwei Eigenschaften getrennt schalten, indem Sie zwei Parameter verwenden. So könnten Sie Änderungen an den Daten erlauben, aber bei Bedarf dennoch neue Datensätze verhindern.

Am Ende von *InitData* wird noch die Methode *DoOrder* aufgerufen, um den ersten der max. 3 erlaubten Indexe zu aktivieren. Dass es für eine Tabelle evtl. auch mal keine Indexe gibt muss hier nicht extra abgefangen werden, da ein leerer Parameter *sIdx1* an *DoOrder* dort einen Befehl *set order to ...* ohne Indexangabe ergibt. Ein korrekter Befehl, um keinen Index zu aktivieren.

Das passt auch zu den drei Radiobuttons, bei denen der erste die Eigenschaft *group* auf *.t.* gesetzt hat, d. h. bei ihm beginnt die Buttongruppe. Damit ist er beim Start aktiviert, solange keine anderen Vorgaben gemacht werden.

Etwas knifflig wird es wieder bei *DoSearch*, eine Methode die beim Ereignis *key* des Eingabefelds aufgerufen wird. Die beide Parameter *iChar* und *iPos* werden von dBWin übergeben, sie enthalten den Code der zuletzt gedrückten Taste, sowie die aktuelle Cursor-Position innerhalb des Eingabefelds.

Relevant sind nur Buchstaben, Zahlen und das Leerzeichen. Buchstaben sind mit der dBWin-Funktion *isalpha* zu ermitteln, Zahlen werden über den ASCII-Code (0 = 48 bis 9 = 57) erkannt, und das Leerzeichen hat die Nummer 32.

Gerade das Leerzeichen bzw. Inhalte von Eingabefeldern mit Leerzeichen am Ende sind manchmal tückisch in der Auswertung. Daher habe ich hier den auf den ersten Blick umständlichen Weg einer statischen Variable *fLastWasSpace* gewählt. Sie merkt sich ob die letzte Taste die Leertaste war und falls ja wird das Leerzeichen beim nächsten mal an den Inhalt des Eingabefelds bzw. den daraus gewonnenen Suchstring einfach angefügt. Das macht unabhängig von Eingabefeldern, die Leerzeichen am Ende nicht immer sauber zurückliefern.

💣 Umlaute werden bei *isalpha* im Regelfall korrekt erkannt. Wenn es hier doch mal Probleme geben sollte könnte es am aktiven Zeichensatz liegen. Sie sollten die Routine dann ggf. so erweitern, dass die Nummern der Umlaute bzw. aller sonst noch relevanten Zeichen in die *if*-Abfrage eingebaut werden.

Der aus dem Eingabefeld gewonnene String wird nun als Suchbegriff für *seek* verwendet. Die Einstellung *exact* wird hierfür abgeschaltet, um z. B. bei einer Eingabe von „*ME*" gleich den ersten halbwegs passenden „*Meier*" zu finden.

Die Umschaltung von Einstellungen wie bei *set exact ...* kann sehr heikel sein. Sie wissen ja heute noch nicht, in welchem Umfeld der Dialog später einmal verwendet wird. Daher ist es sehr gefährlich einfach *exact* auf *off* zu schalten. Vielleicht weil das spätere Programm zwingend mit *exact on* arbeitet und eine Umschaltung in irgendwelchen Subroutinen zu unerwünschten Effekten führt.

Um solche Fehler von vornherein zu vermeiden wird die aktuelle Einstellung von *exact* in *ssExact* gemerkt und danach wieder hergestellt. *ssExact* muss den Geltungsbereich *private* haben, damit der *&*-Operator verwendet werden kann. Es würde zwar auch mit *public* funktionieren, aber globale Variablen sind an solchen Stellen kropfunnötig und sogar ausgesprochen gefährlich. Wer weiss in welche Programme Sie diesen Dialog einmal einbinden. Und wenn es dort schon gleichnamige globale Variablen gibt hätten Sie einige „unterhaltsame" Stunden der Fehlersuche vor sich ... Also möglichst Finger weg von *public*!

ⓘ Infos zu *set exact* siehe Band 1 Seite 45, zu *seek* auch dort ab Seite 133.

Auch der aktuelle Datensatz wird vor der Suche in *iRecNo* gemerkt und falls die Suche nicht mal einen annähernd passenden Datensatz gefunden hat (und damit der Datensatzzeiger evtl. weiss der Himmel wo steht) wieder aktiviert. Auch diese Fehlerquelle wird gern übersehen und kann wirre Folgen haben.

Die zwei letzten Methoden sind wieder simpel. *DoDoubleClick* wird immer bei einem Doppelklick in die Liste der Datensätze ausgeführt. Ob dabei aber auch die Methode zum beenden des Dialogs (wie bei **[OK]**) aufgerufen wird hängt von der Einstellung der Checkbox ab. Ist die Checkbox eingeschaltet wird der Dialog geschlossen, ist sie aus läuft der Doppelklick ins Leere.

MyOnOpenFunc schliesslich ist die Methode, die beim öffnen des Dialogs über das Ereignis *onOpen* des Formulars aufgerufen wird. Sie erweitert den Titeltext des Dialogs um Name und Pfad der gezeigten Datei und springt an den Anfang der Tabelle, damit der Anwender den ersten Datensatz sieht.

Zuletzt noch ein paar Anmerkungen: mehrfach habe ich die Schreibweise

```
<variable> = <variable> + <irgendwas>
```

durch diese Form etwas abgekürzt:

```
<variable> += <irgendwas>
```

Falls Ihnen das noch unbekannt ist lesen Sie bitte Band 2 ab Seite 253 nach.

💣 Beachten Sie bitte, dass die oben gezeigten Kurzformen erst ab dBWin der neuen 32bit Versionen möglich sind. Wenn Sie Code schreiben, der auch noch mit den alten 16bit Versionen von *Visual dBASE* verwendet werden soll, so müssen Sie auf diese Kurzformen verzichten, da sie dort zu Fehlern führen.

Die drei neuen Formular-Eigenschaften *sIdx1* bis *sIdx3* beziehen sich auf die drei möglichen Indexe, die mit den Radiobuttons aktiviert werden können. Wenn es nur zwei oder nur einen Index gibt übergeben Sie für die anderen einen Leerstring „", sowohl als Indexname als auch als Radiobutton-Text.

Da jeder Radiobutton einen bestimmten Index repräsentiert könnten man den Namen des Index auch als neue Eigenschaft des Radiobuttons schreiben statt drei neue Eigenschaften im Formular zu benutzen. Es wäre eine „elegantere" Lösung gewesen, allerdings auch ein wenig auf Kosten der Übersichtlichkeit. Viele Dinge *kann* man eben so tun, aber man *muss* sie nicht so machen. Oft entscheiden persönliche Vorlieben, Arbeitsstile und individuelle Eigenheiten des Menschen vor dem Bildschirm wie etwas getan wird. Das ist auch gut so.

4.6.2 Datenbank-Anzeige, Aufruf-Routine

Die vielen Parameter machen *DoMyDbfListDialog* etwas unhandlich, aber im Einsatz ist die Routine so simpel wie alle bisher gezeigten Dialog-Routinen.

Listing *dlgfuncs.prg* (Ausschnitt)
```
1.    Procedure DoMyDbfListDialog ( sTitel, sRT1, sRT2,
                      sRT3, sI1, sI2, sI3, sFields, sAlias,
                      fEdit, fDblClk, sHelp, fEscExit )
2.    local oDlg, fReturn, iSelection
3.
4.        oDlg =NEW MyDbfListDialogClass(sTitel,.t.,fEscExit)
5.        oDlg.InitDialog (sRT1, sRT2, sRT3, fDblClk, sHelp)
6.        oDlg.InitData   (sI1,sI2,sI3,sFields,sAlias,fEdit)
7.
8.        fReturn = oDlg.ReadModal()
9.
10.       iSelection = -1
11.       if fReturn
12.          iSelection = oDlg.GetRecNo()
13.       endif
14.
15.       oDlg.Release()
16.
17.   return iSelection
```

Die Parameter sind: der Titel des Dialogs, die drei Radiobutton-Texte und die drei Indexnamen („" falls weniger als drei), die Liste der zu zeigenden Felder, der Alias der Datenbank, Flags für „Daten ändern erlaubt" und die Checkbox-Vorgabe, ein Hilfstext und die Angabe ob der Dialog mit **[Esc]** abbrechbar ist.

Die Routine gibt bei **[OK]** die Nummer des letzten Datensatzes zurück, oder falls der Dialog vom Anwender abgebrochen wurde wird *-1* zurückgegeben.

Der Dialog zur flexiblen Datenbank-Anzeige in Aktion

4.6.3 Datenbank-Auswahl, Anwendung

Zuletzt wieder ein Beispielprogramm, das die Anwendung des Dialogs zeigt.
Das Prinzip ist dasselbe wie in den anderen Dialogen, Kommentare erübrigen
sich daher. Vergessen Sie nicht am Ende die Datenbank wieder zu schliessen.

Listing *dlgtest8.prg*

```
1.   set procedure to myclass.cc additive
2.   set procedure to dlgclass.prg additive
3.   set procedure to dlgfuncs.prg additive
4.
5.   DoListDbf1()
6.
7.   Procedure DoListDbf1 ( NULL )
8.   local sTitel, iReturn, sDbfFile, sFields
9.   local sRTxt1, sRTxt2, sRTxt3, sIdx1, sIdx2, sIdx3
10.  local iArea, sAlias, sHelp, fEdit, fDblClk
11.
12.     sTitel   = "Anzeige der Tabelle"
13.     sHelp    = "Das wird die Hilfe zu diesem Dialog ..."
14.     sDbfFile = "adressen.dbf"
15.
16.     sRTxt1 = "&Nachname"
17.     sRTxt2 = "&Firma"
18.     sRTxt3 = "O&rt"
19.
20.     sIdx1 = "nachname"
21.     sIdx2 = "firma"
22.     sIdx3 = "ort"
23.     sFields = "vorname\12, nachname\25, firma\20,
                   plz_str\8\H='PLZ', ort\25, bemerkung"
24.
25.     fEdit = .f.
26.     fDblClk = .t.
27.
28.     iArea = select()
29.     select ( iArea )
30.     use adressen.dbf in (iArea)
31.     sAlias = alias ( iArea )
32.
33.     iReturn = DoMyDbfListDialog ( sTitel, sRTxt1,
                   sRTxt2, sRTxt3, sIdx1, sIdx2, sIdx3, sFields,
                   sAlias, fEdit, fDblClk, sHelp, .t. )
34.
35.     if iReturn > 0
36.        ? "OK bei Datensatz " + ltrim (str ( iReturn ) )
37.     else
38.        ? "Sie haben den Dialog abgebrochen"
39.     endif
40.
41.     use in (iArea)        && Datenbank wieder schliessen!
42.
43.  return
```

4.6.4 Datenbank-Anzeige, Steuerungs-Klasse

Diesen Teil habe ich bewusst bis zum Ende des Kapitels aufgehoben. Jetzt
haben Sie genug Praxis und können mit Dialog-Klassen sicher umgehen.
Damit ist es sicher auch kein Problem mehr für Sie, wenn sogar die ganze
Steuerung eines Dialogs nochmals in eine „Steuer-Klasse" gepackt wird.

Listing *dlgtest9.prg*

```
1.   set procedure to myclass.cc additive
2.   set procedure to dlgclass.prg additive
3.   set procedure to dlgfuncs.prg additive
4.
5.   DoListDbf2()
6.
7.   Procedure DoListDbf2 ( NULL )
8.   local iReturn
9.   local iArea
10.  local oObj
11.
12.     oObj = new MyDbfListMasterClass()
13.
14.     oObj.sTitel  = "Anzeige der Tabelle"
15.     oObj.sHelp   = "Das wird die Hilfe zum Dialog ..."
16.     oObj.sDbfFile = "adressen.dbf"
17.     oObj.sRT1 = "&Nachname"
18.     oObj.sRT2 = "&Firma"
19.     oObj.sRT3 = "O&rt"
20.     oObj.sI1 = "nachname"
21.     oObj.sI2 = "firma"
22.     oObj.sI3 = "ort"
23.     oObj.sFields = "vorname\12, nachname\25, firma\20,
                    plz_str\8\H='PLZ', ort\25, bemerkung"
24.     oObj.fEdit = .f.
25.     oObj.fDblClk = .t.
26.
27.     iArea = select()
28.     select ( iArea )
29.     use adressen.dbf in (iArea)
30.     oObj.sAlias = alias ( iArea )
31.
32.     iReturn = oObj.RunTheDialog()
33.
34.     if oObj.fReturn
35.        ? "OK bei Datensatz " + ltrim ( str ( iReturn ) )
36.     else
37.        ? "Sie haben den Dialog abgebrochen"
38.     endif
39.
40.     use in (iArea)    && Datenbank wieder schliessen!
41.     release object oObj          && Objekt entfernen!
42.
43.  return
```

```
44.
45.    class MyDbfListMasterClass of OBJECT
46.       this.sTitel = ""
47.       this.sRT1 = ""
48.       this.sRT2 = ""
49.       this.sRT3 = ""
50.       this.sI1 = ""
51.       this.sI2 = ""
52.       this.sI3 = ""
53.       this.sFields = ""
54.       this.sAlias = ""
55.       this.sHelp = ""
56.       this.fEdit = .f.
57.       this.fDblClk = .t.
58.       this.fEscExit = .t.
59.       this.fReturn = .f.
60.       this.iRecNo = -1
61.       this.fCenter = .t.
62.       this.oDlg = NULL
63.
64.       Procedure RunTheDialog ( NULL )
65.          this.fReturn = .f.
66.          this.iRecNo = -1
67.          this.oDlg = NEW MyDbfListDialogClass (
                  this.sTitel, this.fCenter, this.fEscExit )
68.          this.oDlg.InitDialog ( this.sRT1, this.sRT2,
                  this.sRT3, this.fDblClk, this.sHelp )
69.          this.oDlg.InitData   ( this.sI1, this.sI2,
                  this.sI3, this.sFields,
                  this.sAlias, this.fEdit )
70.          this.fReturn = this.oDlg.ReadModal()
71.          this.iRecNo = this.oDlg.GetRecNo()
72.          this.oDlg.Release()
73.          this.oDlg = NULL
74.       return this.iRecNo
75.
76.    endclass
```

Das neue Objekt *MyDbfListMasterClass* enthält alle nötigen Angaben um den
Dialog zu steuern als Eigenschaften. Und die einzige Methode *RunTheDialog*
steuert den kompletten Dialog, macht damit *DoMyDbfListDialog* überflüssig.

Zur Anwendung wird ein Objekt aus *MyDbfListMasterClass* erstellt und in
ihm die diversen Eigenschaften belegt, die für den Dialog nötig sind. Zur
Ausführung wird einfach nur die Methode *RunTheDialog* aufgerufen, deren
Rückgabewert jetzt zur Abwechslung <u>immer</u> die Nummer des zuletzt aktiven
Datensatzes ist. Jedoch wird diese Datensatznummer im Beispiel nur dann
weiter verwendet, wenn auch die Eigenschaft *fReturn* danach *.t.* enthält.

Wichtig ist, am Ende das Objekt *oObj* mit *release object* wieder freizugeben.

Die Anwendung der „Steuerklasse" ist vielleicht etwas einfacher als über die Steuerroutine *DoMyDbfListDialog*. Das Ergebnis ist aber bei beiden dasselbe. Wieder gilt: man *kann* es so machen. Oder auch nicht. Ganz wie Sie wollen ...

Die Steuerklasse hat ggü. der Steuerroutine den Vorteil, dass es etwas mehr „OOP-Like" ist und mehr objektorientierte Mechanismen verwendet werden. Je nach dem an welche Art der Entwicklung Sie gewohnt sind fällt die eine oder andere Variante leichter bzw. finden Sie die eine oder andere Version angenehmer in der Handhabung. Aber das ist Ihre freie Entscheidung!

4.7 Schlussbemerkungen zu den Dialog-Klassen:

Alle Dialoge sind nur Beispiele, es liegt an Ihnen sie zu ändern, zu ergänzen und für Ihre ganz individuellen Ansprüche und Bedürfnisse zu erweitern.

Jeder Dialog eignet sich grundsätzlich dafür, sowohl im reinen Programmcode als auch im Formular eingesetzt zu werden. Auch die Verwendung innerhalb eines *exe*-Programms ist in allen Fällen problemlos möglich. Ich habe für die *exe* und das Formular nur je ein Beispiel gezeigt (beim Texteingabe-Dialog), aber das sollte genügen, da das Prinzip bei den anderen Dialogen dasselbe ist. Auch das zuletzt gezeigte Beispiel einer Steuerklasse ist auf alle übertragbar.

Ich habe mich bei allen gezeigten Klassen und Routinen auf das wesentliche konzentriert und den Schwerpunkt auf den Einsatz der Klassen und Objekte gelegt. Dabei mussten ein paar Dinge zwangsläufig auf der Strecke bleiben, wie z. B. die Prüfungen auf Fehler und das abfangen fehlender Angaben.

Um beim letzten Beispiel zu bleiben: ein Dialog, der den Inhalt einer Tabelle anzeigt, sollte selbstverständlich auch prüfen, ob die dafür vorgesehene Datei überhaupt existiert. Und falls ja ob sie fehlerfrei geöffnet werden kann. Im Problemfall sollten Fehlercodes an den Aufrufer zurückgegeben werden.

Und ein Dialog für *von ... bis ...* Eingaben sollte prüfen, ob die übergebenen Vorgaben für die Spinboxen vom richtigen Datentyp sind. Das sind nur zwei Beispiele für eine Vielzahl von denkbaren Fehlern, die in der Praxis auftreten können. Solche Fehlerfälle sollten abgefangen werden <u>bevor</u> sie auftreten.

Diese Prüfungen und das abfangen möglicher Fehler gehört aber zum Thema der allg. Programmierung, es sollte immer und überall selbstverständlich sein. Das hat nichts speziell mit Klassen und Objekten zu tun und daher habe ich mir erlaubt, diese Punkte in den Beispielen einfach mal beiseite zu lassen. Ich bin davon überzeugt, dass Sie solche Checks ganz nach Ihrem individuellen Bedarf und auch abhängig vom Einsatzzweck selbst programmieren können. Die Grundlagen zu vielen dieser Themenbereiche liefert *dBASE lebt! Band 2*.

5. Nicht-visuelle Basisklassen

Bis auf die Basisklasse *Object* waren bislang alle benutzten Klassen *visuelle* Komponenten für Formulare. Es gibt bei dBWin aber auch noch diverse nicht sichtbare Klassen, die direkt im Programmcode Verwendung finden. Das sind die *nicht-visuellen* Klassen, und jetzt erfahren Sie was es damit auf sich hat.

Vorab ein Tip, der nicht nur auf die in diesem Kapitel besprochenen Klassen, sondern auf alle Klassen anwendbar ist. Aber gerade bei den hier erwähnten Klassen, die evtl. noch völlig neu für Sie sind, ist es sehr hilfreich, sich mit

```
inspect ( <objektvariable> )
```

ihre Bestandteile im Detail anzusehen. Sie können dann im Objekt-Inspektor alle Eigenschaften, Methoden und Ereignisse der Klasse sehen. Alles was Sie dazu tun müssen, ist ein Objekt aus der zu untersuchenden Klasse zu erstellen und dieses Objekt an den Befehl *inspect* zu übergeben. Das geht auch schnell und bequem im *Befehlsfenster*, hierzu ein Beispiel mit der Basisklasse *Timer*:

```
oObj = new timer()
inspect ( oObj )
```

 Eine Erklärung des *Objekt-Inspektors* finden Sie in Band 2 ab Seite 33.

Bitte beachten Sie auch die Onlinehilfe und lesen Sie die Informationen über die Klassen und deren Bestandteile darin nach. Suchen Sie dort einfach nach „Klasse ..." oder „Class ...", je nach dem welche Sprach-Version Sie nutzen.

Es kommt auch mal vor, dass Klassen bei Updates erweitert werden und neue Eigenschaften oder Methoden hinzukommen. Davon erfahren Sie aber nichts, wenn Sie sich nicht die Mühe machen die Online-Dokumentation zu lesen. Natürlich nicht am Stück, sondern immer dann, wenn Sie sich neu mit einer Klasse, einem Befehl oder einer sonstigen Funktion von dBWin beschäftigen.

Falls Sie noch mit einer älteren dBWin-Version arbeiten können Details einer Klasse fehlen. Und wenn Sie Pech haben gibt es die ganze Klasse noch nicht. Aber das werden Sie schnell merken, denn dann gibt´s eine Fehlermeldung.

```
oObj = new gibtsnicht()
```

Die Klasse *gibtsnicht* gibt es nicht, und dBWin meckert auch prompt los ...

5.1 Die Basisklasse *Timer*

Der *Timer* ist hilfreich, wenn Sie regelmässige Vorgänge in Ihrem Programm automatisieren wollen. Beispielsweise eine Zeitanzeige oder andere Aktionen, die mehrfach und meist immer in denselben Zeitabständen ausgeführt werden.

Listing *xtimer1.prg*
```
1.   oTimer = new timer()
2.   oTimer.interval = 5
3.   oTimer.onTimer = {; ? "5 Sekunden umsonst gewartet"}
4.   'oTimer.enabled = .t.
5.   wait ( "Warte auf irgendeine Taste ..." )
6.   ? "na endlich!"
```

Die Anwendung ist denkbar einfach: mit der Eigenschaft *interval* (mit einem *l*, hier ist das engl. *interval* und nicht das dt. *Intervall* gemeint) wird der Intervall in Sekunden eingestellt, das Ereignis *onTimer* gibt an was passieren soll, wenn der Intervall abgelaufen ist. *enabled* aktiviert bzw. deaktiviert den Timer.

Aber: absolut verlässlich ist es leider nicht. Zeitkritische Operationen wie das kopieren von Daten, die sequentielle Suche in grossen Tabellen oder andere Aktionen, auch von anderen Programmen oder sonstigen im Hintergrund ablaufenden Prozessen, funken hier schon mal „gern" dazwischen. Sogar der dBWin-Befehl *sleep* lässt den Timer im wahrsten Sinne des Wortes schlafen.

Listing *xtimer2.prg*
```
1.   oTimer = new timer()
2.   oTimer.interval = 1
3.   oTimer.onTimer = {; ? time() }
4.   oTimer.enabled = .t.
5.   wait ( "Warte auf irgendeine Taste ..." )
6.   ? "schlafe 10 Sekunden ohne Timer ..."
7.   sleep 10
8.   wait ( "Warte auf irgendeine Taste ..." )
9.   ? "fertig!"
```

Solange Sie nicht haargenaue und extrem zeitkritische Aktionen ausführen wollen reicht der *Timer* im Regelfall aber völlig aus. Für eine regelmässige Aktualisierung von Statusanzeigen o. ä. ist es meist kein Problem, wenn die zeitgesteuerte Aktion für einen kurzen Moment mal nicht ausgeführt wird.

💣 Dieser *Timer* ist nicht dazu geeignet, absolut zuverlässige und auf die Millisekunde exakte Ereignisse zu starten. Er wird nur ausgeführt, wenn Ihr dBWin-Programm gerade nichts „besseres" zu tun hat. Selbst Windows oder ein x-beliebiges Fremdprogramm kann die Timer-Funktion vorübergehend stören, wenn anderweitige zeitkritische Aktionen ausgeführt werden müssen.

Die Ungenauigkeit liegt auch nicht an dBWin selbst, sondern an der internen Arbeitsweise von Windows. Es ist der Preis des „kooperativen Multitasking", bei dem schon ein unsauberes Programm genügt, um andere Programme und andere Prozesse aus dem Tritt zu bringen. Denken Sie nur an so zeitkritische Aktionen wie das brennen einer CD. Kopieren Sie da mal parallel eine grosse Datei und der CD-Rohling ist für den Müll ... Zwar ist das bei XP nicht mehr so schlimm wie bei früheren Windows-Versionen, grundsätzlich besteht das Problem aber noch immer. Für absolut exakte Ereignisse in sehr zeitkritischen Bereichen ist weder der Timer noch dBWin selbst das geeignete Werkzeug.

In den vorherigen Beispielen ist das Timer-Ereignis ein einfacher Codeblock. Meistens wird das aber nicht ausreichen, weil mehr zu tun ist als einen Text auszugeben. Dann ist es sinnvoll, dass der Timer eine Routine aufruft, in der die Arbeiten ausgeführt werden, ganz gleich wie umfangreich sie auch sind.

Und Sie können natürlich mehrere Timer starten, entweder mit den gleichen (weniger sinnvoll) oder mit unterschiedlichen (schon sinnvoller) Intervallen. Dabei kann jeder Timer seine eigene Routine aufrufen, oder mehrere Timer rufen dieselbe Routine auf und übergeben an sie unterschiedliche Parameter. Damit wissen Sie in der Routine von welchem Timer sie aufgerufen wurde.

Listing *xtimer3.prg*
```
1.   oTimer1 = new timer()
2.   oTimer1.interval = 1
3.   oTimer1.onTimer = {;RunMyTimer(1)}
4.   oTimer1.enabled = .t.
5.
6.   oTimer2 = new timer()
7.   oTimer2.interval = 10
8.   oTimer2.onTimer = {;RunMyTimer(2)}
9.   oTimer2.enabled = .t.
10.
11.  wait ( "Warte auf irgendeine Taste ..." )
12.
13.  Procedure RunMyTimer ( iCode )
14.     if iCode = 1
15.        ? "ich bin Timer 1 ...", time()
16.     else if iCode = 2
17.        ? "und ich bin Timer 2 ...", time()
18.     else
19.        ? "mich gibt es garnicht ...", time()
20.     endif
21.  return
```

Mehr gibt's zum Timer nicht zu sagen, es ist eine sehr überschaubare Klasse. Richtig eingesetzt und mit Berücksichtigung der genannten Schwächen kann er aber sehr nützlich sein, z. B. um Sie an regelmässige Pausen zu erinnern ...

5.2 Die Basisklasse *Date*

Diese Klasse bietet diverse Funktionen für Datum und Uhrzeit. Sie hat viele dafür typische Bestandteile, von denen einige aber etwas hinterhältig sind.

Eigenschaften der Klasse *Date*:

• *date*	Tag (1 bis ...)
• *month*	Monat, 0 = Januar, 11 = Dezember
• *year*	Jahr (immer inkl. Jahrhundert)
• *day*	Wochentag, 0 = Sonntag, 1 = Montag
• *hour*	Stunden (1 bis 23)
• *minute*	Minuten (1 bis 59)
• *second*	Sekunden (1 bis 59)

Die Eigenschaft *year* enthält das Jahrhundert, unabhängig von der Einstellung *set century*. Achtung, der Monat *month* beginnt mit der Zählung 0 für Januar bis 11 für Dezember! Der Wochentag *day* beginnt zwar für uns korrekt mit 1 für Montag, aber nicht weil hier von 1 bis 7 gezählt wird, sondern weil schon der Sonntag mit 0 beginnt. Das ist anders als z. B. die dBWin-Funktion *dow*.

 Die Eigenschaft *month* zählt ab 0 (Januar) bis 11 (Dezember).

Sie können fast alle Eigenschaften direkt ändern. Lediglich der Wochentag *day* ist schreibgeschützt und ändert sich autom. wenn Sie das Datum ändern.

Die Klasse *Date* enthält <u>keine</u> fortlaufende Zeitangabe! Ihre Eigenschaften werden autom. mit der Uhrzeit belegt, zu der Sie das Objekt angelegt haben.

```
oObj = new date()
? oObj.minute
sleep 120
? oObj.minute
```

Das Beispiel zeigt die Minuten zum Zeitpunkt der Erstellung des Objekts *oObj* an. Zwei Minuten später (nachdem dBWin 120 Sekunden schlafen durfte) sind diese Minuten immer noch derselbe Wert, obwohl Sie zwei Minuten älter sind.

Sie können beim Anlegen auch ein Datum angeben, mit dem das Objekt seine Eigenschaften vorbelegen soll. Dazu geben Sie das gewünschte Datum mit oder ohne Uhrzeit als Parameter bei der Erstellung des Objekts gleich mit an. Dieser Parameter muss aber ein <u>String</u> oder eine <u>Zahl</u> sein, kein Datumswert!

```
oObj = new date ( date() )          && Fehler!
oObj = new date ( {15.12.2006} )    && Fehler!
```

```
oObj = new date ( dtoc(date()) )        && so geht´s!
oObj = new date ( "15.12.2006" )
oObj = new date ( "15/12/2006" )
oObj = new date ( "15-12-2006" )
oObj = new date ( "15.12.2006 15:22:50" )
```

Es werden dabei viele Trennzeichen akzeptiert, auch ganz andere als Sie mit *set mark* oder in den *Eigenschaften des Desktop* in dBWin eingestellt haben. Bei der Uhrzeit funktioniert nach meinen Tests aber nur der Doppelpunkt als Trennzeichen korrekt, jedes andere Trennzeichen führt zur Uhrzeit 00:00:00 und ausserdem führt jeder Fehler im String autom. zum Datum 01.01.1970!

Sie können aber auch die einzelnen Werte für das Datum und optional die Zeit als einzelne Zahlen angeben. Achten Sie dann aber auf die strikt einzuhaltende Reihenfolge Jahr, Monat, Tag, Stunden, Minuten und Sekunden. Das folgende Beispiel legt ein Objekt mit dem 20. Dezember 2006 an (die Monatszählung beginnt auch hier bei 0!), einmal mit Zeit 00:00:00, dann mit Zeit 12:30:15.

```
oObj1 = new date ( 2006, 11, 20 )
oObj2 = new date ( 2006, 11, 20, 12, 30, 15 )
```

Weniger alltagstauglich, aber für Spezialfälle durchaus nützlich, ist die Option Datum und Uhrzeit als eine grosse Zahl zu übergeben. Die Zahl ist die Summe der seit dem 01. Januar 1970 um 00:00:00 Uhr vergangenen Millisekunden. Und wenn Sie schon immer mal wissen wollten wie lange hundert Milliarden Millisekunden dauern (diese Zahl hat 11 Nullen), dann wissen Sie es jetzt.

```
oObj = new date ( 100000000000 )
```

ergibt den 03. März 1973 kurz vor 10 Uhr, also rund 3 Jahre und 2 Monate.

Das Spielchen geht auch rückwärts, dann einfach mit einem negativen Wert.

```
oObj = new date ( -100000000000 )
```

Ergibt den 31. Oktober 1966 um ca. 14 Uhr, also wieder rund 3 Jahre und 2 Monate vor dem Stichtag 01.01.1970. Ich sagte ja, nur für Spezialfälle ...

 Ab 20-stelligen Werten kommt es zu einem internen Speicherfehler.

Was man damit in der Praxis anfängt ist eine andere Frage. Wenn es diesen Wert wenigstens noch als Eigenschaft geben würde, dann könnte man damit sehr einfach die Differenz von zwei Datums- und Zeitangaben berechnen. Zwar gibt es das, aber nur indirekt über Methoden, dazu gleich noch mehr.

Die Klasse *Date* kennt keine Ereignisse, hat dafür aber jede Menge Methoden. So können alle Eigenschaften statt direkt auch mit einer entsprechenden *Set...-* Methode geändert und mit *Get...-*Methoden auch wieder abgefragt werden.

Leider sind die Schreibweisen nicht immer mit den Eigenschaften identisch. Das wäre ja auch zu leicht und hätte geholfen unnötige Fehler zu vermeiden.

Eigenschaft	Methode schreiben	Methode lesen
year	*setYear*	*getYear*
month	*setMonth*	*getMonth*
date	*setDate*	*getDate*
day	---	*getDay*
hour	*setHours*	*getHours*
minute	*setMinutes*	*getMinutes*
second	*setSeconds*	*getSeconds*

Da *day* schreibgeschützt ist gibt es dafür nur eine Methode zum lesen.

Daneben gibt es noch diese Methoden in der Klasse *Date*:

getTimezoneOffset gibt die Differenz zur GMT (Greenwich Mean Time) an. Der Wert wird in der Minutenzahl, also 60 für eine Stunde angegeben, das ist der bei uns übliche Wert. Bei Sommerzeit können es aber auch mal 120 sein.

Die Methoden *toString*, *toLocaleString* (achten Sie auf das ungewohnte „e") und *toGMTString* liefern Datum und Uhrzeit in verschiedenen Textformaten.

```
oObj = new date()
? date(), time()
? oObj.tostring()
? oObj.tolocalestring()
? oObj.togmtstring()
```

erzeugt am Samstag 19. August 2006 um 10:17 (PC-Uhr auf Sommerzeit):

```
19.08.2006 10:17:00
Sa Aug 19 10:17:00 Westeuropäische Sommerzeit 2006
19.08.2006 10:17:00
Sa, 19 Aug 2006 08:17:00 GMT
```

Beachten Sie die Uhrzeit bei *toGMTString*, da hier die Differenz zur GMT-Zeit (1 Stunde) und ggf. die Sommerzeit (1 Stunde) herausgerechnet wird.

 Die Zeitzone wird in der *Systemsteuerung* von Windows eingestellt.

parse liefert die Anzahl der Millisekunden seit dem 01.01.1970. Aber nicht in Bezug auf das Datum des *Date*-Objekts, sondern dieser Methode muss ein eigenes Datum (wieder als String!) mit oder ohne Uhrzeit übergeben werden. Dabei erfolgt die Berechnung unter Berücksichtigung der GMT-Abweichung, die Sie für den PC als Ihre lokale Zeitzone unter Windows eingestellt haben.

utc macht etwas ähnliches, nur wird ihr das Datum nicht als String sondern als einzelne Zahlen (Jahr, Monat, Tag, Stunden, Minuten, Sekunden) übergeben. Ausserdem berechnet *utc* die Millisekunden stets auf Basis der GMT-Zeit.

Alles klar? Kein Problem, ging mir auch so, also ein einfaches Beispiel:

```
iX = oObj.parse ( "19.08.2006 10:17:00" )
iY = oObj.utc ( 2006, 7, 19, 10, 17, 0 )
? iX
? iY
? (iX - iY) / 1000, "Sekunden"
? (iX - iY) / 1000 / 60, "Minuten"
? (iX - iY) / 1000 / 60 / 60, "Stunden"
```

führt (bei Zeitzone GMT + 1 und bei Sommerzeit) zu diesen Ergebnissen:

```
1155975420000,000000
1155968220000,000000
        7200,000000 Sekunden
         120,000000 Minuten
           2,000000 Stunden
```

In beiden Fällen werden die vergangenen Millisekunden ab dem 01.01.1970 um 00:00:00 bis zum 19.08.2006 um 10:17:00 berechnet.

Die beiden Millisekunden-Angaben von *parse* und *utc* unterscheiden sich also um genau 2 Stunden (je eine Stunde für GMT-Abweichung und Sommerzeit). Wenn Sie das Beispiel im Winter nachvollziehen haben Sie natürlich nur eine Stunde Differenz. Und auf den Bahamas oder in Papua Neuguinea werden Sie wieder etwas andere Ergebnisse bekommen, da dort andere Zeitzonen gelten.

 Auch bei *utc* beginnt der Parameter für den Monat bei 0 für Januar.

Sowohl bei *parse* als auch bei *utc* sind die Angaben für die Uhrzeit optional. Wenn Sie keine Uhrzeit angeben wird eine Zeit von 00:00:00 angenommen. Auch die Trennzeichen beim Datumsstring für *parse* sind wieder flexibel und Sie könnten sogar den Monat in Buchstaben schreiben, z. B. „19 aug 2006". Ich rate aber immer zur Angabe des Monats als Zahl, das ist einfach sicherer.

In diesem Zusammenhang sollten Sie auch noch einen Blick auf die sonstigen Datums-Funktionen von dBWin werfen. Das sind „normale" Funktionen und sie arbeiten meist auch mit Daten im „normalen" Datenformat für ein Datum.

Information	Klasse *Date*	dBWin-Funktion
Datum:		
Tagesdatum	z. B. *tolocalestring()*	*date()*
Jahr	*year, getYear*()	*year()*
Monat	*month, getMonth()*	*month()*
Tag	*date, getDate()*	*day()*
Wochentag	*day, getDay()*	*dow()*
Uhrzeit:		
Stunden	*hour, getHours()*	*substr (time(), 1, 2)*
Minuten	*minute, getMinutes*()	*substr (time(), 4, 2)*
Sekunden	*second, getSeconds()*	*substr (time(), 7, 2)*

Beispiele vom 21.08.2006: beachten Sie die Unterschiede beim Jahrhundert, das je nach Einstellung von *set century* 2- oder 4-stellig ausgegeben wird. Allerdings wird *set century* nicht bei allen Befehlen gleich berücksichtigt.

```
oObj = new date()

set century on
? date()                                && 21.08.2006
? left ( oObj.tolocalestring(), 10 )    && 21.08.2006
? year ( date() )                       && 2006
? oObj.year                             && 2006
? oObj.getyear()                        && 2006

set century off
? date()                                && 21.08.06
? left ( oObj.tolocalestring(), 8 )     && 21.08.06
? year ( date() )                       && 2006
? oObj.year                             && 2006
? oObj.getyear()                        && 2006
```

> ⓘ Das angezeigte Datumsformat hängt auch von Ihrer Länder-Einstellung im Dialog *Eigenschaften des Desktop* ab. Erklärung siehe Band 1 Seite 38.

Sehr tückisch und daher immer wieder ein Quell reinster Freude ist der Monat, dessen Zählung bei der *Date*-Klasse mit 0 beginnt, bei *month()* dagegen bei 1:

```
? oObj.month         && Januar = 0, Dezember = 11
? oObj.getmonth()    && Januar = 0, Dezember = 11
? month ( date() )   && Januar = 1, Dezember = 12
```

Verwirrend und schnell mal verwechselt sind leider auch *date* und *day*:

```
? oObj.date              && 21
? oObj.getdate()         && 21
? day ( date() )         && 21
```

> 💣 Die Eigenschaft *date* bezieht sich bei der gleichnamigen Klasse auf den Tag und die Eigenschaft *day* ist der Wochentag. Bei den Datumsfunktionen ist dagegen *date()* das gesamte Datum, *day()* der Tag und *dow()* der Wochentag.

Und damit es jetzt auch wirklich völlig konfus wird und man garantiert Fehler macht ist auch noch die Zählung des Wochentags unterschiedlich. Wieder am Beispiel des 21.08.2006 (ein Montag) erhalten Sie diese Ergebnisse:

```
? oObj.day               && 1 = Montag
? dow ( date() )         && 2 = Montag
```

> 💣 Dieses Chaos liegt daran, dass die Funktion *dow* die Wochentage von 1 bis 7 zählt, wobei der Sonntag mit 1 beginnt. Die Eigenschaft *day* der Klasse *Date* fängt zwar auch am Sonntag an zu zählen, aber nicht mit 1 sondern bei 0.

Listing *weekdays.prg*
```
1.   clear
2.   #define TAB chr(9)
3.   public dDate, iX, oObj
4.
5.   ? TAB, "dow()", TAB, "date.day", TAB, "Wochentag"
6.   dDate = {21.08.2006}          && ein Montag
7.   for iX = 1 to 7
8.      oObj = new date ( dtoc ( dDate ) )
9.      ? dow(dDate), oObj.day, TAB, TAB, cdow(dDate)
10.     release object oObj
11.     dDate++
12.  next
```

Es erzeugt diese Tabelle, die Ihnen die Unterschiede zeigt. Und danach habe ich volles Verständnis, wenn Sie (wie ich) die Klasse *Date* links liegen lassen.

dow()	date.day	Wochentag
2	1	Montag
3	2	Dienstag
4	3	Mittwoch
5	4	Donnerstag
6	5	Freitag
7	6	Samstag
1	0	Sonntag

5.3 Die Basisklasse *String*

Die Klasse *String* bietet sich für Manipulationen von Zeichenketten an. Viele ihrer Methoden sind auch mit herkömmlichen Mechanismen und „normalen" dBWin-Funktionen machbar, so dass der Umweg über die Klasse eher eine Geschmacksfrage bzw. eine Frage von Vorlieben und des Arbeitsstils bleibt.

Eine Warnung vorab, denn es kommt auch hier wieder wie es kommen muss: nicht alle Funktionen mit der gleichen Aufgabe heissen auch gleich, manche haben andere Parameter und bei einigen beginnt sogar die Berechnung des ersten Zeichens im String bei 1 (dBWin-Funktionen) oder bei 0 (Methoden). Sie können also mit den Methoden der Klasse und mit den herkömmlichen Funktionen nahezu dasselbe erreichen, müssen dabei aber öfter umdenken.

Alles andere wäre ja auch zu einfach ... Im folgenden vergleiche ich einfach mal die *String*-Klasse mit den herkömmlichen Varianten, entscheiden Sie bitte selbst was Ihnen persönlich mehr zusagt und was sie selbst lieber anwenden.

Listing *xstring1.prg*
```
1.    public oObj1, oObj2, sVar1, sVar2
2.    clear
3.
4.    oObj1 = new string ( "ich bin ein string" )
5.    sVar1 = "ich bin ein string"
6.
7.    oObj2 = new string()
8.    oObj2.string = "  leerzeichen links und rechts  "
9.    sVar2        = "  leerzeichen links und rechts  "
10.
11.   ? oObj1.string
12.   ? sVar1
13.   ?
14.   ? oObj1.length
15.   ? len ( sVar1 )
16.   ?
17.   ? oObj1.touppercase()
18.   ? upper ( sVar1 )
19.   ?
20.   ? oObj1.tolowercase()
21.   ? lower ( sVar1 )
22.   ?
23.   ? oObj1.topropercase()
24.   ? proper ( sVar1 )
25.   ?
26.   ? "X" + oObj2.lefttrim() + "X"
27.   ? "X" + ltrim ( sVar2 ) + "X"
28.   ?
29.   ? "X" + oObj2.righttrim() + "X"
30.   ? "X" + rtrim ( sVar2 ) + "X"
```

```
31.  ?
32.  ? oObj1.right ( 6 )                  && string
33.  ? right ( sVar1, 6 )                 && string
34.  ?
35.  ? oObj1.left ( 3 )                   && ich
36.  ? left ( sVar1, 3 )                  && ich
37.  ?
38.  ? oObj1.substring ( 4, 7 )           && bin
39.  ? substr ( sVar1, 5, 3 )             && bin
40.  ?
41.  ? oObj1.IndexOf ( "i" )              && 0
42.  ? at ( "i", sVar1 )                  && 1
43.  ?
44.  ? oObj1.LastIndexOf ( "i" )          && 15
45.  ? rat ( "i", sVar1 )                 && 16
46.  ?
47.  ? oObj1.charat ( 2 )                 && h
48.  ? substr ( sVar1, 2, 1 )             && c
49.  ?
50.  ? oObj1.stuff ( 8, 3, "der" )
51.  ? stuff ( sVar1, 9, 3, "der" )
```

Die Klasse *String* hat eine gleichnamige Eigenschaft, die den Text enthält. Ob Sie diesen Text gleich beim anlegen des Objekts mit *new* übergeben (Zeile 4) oder erst später an die Eigenschaft *string* zuweisen (8) bleibt sich aber gleich.

Die Eigenschaft *length* enthält die Länge des Strings. Sie kann gelesen, aber nicht geändert werden. Die Funktion *len* tut dasselbe für „normale" Strings.

Die Klasse *String* hat keine Ereignisse, aber dutzende Methoden, einige evtl. häufiger benötigte zeigt das Beispielprogramm. Die Methoden *toUpperCase*, *toLowerCase* und *toProperCase* entsprechen den Funktionen *upper*, *lower* und *proper*. Sie funktionieren genauso und das Ergebnis ist auch jeweils dasselbe.

Ähnliches gilt für die Methoden *leftTrim* und *rightTrim*, sie entsprechen den ganz normalen und bekannten dBWin-Funktionen *ltrim* bzw. *rtrim* (und *trim*) und schneiden die Leerzeichen am Anfang bzw. Ende einer Zeichenkette ab.

Bei *right* und *left* heissen beide Varianten gleich, sie tun beide dasselbe und liefern die angegebenen ersten bzw. letzten Zeichen der Zeichenkette. Auch die Parameter haben dieselbe Bedeutung. Na bitte, es geht also auch einfach.

Bei *substr* hört die pure Lebensfreude leider schon wieder auf. Zwar sind sie vom Namen her auch gleich, aber die *String*-Methode *substr* beginnt bei 0 als erstem Zeichen des Strings und benötigt als zweiten Parameter die ebenfalls bei 0 an zählende Position des ersten <u>nicht</u> mehr zu extrahierenden Zeichens! Die Funktion *substr* zählt dagegen ab 1 und der dritte Parameter ist die Länge!

Dazu nochmal ein Beispiel, denn diese Unterschiede muss man erst verdauen. Sie haben eine Zeichenkette „12345" und wollen daraus „234" extrahieren. Mit der guten alten dBWin-Funktion *substr* ist das ganz easy, das kennen Sie:

```
sVar = "12345"
? substr ( sVar, 2, 3 )            && Ausgabe: 234
```

Das erste Zeichen hat die Nummer 1, das zweite ist 2 und das Leben ist schön. Sie holen sich ab dem 2. Zeichen einen insgesamt 3 Zeichen langen Teilstring, die drei Parameter sind die Zeichenkette, das erste Zeichen und die Länge.

Bei der Klasse *String* und ihrer Methode *substr* müssen Sie völlig umdenken. Das erste Zeichen im String hat die Nummer 0, das zweite 1 usw. und zudem hat der andere Parameter in der Methode *substr* eine ganz andere Bedeutung. Er gibt entweder (bei 0 beginnend) das erste <u>nicht</u> mehr zu holende Zeichen an, oder er bezeichnet das letzte zu holende Zeichen, dann aber ab 1 gezählt.

```
oVar = new string ( "12345" )
? oVar.substring ( 1, 4 )          && Ausgabe: 234
```

Wenn Sie jetzt mal kurz eine Pause einlegen und kräftig schimpfen wollen, bitte, nur zu, ich habe dafür vollstes Verständnis. Das ist zum Mäusemelken!

💣 Funktionen mit Positionsangaben in der Klasse *String* zählen von 0 an, während die „normalen" String-Funktionen von dBWin immer ab 1 beginnen.

Dasselbe gilt, wenn Sie die Position eines Teilstrings ermitteln wollen. Dazu gibt es die bekannten Funktionen *at* (Teilstring ab dem Anfang suchen) oder *rat* (das *r* steht dabei für *reverse at*, also den Teilstring vom Ende her suchen).

Die zwei Methoden der Klasse *String* dazu heissen *IndexOf* und *LastIndexOf*. Das kann man sich zur Not ja noch merken, nur dass sie, Sie ahnen es sicher, die Positionen jeweils ab 0 beginnend zurückliefern. Daher auch ein Ergebnis, das als erstes Vorkommen von „ *i* " im String „ *ich bin ein String* " die 0 liefert, während die alte Funktion *at* für dasselbe Zeichen die Position 1 ermittelt. Ebenso ist es bei der Suche rückwärts, einmal Position 15 und andermal 16.

Die Methode *charAt* liefert das Zeichen an einer bestimmten Stelle im String. Auch hier beginnt die Zählung bei 0, der Parameter *2* holt das dritte Zeichen.

stuff ersetzt einen Teil einer Zeichenkette. In beiden Fällen wird die Länge der zu ersetzenden Zeichen übergeben (im Beispiel 3 Zeichen), die Zählung wann der Austausch beginnt fängt bei der Methode mit 0 an, bei der Funktion bei 1.

Vielleicht sind Sie inzwischen der Meinung, dass Sie die Klasse *String* besser garnicht anwenden und lieber bei den bekannten String-Funktionen bleiben. Das kann ich angesichts dieser Unterschiede und den Stolperfallen verstehen.

Aber: Sie haben die Klasse *String* schon zigfach verwendet, denn jede String-Variable, ja sogar eine String-Konstante ist auch ein Objekt der Klasse *String*. Sie glauben es mir nicht? Bitteschön, dann probieren Sie doch das mal aus:

```
sVar = "12345"
? substr ( sVar, 2, 3 )          && Ausgabe: 234
? sVar.substring ( 1, 4 )        && Ausgabe: 234
```

Sie sehen, eine Stringvariable kann sowohl mit „normalen" String-Funktionen und gleichzeitig mit den Methoden der Klasse *String* bearbeitet werden. Dazu ist noch nicht einmal das explizite Erstellen eines Objekts mittels *new* nötig! Eine String-Variable ist immer und autom. auch ein Objekt der Klasse *String*.

Das geht soweit, dass das auch mit String-Konstanten funktioniert:

```
? upper ( "eine Konstante" )
? "eine Konstante".touppercase()
? len ( "eine Konstante" )        && Ausgabe: 14
? "eine Konstante".length         && Ausgabe: 14
```

Der „Schocker": sogar mit String-Konstanten als *#define* ist das möglich:

Listing *xstring3.prg*
```
#define NASOWAS "abcde"
? NASOWAS.length
? NASOWAS.touppercase()
```

Bitte beachten: falls Sie es ausprobieren wollen müssen Sie das letzte Beispiel mit dem *#define* in eine eigene *.prg*-Datei schreiben und mit *do <dateiname>* ausführen, da die Anweisung *#define* im Befehlsfenster nicht akzeptiert wird.

(i) Ich weiss nicht, ob Sie sich darüber freuen, dass Sie auch Konstanten als Objekte verwenden können, oder ob Sie sich verwundert die Augen reiben. Wie dem auch sei, die Meinungen ob das gut oder schlecht ist und ob man es nutzen oder besser die Finger davon lassen sollte sind sicherlich verschieden. Ich verwende es nicht, sondern immer wenn ich eine String-Klasse haben will baue ich mir auch ausdrücklich eine mit *<objekt> = new string(<text>)*. Und wenn ich eine Variable oder eine Konstante als String habe, verwende ich sie nur mit den „normalen" String-Funktionen, die dafür mal vorgesehen waren. Alles andere ist ganz nett, aber meiner Meinung nach unnötig fehleranfällig.

Sie können bei Bedarf mehrere Methoden in einem Befehl zusammenfassen. Ich empfehle es aber nur, wenn Sie keinen Wert auf lesbaren Quellcode legen, denn die paar gesparten Befehlszeilen gehen auf Kosten der Übersichtlichkeit.

```
? "abcde".substring ( 1, 4 )
? "abcde".substring ( 1, 4 ).toUpperCase()
? "abcde".substring ( 1, 4 ).toUpperCase().left ( 2 )
```

Obige korrekten Befehle ergeben diese drei Ausgaben im Befehlsfenster:

```
bcd
BCD
BC
```

Ausgeschüttelt? Ok, dann zeige ich Ihnen noch ein paar wirklich nützliche Methoden der *String*-Klasse. Denn Sie können damit Texte in HTML-Befehle „verpacken". Das ist nicht zuletzt zum generieren von Webseiten praktisch.

Listing *xstring2.prg*
```
1.    oVar = new string ( "Zeichenkette" )
2.    ? oVar.anchor ( "test" )
3.    ? oVar.big()
4.    ? oVar.small()
5.    ? oVar.blink()
6.    ? oVar.bold()
7.    ? oVar.italics()
8.    ? oVar.strike()
9.    ? oVar.sup()
10.   ? oVar.fontcolor ( "red" )
11.   ? oVar.fontsize ( 16 )
12.   ? oVar.sub()
13.   ? oVar.link ( "www.ulfneubert.de" )
```

Das obige Beispiel verwandelt „*Zeichenkette*" in diverse HTML-Befehle:

```
2.    <A NAME="test">Zeichenkette</A>
3.    <BIG>Zeichenkette</BIG>
4.    <SMALL>Zeichenkette</SMALL>
5.    <BLINK>Zeichenkette</BLINK>
6.    <B>Zeichenkette</B>
7.    <I>Zeichenkette</I>
8.    <STRIKE>Zeichenkette</STRIKE>
9.    <SUP>Zeichenkette</SUP>
10.   <FONT COLOR="red">Zeichenkette</FONT>
11.   <FONT SIZE="16">Zeichenkette</FONT>
12.   <SUB>Zeichenkette</SUB>
13.   <A HREF="www.ulfneubert.de">Zeichenkette</A>
```

Die Zeilennummern der Ausgabe entsprechen der Nummer der Befehlszeile.

5.4 Die Basisklasse *File*

Die Arbeit mit Dateien gehört zu den Grundlagen der meisten Programme. Dabei geht es nicht unbedingt immer um Tabellen und Datenbanken, sondern um Dateien jeglicher Art, Text- bzw. ASCII-Dateien oder auch Binärdateien.

Die Klasse *File* bietet dazu viele Möglichkeiten, aber wie schon bei vielen anderen in diesem Kapitel besprochenen Klassen gibt es nur unwesentliche Neuerungen. Die Klasse ist im Grunde nur alter Wein in neuen Schläuchen.

Im Gegensatz zu beispielsweise der Klasse *String* werden ihr bei Erzeugung eines Objekts keine Daten übergeben, das Objekt ist am Anfang also „leer".

```
oObj = new file()
```

Es kommt erst Leben in das Objekt, wenn Sie eine seiner diversen Methoden anwenden. Dann werden ggf. auch die Eigenschaften *path* (der vollständige Name inkl. Suchpfad), *handle* (das Zugriffs-Handle des Systems) sowie ggf. *position* (die Position des Dateizeigers innerhalb der Datei) sinnvoll besetzt.

Ich zeige Ihnen im folgenden die wichtigsten Methoden und Beispiele für die praktische Nutzung, sowie sofern möglich die „alten" Befehle als Alternative. Ich setze jeweils den Befehl *oObj = new file()* voraus, so dass es ein Objekt der Klasse *File* gibt, auch ohne dass ich das bei jedem Beispiel wiederhole.

Prüfung ob eine Datei vorhanden ist
```
oObj = new file()              && gilt für alle Beispiele
? oObj.exists ( "c:\autoexec.bat" )
? file ( "c:\autoexec.bat" )
```

Beide Befehle liefern *true* bzw. *.t.* wenn die angegebene Datei existiert, und *false* bzw. *.f.* wenn es sie nicht gibt. *True* heisst noch lange nicht, dass diese Datei auch bereit für einen Zugriff ist, denn sie könnte ja von einem anderen Programm exklusiv geöffnet sein. Für obigen Test reicht, dass sie existiert.

> ⓘ Leider lässt sich das Vorhandensein eines Verzeichnisses auf diese Art nicht prüfen. Dafür ist die Angabe eines Servers statt dem Laufwerk möglich, so dass mit *\\servername\verzeichnisname\dateiname* auch eine netzwerkweite Prüfung von Dateien möglich ist (sofern die Berechtigungen dafür vorliegen).

Auch die Prüfung auf <u>logisch</u> vorhandene Schnittstellen ist möglich. Es muss als „Datei" dann z. B. *„lpt1:"*, *„com1:"* oder *„prn:"* angegeben werden. Über das physikalische Vorhandensein der Schnittstellen oder gar deren Funktion bzw. des daran angeschlossenen Gerätes sagt das allerdings noch nichts aus.

Kopieren einer Datei

```
oObj.copy ( <quelldatei>, <zieldatei> )
copy file <quelldatei> to <zieldatei>
```

Der Unterschied beider Varianten ist einerseits die Syntax, und andererseits die Einstellung *set safety*, die falls *on* bei *copy file ...* eine Rückfrage erzeugt, wenn die Zieldatei schon existiert und damit überschrieben werden würde. Dagegen macht *copy* die Zieldatei unabhängig von *set safety* immer platt.

> 💣 Die Onlinehilfe behauptet, dass auch die Methode *copy* die Einstellung von *set safety* beachtet und ggf. eine Rückfrage erzeugt. Dem ist aber nicht so, zumindest nicht in den von mir für das Buch verwendeten dBWin-Versionen.

Die Rückgabe von *copy* ist *true*, wenn die Datei kopiert wurde, sonst *false*.

Umbenennen einer Datei

```
oObj.rename ( <quelldatei>, <zieldatei> )
rename <quelldatei> to <zieldatei>
```

Wieder ist der sichtbare Unterschied die Syntax. Die Methode hat ein Komma statt dem Befehlswort *to* zwischen den beiden Dateinamen, und ausserdem werden ihr beide Namen als Parameter in Klammern übergeben, wie es für eine Methode eben typisch ist. Die Variante mit *rename ... to ...* wird ohne diese Klammern geschrieben, wie es für die „alten" Befehle auch typisch ist.

> 💣 Die Onlinehilfe behauptet, dass die Methode *rename* die Einstellung von *set safety* beachtet und ggf. eine Rückfrage erzeugt. Dem ist aber nicht so, zumindest nicht in den von mir für das Buch verwendeten dBWin-Versionen. Und egal ob mit oder ohne Rückfrage, beide Varianten schlagen fehl, wenn die Zieldatei bereits existiert, ein autom. überkopieren ist also nicht möglich.

Die Funktion kann auch zum verschieben von Dateien verwendet werden. Ob das nun Bug oder Feature ist sei mal dahingestellt, aber es verhält sich damit etwas anders als beim alten DOS-Befehl *rename*. Dazu ein Beispiel, bei dem ich davon ausgehe dass das aktuelle Verzeichnis *c:\aktuell* ist und eine Datei *xyz.txt* aus dem Verzeichnis *c:\irgendwo* nach hier verschoben werden soll.

```
oObj.rename ( "c:\irgendwo\xyz.txt", "xyz.txt" )
oObj.rename ( "c:\irgendwo\xyz.txt", "abc.txt" )
```

Einmal wird nur verschoben, das andere mal verschoben und auch umbenannt. Nicht nur die Methode *rename*, auch der Befehl *rename ... to ...* macht das so.

Wenn Sie die Datei wirklich nur umbenennen wollen, ohne sie dabei aus Versehen irgendwo hin zu verschieben, geben Sie auch bei der Zieldatei den kompletten Pfad mit an. Nur so wird die Datei in dem Verzeichnis geändert.

```
oObj.rename ( "c:\verz\xyz.txt", "c:\verz\abc.txt" )
rename "c:\verz\xyz.txt" to "c:\verz\abc.txt"
```

Mit obigem Befehl wird die Datei *xyz.txt* im Verzeichnis *c:\verz* in den neuen Namen *abc.txt* umbenannt, sie bleibt dabei aber in ihrem Verzeichnis liegen.

Löschen einer Datei
```
oObj.delete ( <datei> [, papierkorb] )
delete file <datei>
```

 Wieder behauptet die Onlinehilfe, dass bei *set safety on* eine Rückfrage vor dem Löschen erfolgt. Dem ist nicht so, weder bei der Methode *delete* noch beim Befehl *delete file*. Die Datei wird bei beiden ohne Rückfrage gelöscht, zumindest wenn der (undokumentierte!) zweite Parameter nicht angegeben ist.

Den optionalen Parameter *[papierkorb]* gibt es nur bei der Methode *delete*, nicht beim Befehl *delete file*. Ist er *true* wird die Datei nicht sofort gelöscht, sondern in den „Papierkorb" von Windows verschoben. Der Parameter wird aber nur ausgewertet, wenn die Einstellung *set safety* auf *on* geschaltet ist.

Sie erhalten dann aber immer eine Rückfrage, ob die Datei in den Papierkorb verschoben werden soll. Antworten Sie „ja" wird die Datei in den Papierkorb verschoben, bei „nein" passiert garnichts, sie wird dann auch nicht gelöscht.

(i) Weitere Infos zur Einstellung von *set safety* siehe Band 1 Seite 62.

Prüfen Sie ggf. mit Ihrer eigenen dBWin-Version, ob der Parameter für den Papierkorb funktioniert. Ich weiss nicht ob er absichtlich undokumentiert ist oder einfach nur in der Beschreibung vergessen wurde. Auch das Verhalten in Zusammenhang mit der *set safety* Einstellung scheint mir etwas fragwürdig und es könnte sein, dass sich künftige Versionen hier etwas anders verhalten.

Für alle genannten Befehle bzw. Methoden gilt:

(i) Die genannten Befehle sprechen immer eine Datei an. Sie funktionieren zwar auch mit Wildcards wie z. B. *.txt oder *.*, aber nicht so wie erwartet. Es werden dann nicht alle in Frage kommenden Dateien bearbeitet, sondern dBWin öffnet einen Dialog und erwartet in diesem die Auswahl einer Datei.

Attribute einer Datei ermitteln
```
1.   oObj = new file()
2.   sFile = "c:\autoexec.bat"
3.   ? oObj.date ( sFile )
4.   ? oObj.time ( sFile )
5.   ? oObj.size ( sFile )
6.   ? oObj.shortname ( sFile )
7.   ? oObj.createDate ( sFile )
8.   ? oObj.createTime ( sFile )
9.   ? oObj.accessDate ( sFile )
```

Obige Befehle ermitteln das Datum einer Datei (Zeile 3), ihre Uhrzeit (4) und Grösse (5), sowie den Kurznamen (6) im guten alten 8:3 Format (wenn es sich um einen langen Dateinamen handelt). Dann werden noch das Datum (7) und die Uhrzeit (8) der Erstellung und das Datum des letzten Zugriffs (9) gezeigt.

Die „alten" Befehle zur Ermittlung dieser Attribute lauten wie folgt:

Listing *fileattr.prg* (enthält auch die Befehle des obigen Beispiels)
```
1.   && (es gibt kein Objekt)
2.   sFile = "c:\autoexec.bat"
3.   ? fdate ( sFile )
4.   ? ftime ( sFile )
5.   ? fsize ( sFile )
6.   ? fshortname ( sFile )
7.   ? fcreatedate ( sFile )
8.   ? fcreatetime ( sFile )
9.   ? faccessdate ( sFile )
```

Na bitte, es geht doch! Alte Befehle und neue Methoden mit jeweils gleichen Namen (das einheitlich vorangestellte *f* der alten Befehle ist ja völlig ok), mit gleichen Parametern und gleichen Ergebnissen. Da hat mal einer mitgedacht, davon könnten sich die anderen Klassen eine dicke Scheibe abschneiden ...

Eine Datei neu anlegen
Bevor Sie erstmals etwas in eine Datei schreiben muss sie existieren. Dieser Binsenweisheit wird mit einer Methode bzw. per Befehl Rechnung getragen.

```
sFile = "newfile1.txt"
oObj = new file()
oObj.create ( sFile, "RW" )
oObj.close()
```

oder um auch hier die herkömmliche Variante zu zeigen:

```
sFile = "newfile2.txt"
iHandle = fcreate ( sFile, "RW" )
fclose ( iHandle )
```

Damit wurden zwei neue Dateien *newfile1.txt* und *newfile2.txt* im aktuellen Verzeichnis angelegt. Beide wurden wieder geschlossen und haben damit die Grösse von 0 Bytes auf der Festplatte. Das macht zwar nur wenig Sinn, aber für eine kleine Demonstration reicht es. Beschreiben tun wir sie gleich noch.

Beachten Sie in diesem Zusammenhang bitte unbedingt das Handle der Datei. Bei der Klasse *File* wird es in der Eigenschaft *handle* vermerkt und bei jedem Zugriff auf die Datei sowie auch beim späteren schliessen autom. verwendet. Ist keine Datei (mehr) geöffnet ist die Eigenschaft *handle* immer *-1*.

```
oObj = new file()
? oObj.handle                    && Ausgabe: -1
oObj.create ( "newfile3.txt", "RW" )
? oObj.handle                    && Ausgabe: (Zahl > 0)
oObj.close()
? oObj.handle                    && Ausgabe: -1
```

ⓘ Ein sog. *Datei-Handle* (sprich: händl) ist eine eindeutige Zahl grösser 0, die vom Betriebssystem autom. vergeben wird, sobald Sie eine Datei öffnen. Es ist vergleichbar mit den *workareas* bzw. der „Tabellen-Sicht" von dBWin, aber von dBWin völlig unabhängig, denn diese Handles verwaltet Windows. Über das Handle erfolgen alle Zugriffe auf die Datei, lesen, schreiben und am Ende das schliessen. Da die Anzahl der verfügbaren Handles je nach System begrenzt ist können nicht unbegrenzt viele Dateien gleichzeitig geöffnet sein, weder innerhalb Ihres Programms noch systemweit. Im Regelfall dürfte die Anzahl der verfügbaren Handles aber reichen (und wenn nicht: neu booten!).

Bei der alten Funktion *fcreate* muss das Handle dagegen als Rückgabe dieser Funktion gemerkt und zum schliessen der Funktion *fclose* übergeben werden. Nur mit einem gemerkten Handle ist das Schliessen der Datei noch möglich.

```
iHandle = fcreate ( "newfile4.txt", "RW" )
if iHandle > 0
   fclose ( iHandle )
else
   ? "Fehler!"
endif
```

💣 Falls Sie *create* bzw. *fcreate* versehentlich für eine existierende Datei anwenden ist das auf den ersten Blick nicht tragisch, die Datei wird geöffnet. Aber sie wird in diesem Fall komplett geleert, ihr gesamter vorheriger Inhalt ist unwiederbringlich (zumindest für Normalsterbliche und wenn man kein Backup hat) verloren. Selbst wenn Sie nichts in die Datei schreiben, sondern sie sofort wieder schliessen ist sie danach leer und nur noch 0 Byte „gross".

Nicht-visuelle Basisklassen   **177**

Eine bestehende Datei öffnen

Im Grunde ist das ähnlich wie bei *create*, nur dass hier eine schon existierende Datei geöffnet wird. Das setzt natürlich voraus, dass es die Datei bereits gibt.

```
oObj = new file()
? oObj.handle                    && Ausgabe: -1
oObj.open ( "newfile.txt", "RW" )
? oObj.handle                    && Ausgabe: (Zahl > 0)
oObj.close()
? oObj.handle                    && Ausgabe: -1
```

Zum Vergleich auch hier wieder die Variante mit den alten Funktionen:

```
iHandle = fopen ( "newfile.txt", "RW" )
if iHandle > 0
   fclose ( iHandle )
endif
```

In beiden Fällen wird die Eigenschaft *handle* bzw. die Variable *iHandle* nur dann einen positiven Wert haben, wenn die Datei *newfile.txt* erstens existiert und zweitens im richtigen Mode (*RW = read write*) geöffnet werden konnte.

Je nach Situation und Anwendungszweck empfiehlt es sich, vor dem öffnen einer Datei zu prüfen, ob es sie vielleicht schon gibt. Dann kann entschieden werden ob *open/fopen* bzw. *create/fcreate* die sinnvollere Art des Zugriffs ist.

> ● Wenn Sie mit *open* bzw. *fopen* eine Datei öffnen wollen die es garnicht gibt, erhalten Sie immer einen Fehler und das Handle ist dann immer negativ. Es wird in diesem Fall niemals eine neue Datei erzeugt. Die Unterscheidung, ob eine bestehende Datei geöffnet oder eine noch nicht existierende Datei neu angelegt wird, ist daher ein sehr wichtiger Punkt beim Umgang mit Dateien. Ein Fehler beim Öffnen kann auch auf eine bereits geöffnete oder gesperrte Datei hinweisen, d. h. die Datei gibt es, sie kann aber nicht geöffnet werden.

Wenn eine Datei für den Fall dass es sie bereits gibt erst gelöscht und dann neu angelegt werden muss, können Sie sich das löschen aber auch schenken und sie mit *create/fcreate* öffnen, womit sie ja sowieso überschrieben wird.

> ① Prüfen Sie beim Neuanlegen und Öffnen von Dateien immer ob es auch funktioniert hat. Am einfachsten geht das mit einer Prüfung des Handles, bei der Klasse *File* über die Eigenschaft *handle*, bei den alten Funktionen über die Rückgabewerte von *fopen* bzw. *fcreate*, die Sie sich sowieso merken müssen. Nur Handles >0 sind ok, dann wurde die Datei auch angelegt bzw. geöffnet.

Eine geöffnete Datei schliessen

Das wissen Sie, ich habe es ja bereits verwendet. *close* heisst die Methode der Klasse *File*, die „alte" Funktion heisst *fclose*. Bei der Methode *close* brauchen Sie kein Handle angeben, die Klasse *File* hat ja eine extra Eigenschaft für das Handle und alle Methoden holen sich das Handle bei Bedarf dort von selbst. Der Funktion *fclose* müssen Sie dagegen das Handle, das Sie anfangs bei der Rückgabe von *fcreate* oder *fopen* bekommen haben, als Parameter angeben.

💣 Achten Sie sorgfältig darauf, eine geöffnete Datei wieder zu schliessen. Offen gebliebene Dateien können je nach Situation und Umfeld den weiteren Ablauf Ihres Programms stören oder evtl. das ganze System beeinträchtigen. Zwar hat Windows darauf ein wachsames Auge und schliesst alle von einem Programm geöffneten Dateien, wenn das Programm beendet wird. Aber auf Windows sollten Sie sich erstens nie blind verlassen und zweitens kümmert sich ein verantwortungsbewusster Entwickler selbst um die offenen Dateien.

Zugriffsarten auf Dateien

Der zweite Parameter, der nach dem Dateinamen optional bei *open* und *create* (bzw. bei den „alten" Funktionen *fopen* und *fcreate*) angegeben werden kann, bezeichnet die Art des gewünschten Zugriffs. Es gibt diese Arten, wobei *RW* angenommen wird, wenn Sie nicht ausdrücklich etwas anderes angeben.

> *R = read* (nur lesen)
> *W = write* (nur schreiben, an beliebigen Stellen in der Datei)
> *RW = read write* (lesen und schreiben), ist auch als *WR* erlaubt
> *A = append* (nur schreiben, und auch das nur am Ende der Datei)
> *RA = append read* (lesen und am Ende der Datei auch schreiben)

Einige der Zugriffsarten sind unter Windows mehr theoretischer Natur, denn wenn Sie eine Datei zum schreiben öffnen kann sie ja auch gelesen werden.

Das gilt für Windows, bei anderen Systemen ist das evtl. etwas anders. Daher gibt es zumindest theoretisch auch diese anderen denkbaren Zugriffs-Modi, auch wenn die für Ihre Praxis mit dBWin und Windows keine Rolle spielen. Wenn es jemals ein dBWin für Linux gibt werden die anderen interessant ...

ⓘ Einige Dokus enthalten noch eine Unterscheidung des Zugriffs als Text- oder Binärdatei und es gibt zusätzliche Modi *RB*, *WB*, *AB* und *RWB*, wobei das *B* dann für *binary* steht. Für die Praxis ist dies aber nicht weiter relevant und für den Normalfall reichen die oben erwähnten Zugriffsarten völlig aus, um auf die Dateien als Text- oder auch als Binärdatei zugreifen zu können.

Anwendungs-Beispiel, schreiben in eine Textdatei
Listing *writfile.prg*

```
1.   WriteToTextFile ( "c:\test.txt", "Hallo!", .t. )
2.   WriteToTextFile ( "c:\test.txt", "Wir haben: ", .f. )
3.   WriteToTextFile ( "c:\test.txt", dtoc(date()), .f. )
4.   WriteToTextFile ( "c:\test.txt", "   ", .f. )
5.   WriteToTextFile ( "c:\test.txt", time(), .t. )
6.   WriteToTextFile ( "c:\test.txt", "", .t. )
7.
8.   Procedure WriteToTextFile ( sFile, sTxt, fCrLf )
9.   local oObj
10.
11.     oObj = new file()
12.     if oObj.exists ( sFile )
13.        oObj.open ( sFile, "A" )      && Datei gibt es
14.     else
15.        oObj.create ( sFile )         && Datei ist neu
16.     endif
17.
18.     if oObj.handle < 1
19.        return .f.                    && false = Fehler!
20.     endif
21.
22.     if fCrLf
23.        oObj.puts  ( sTxt )           && mit CR am Ende
24.     else
25.        oObj.write ( sTxt )           && ohne CR am Ende
26.     endif
27.
28.     oObj.close()
29.     release object oObj
30.
31.  return .t.                          && true = alles ok
```

Die Routine *WriteToTextFile* bekommt den Namen einer Datei übergeben und einen String, der in diese Datei geschrieben (am Ende angehängt) werden soll.

Erst wird geprüft ob es die Datei bereits gibt. Davon hängt der Zugriff ab und ob sie mit *open* oder *create* geöffnet wird. Nach erfolgreicher Prüfung auf ein gültiges Handle wird der String in die Datei geschrieben und sie geschlossen.

Am Ende wird das Objekt *oObj* der Klasse *File* aus dem Speicher entfernt. Das ist zwar hier nicht so ausdrücklich nötig, da es nur ein lokales Objekt ist, das mit Verlassen der Routine sowieso von dBWin aufgeräumt wird, aber Sie wissen, dass ich grossen Wert darauf lege, eigenen Müll selbst aufzuräumen. Dazu gehört eben auch, selbst erstellte Objekte immer selbst zu entfernen.

 Die Version mit den „alten" Funktionen finden Sie in Band 2 Seite 160.

Anwendungs-Beispiel, kopieren einer Textdatei
Listing *copytext.prg*

```
1.    ? CopyTextFile ("c:\test.txt", "c:\testneu.txt", .f.)
2.
3.    Procedure CopyTextFile ( sSource, sTarget, fNoN )
4.    local iLines, oSource, oTarget
5.
6.       oSource = new file()
7.       oTarget = new file()
8.
9.       if .not. oSource.exists ( sSource )
10.        release object oSource ; release object oTarget
11.        return -1
12.      endif
13.
14.      oSource.open ( sSource )
15.      if oSource.handle < 1
16.        release object oSource ; release object oTarget
17.        return -2
18.      endif
19.
20.      oTarget.create ( sTarget )
21.      if oTarget.handle < 1
22.        oSource.close()        && Quelle schon offen!
23.        release object oSource ; release object oTarget
24.        return -3
25.      endif
26.
27.      iLines = 0
28.      do while .not. oSource.eof()
29.        sLine = oSource.gets()
30.        if (.not. fNon).or.(fNoN .and..not. empty(sLine))
31.          oTarget.puts ( sLine )
32.          iLines++
33.        endif
34.      enddo
35.
36.      oSource.close()
37.      oTarget.close()
38.      release object oSource ; release object oTarget
39.
40.   return iLines
```

CopyTextFile kopiert <u>nur</u> Text-Dateien zeilenweise. Mit anderen Dateien wird es nicht richtig funktionieren, da immer CR/LF als Zeilenende erwartet wird. Falls die Zieldatei existiert wird sie überschrieben. Neben Quelle und Ziel wird angegeben, ob Leerzeilen kopiert werden sollen. Dazu wird als dritter Parameter *true* (Leerzeilen entfernen) oder *false* (nicht entfernen) übergeben.

Rückgabe *-1* bei fehlender Quelle, *-2* bei vorhandener aber nicht zu öffnender Quelle, *-3* bei nicht zu öffnender Zieldatei, sonst die Anzahl kopierter Zeilen.

Anwendungs-Beispiel, kopieren einer Binärdatei

Listing *copybin.prg*

```
1.   ? CopyBinaryFile ("c:\test.txt", "c:\testneu.txt")
2.
3.   Procedure CopyBinaryFile ( sSource, sTarget )
4.   local iSize, oSource, oTarget
5.
6.      oSource = new file()
7.      oTarget = new file()
8.
9.      if .not. oSource.exists ( sSource )
10.        release object oSource ; release object oTarget
11.        return -1
12.     endif
13.
14.     oSource.open ( sSource )
15.     if oSource.handle < 1
16.        release object oSource ; release object oTarget
17.        return -2
18.     endif
19.
20.     oTarget.create ( sTarget )
21.     if oTarget.handle < 1
22.        oSource.close()        && Quelle schon offen!
23.        release object oSource ; release object oTarget
24.        return -3
25.     endif
26.
27.     iSize = oSource.size ( oSource.path )
28.     do while .not. oSource.eof()
29.        oTarget.write ( oSource.read ( 512 ) )
30.     enddo
31.
32.     oSource.close()
33.     oTarget.close()
34.     release object oSource ; release object oTarget
35.
36.  return iSize
```

CopyBinaryFile kopiert eine beliebige Datei. Falls die Zieldatei existiert wird sie überschrieben, die beiden Parameter sind die Quell- und die Zieldatei. Der Puffer ist 512 Byte gross, Sie können aber auch grössere Werte wie 1024 oder 2048 benutzen (ich rate dazu, solche Puffer immer als 2er-Potenz zu wählen).

Die Rückgabe ist *-1* bei fehlender Quelle, *-2* bei vorhandener aber nicht zu öffnender Quelle und *-3* bei nicht zu öffnender Zieldatei. Im Erfolgsfall wird die Grösse der kopierten Datei in Byte als positiver Wert zurückgegeben.

 Diese Kopierroutine kann Dateien beliebigen Typs und Inhalts kopieren.

5.5 Die Basisklasse *Array*

Arrays sind sehr nützliche Gesellen, die Sie sicher schon öfter benutzt haben. Dass es auch Objekte sind, die von der Klasse *Array* abstammen war Ihnen vielleicht garnicht bewusst. Eine unscheinbare, aber eine wichtige Klasse.

Arrays können Daten fast jeder Art enthalten und ein- oder mehrdimensional sein. Sie können Arrays auch verschachteln und mit mehreren Dimensionen ein Konstrukt erstellen, dass ausser Ihnen niemand mehr auf Anhieb versteht. Das werden Sie hier nicht lernen, ich belasse es bei den Basisfunktionen, die für die Praxis wichtig sind und gern genutzt werden, alles andere ist Spielerei.

Wenn Sie ein Array anlegen können Sie gleich die Anzahl der darin zu speichernden Elemente festlegen, indem Sie deren Anzahl mit angeben.

```
aObst = new array ( 3 )
aObst[1] = "Apfel"
aObst[2] = "Birne"
aObst[3] = "Erdbeere"
aObst[4] = "Hering"                    && Fehlermeldung!
```

Die letzte Zeile führt zu einer Fehlermeldung. Nein, nicht weil der Hering kein Obst ist, sowas ist dBWin ziemlich egal, sondern weil Sie beim anlegen des Arrays nur 3 Elemente reserviert haben und jetzt noch das 4. belegen wollen.

Trotzdem können Sie den Hering nachträglich noch hinzufügen, dazu müssen Sie einfach mit der Methode *add* ein weiteres Element im Array anlegen.

```
aObst.add ( "Hering" )
```

Und schon haben Sie den Hering mit im Array, ungeachtet aller biologischen Widersprüche. Zur Kontrolle lassen Sie sich den Inhalt des Arrays ausgeben:

```
for iX = 1 to 4 ; ? iX, aObst[iX] ; next
```

Das ist allerdings recht unflexibel, denn jedesmal wenn ein weiteres Leckerli ins Array aufgenommen wird müssten Sie den Endpunkt der Schleife auf die dann neue Anzahl der Arrayelemente ändern. Das lässt sich besser machen:

```
aObst.add ( "Pflaume" )
for iX = 1 to aObst.size   ; ? iX, aObst[iX] ; next
aObst.add ( "Ananas" )
for iX = 1 to alen(aObst) ; ? iX, aObst[iX] ; next
```

Mit der Array-Eigenschaft *size* oder über die dBWin-Funktion *alen* (das ist keine Array-Methode) lässt sich die Anzahl der Array-Elemente ermitteln.

So, jetzt bringen wir mal etwas Ordnung in unseren Obstkorb. Die bisherigen Ausgaben des Inhalts erfolgten in der Reihenfolge, in der die Elemente des Arrays angelegt wurden. Daher kommt die Ananas auch erst ganz am Ende. Aber nach einer alphabetischen Sortierung sieht das schon ganz anders aus:

```
aObst.sort()
for iX = 1 to aObst.size ; ? iX, aObst[iX] ; next
```

Wenn Sie lieber eine absteigende Sortierung hätten, auch das ist machbar. Dazu müssen an *sort* drei Parameter übergeben werden, das erste und das letzte zu sortierende Elemente, und 0 für aufsteigend bzw. 1 für absteigend. Wird alles sortiert ist das erste Element 1 und das letzte die Eigenschaft *size*.

```
aObst.sort ( 1, aObst.size, 1 )   && absteigend sortiert
```

> ⓘ Die Methode *sort* erkennt selbst anhand der Daten, ob eine Sortierung nach Alphabet (auch je nach Sprachtreiber) oder numerisch verwendet wird.

Sortierung ist aber nur möglich, wenn alle Elemente im Array vom gleichen Datentyp sind. Das muss nicht so sein, Sie können die Datentypen in einem Array nach Lust und Tageslaune mischen wie es Ihnen in den Sinn kommt.

```
aMix = new array()
aMix.add ( 1 )
aMix.add ( "zwei" )
aMix.add ( true )
for iX = 1 to alen(aMix) ; ? iX, aMix[iX] ; next
aMix.sort()                      && Fehlermeldung!
release object aMix              && Speicher putzen
```

Es ist kein Problem, ein Array anzulegen das wie im obigen Beispiel sowohl numerische Werte als auch Strings und logische Daten in den Elementen hat. Nur können diese Array-Elemente dann natürlich nicht mehr sortiert werden.

> 💣 Eine Sortierung klappt nur, wenn alle Elemente den gleichen Datentyp haben. *Sort* entscheidet am ersten zu sortierenden Elements über den Datentyp und stolpert, wenn es in den anderen Elementen auf andere Datentypen trifft.

Bevor wir den Hering aus der Obstschale entfernen noch eine Eigenschaft der Klasse. Mit *dimensions* erfahren Sie wieviele Dimensionen ein Array hat.

```
? aObst.dimensions
```

Im Beispiel ist die Ausgabe *1*, da *aObst* nur ein eindimensionales Array ist.

Jetzt aber mal Butter bei die Fische, bzw. die Fische aus dem Obstkorb raus! Dazu müssen Sie zuerst einmal wissen welche Nummer das zu entfernende Element hat. Hier hilft die Methode *scan*, die ein Element im Array sucht.

```
iWegdamit = aObst.scan ( "Hering" )
```

Wenn Ihr Array wieder aufsteigend sortiert ist enthält *iWegdamit* den Wert 5, Aber das ist zweitrangig, Hauptsache Sie kennen das Versteck des Herings.

```
aObst.delete ( iWegdamit )
```

löscht den entsprechenden Eintrag und unser Obst ist frei von Fischgeruch. Nur, und das ist jetzt wichtig, was passiert dabei mit den Array-Elementen?

```
for iX = 1 to aObst.size ; ? iX, aObst[iX] ; next
```

Je nach dem wie die Sortierung des Arrays war sieht die Ausgabe z. B. so aus:

```
1 Ananas
2 Apfel
3 Birne
4 Erdbeere
5 Pflaume
6 false
```

Es sind also weiterhin 6 Elemente im Array, der Hering ist hinüber und sein Platz (bei aufsteigender Sortierung war er vorher an 5. Stelle) wurde von der Pflaume übernommen. Dafür ist deren alter Platz Nr. 6 jetzt plötzlich *false*!

Beim Löschen des fischigen Elements sind also mehrere Dinge passiert:

1. das zu löschende Element wurde entfernt (ok, das wollten wir)
2. der frei gewordene Platz wurde gefüllt, indem andere Elemente um jeweils ein Element nach vorne bzw. oben gerückt wurden
3. das leere Element ist damit jetzt das letzte Element im Array
4. das leere Element enthält jetzt *false* (vom Datentyp *logisch*!)

Das kann kritisch werden, da jetzt verschiedene Datentypen im Array sind. Und je nach Anwendung ist die damit nicht mehr mögliche Sortierung evtl. noch das kleinere Übel, das passieren kann. Keine Bange, Abhilfe naht:

```
aObst.resize ( aObst.size - 1 )
```

ändert die Grösse des Arrays auf die aktuelle Anzahl der Elemente minus 1. Damit verschwindet autom. auch das letzte Element mit dem Inhalt *false*.

Mögen Sie Fisch? Dann wird es Sie freuen, dass der kleine Hering doch noch ein Plätzchen in einem Array bekommt (falls nicht nehmen Sie eben Fleisch).

```
aArray = new array ( 3, 2 )
aArray[1, 1] = "Apfel"
aArray[2, 1] = "Birne"
aArray[3, 1] = "Erdbeere"
aArray[1, 2] = "Hering"
aArray[2, 2] = "Makrele"
aArray[3, 2] = "Scholle"
```

Das gibt ein zweidimensionales Array, und jede Dimension hat von Anfang an drei Elemente. Die erste Dimension ist für Obst und die zweite für die Fische.

Bei einem mehrdimensionalen Array spricht man auch von Zeilen und Spalten, ähnlich einer Tabelle. Unser zweidimensionales Array hat also zwei Spalten (das entspricht zwei Dimensionen) und jede dieser Spalten hat drei Zeilen.

Die Früchte und Fische werden demnach so im Array gespeichert:

Apfel	Hering
Birne	Makrele
Erdbeere	Scholle

Die Eigenschaften des Array-Objekts haben sich interessant verändert:

```
? aArray.size
? aArray.dimensions
```

Die Ausgabe von *size* ist nun *6*, denn das Array hat jetzt 2 Dimensionen mit je 3 Zeilen, also insgesamt 6 Elemente. *Dimensions* zeigt wie erwartet *2* an.

Um gezielt auf eines der Elemente zuzugreifen geben Sie zuerst die Zeile und dann die Spalte ein. Um wieder an den Hering zu kommen brauchen Sie also

```
? aArray[1,2]
```

ⓘ Beim Zugriff auf mehrdimensionale Arrays geben Sie erst die Zeile und dann die Spalte an. Dasselbe auch beim Anlegen mehrdimensionaler Arrays. Stellen Sie sich das mehrdimensionale Array einfach als Tabelle vor, das hilft. Zeilen und Spalten werden immer ab 1 gezählt. Andere Programmiersprachen fangen auch schon mal bei 0 an, aber Zeile oder Spalte 0 kennt dBWin nicht.

Wenn Sie sich die Artenvielfalt im Array mal komplett ansehen wollen:

```
for iX = 1 to aArray.size/2
    ? iX, aArray[iX,1], aArray[iX,2]
next
```

(i) Wenn Sie obige Schleife im Befehlsfenster ausführen lassen, müssen Sie sie als eine Befehlszeile schreiben, die Einzelbefehle jeweils mit ; getrennt. Hier im Buch reicht mir der Platz dafür nicht aus, hier muss ich es aufteilen. Oder Sie schreiben diese drei Zeilen genauso untereinander, aber ohne nach jeder Zeile [Return] zu drücken, sondern gehen mit [Cursor ab] eine Zeile tiefer. Dann markieren Sie die Zeilen ([Umsch] + [Cursor] oder per Maus) und drücken dann [Return], damit werden alle markierten Zeilen als Block ausgeführt. So funktionieren auch mehrzeilige Befehle gut im Befehlsfenster. Ansonsten: die Befehle in eine .prg-Datei schreiben und mit do ausführen ...

Na auf die eine oder andere Art werden Sie es schaffen und dann sehen Sie

```
1 Apfel Hering
2 Birne Makrele
3 Erdbeere Scholle
```

Die erste Zeile der Ausgabe zeigt je ein Element aus der ersten und zweiten Spalte (Dimension). Dasselbe gilt auch für die zweite und für die dritte Zeile. Die Ausgabe stimmt mit der gezeigten Tabelle auf der vorigen Seite überein.

Jetzt wollen wir wieder nachträglich das Array erweitern. Dazu können wir das vorhin verwendete add leider nicht gebrauchen, da add nur bei einfachen eindimensionalen Arrays funktioniert. Aber egal, es gibt ja auch noch resize.

Das Array hat bisher drei Zeilen und zwei Spalten, die wir um zwei weitere Zeilen (je Spalte) erweitern wollen. Wir brauchen nun also insgesamt 5 Zeilen und weiterhin 2 Spalten. Der dritte Parameter bei resize ist 1. Damit geben wir an, dass der bisherige Inhalt des Arrays doch bitteschön erhalten bleiben soll. Aber auch bei 0 als drittem Parameter würde in unserem einfachen Fall nichts mit dem Inhalt passieren. Der Parameter zur Erhaltung des Inhalts wird erst wichtig, wenn Sie mal nicht nur Zeilen sondern die Zahl der Spalten ändern.

```
aArray.resize ( 5, 2, 1 )        && 5 Zeilen, 2 Spalten
? aArray.size
? aArray.dimensions
```

Die Ausgabe beweist es, das Array hat jetzt 10 Elemente, 2 Dimension zu 5.

Und was ist dabei mit dem Inhalt des Arrays passiert? Das sieht jetzt so aus:

```
1 Apfel Hering
2 Birne Makrele
3 Erdbeere Scholle
4 false false
5 false false
```

Es wurden also wie gewünscht zwei Zeilen eingefügt, und zwar am Ende des Arrays. Beachten Sie aber, dass die neuen Elemente wieder mit *false* (logisch) vorbelegt werden und Sie wieder verschiedene Datentypen im Array haben.

Übrigens, eine Erweiterung des Arrays wäre auch noch mit der Methode *grow* möglich, allerdings immer nur um jeweils eine Zeile oder Spalte. Ein Beispiel:

```
aArray.grow ( 1 )
```

Der Parameter 1 bedeutet nicht die Anzahl der anzufügenden Zeilen, die ist hier immer eins, denn mehr kann *grow* nicht anfügen. Sie können aber statt einer Zeile auch eine Spalte anfügen, dann müssten Sie *grow* mit 2 aufrufen.

Wenn Sie *grow* ausprobiert haben sind jetzt 6 Zeilen in Ihrem Array. Da wir aber nur 5 je Spalte brauchen korrigieren Sie das einfach wieder mit *resize*. Nun wissen Sie auch, dass Sie mit *resize* vergrössern <u>und</u> verkleinern können.

Jetzt gibt es Platz für zwei weitere Früchtchen und noch zwei Wassertiere:

```
aArray[4, 1] = "Melone"
aArray[5, 1] = "Ananas"
aArray[4, 2] = "Forelle"
aArray[5, 2] = "Aal"
```

Die neuen Inhalte landen in den Zeilen 4 und 5 der Spalten 1 und 2. Es wird also wieder zuerst die Zeile und dann die Spalte in der Klammer angegeben.

```
for iX = 1 to aArray.size/2
  ? iX, aArray[iX,1], aArray[iX,2]
next
```

ergibt diesen leckeren Einkaufszettel (wenn man Fisch mag ...):

```
1 Apfel Hering
2 Birne Makrele
3 Erdbeere Scholle
4 Melone Forelle
5 Ananas Aal
```

Nun zur Sortierung mehrdimensionaler Arrays. Auch das erfolgt wieder mit *sort*, nur dass die Parameter dann eine etwas andere Bedeutung bekommen. Der erste Parameter ist die Spalte nach der sortiert werden soll, der zweite ist optional und gibt die Anzahl der zu sortierenden Zeilen an, der dritte ist auch optional und steht für aufsteigende (0) oder absteigende (1) Sortierung. Ohne Angabe der Sortierrichtung erfolgt immer eine aufsteigende Sortierung.

Sie können mehrdimensionale Arrays immer nur nach einer Spalte sortieren. Es ist also nicht möglich beide Spalten unabhängig voneinander zu sortieren.

```
aArray.sort ( 1, aArray.size/2, 0 )   && nach Spalte 1
aArray.sort ( 2, aArray.size/2, 0 )   && nach Spalte 2
```

Diese Befehle sortieren das Array nach der ersten bzw. der zweiten Spalte. Sie können sich den Array-Inhalt danach gern zur Kontrolle anzeigen lassen.

Kommen wir zur Suche in einem mehrdimensionalen Array. Auch die ist wegen der mehr als einen Spalte etwas komplizierter, aber nicht unmöglich.

Ich nehme mal an, dass unser Array nach den Fischen (2. Spalte) sortiert ist. Damit befindet sich der Hering in der 3. Zeile, das Array sieht intern so aus:

```
1 Ananas Aal
2 Melone Forelle
3 Apfel Hering
4 Birne Makrele
5 Erdbeere Scholle
```

Wenn Sie jetzt nach dem Begriff „*Hering*" suchen mit

```
? aArray.scan ( "Hering" )              && Ausgabe: 6
```

erhalten Sie *6* als Ausgabe. Kann das sein? Ja! Zählen Sie doch bitte mal die Elemente von links nach rechts (also spaltenweise) und von oben nach unten (zeilenweise) durch: 1 = Ananas, 2 = Aal, 3 = Melone, 4 = Forelle, 5 = Apfel und 6 = Hering. Bingo, *scan* hat recht, unser Hering ist im 6. Array-Element.

Wenn Sie aber die Zeile mit dem Hering löschen wollen (womit wir langsam zum Ende dieser nassen Viecherei kommen), brauchen Sie die Zeilennummer. Die erhalten Sie mit *subscript*, einer Methode der Sie zum einen die Nummer des Elements, zum anderen 1 für Zeile (oder ggf. 2 für Spalte) übergeben.

```
iElement = aArray.scan ( "Hering" )
? aArray.subscript ( iElement, 1 )      && Ausgabe: 3
```

Nun kennen Sie die Zeile wo der Hering steckt und damit geht es jetzt schnell.

```
iElement = aArray.scan ( "Hering" )
iLine = aArray.subscript ( iElement, 1 )
aArray.delete ( iLine, 1 )
```

Sie suchen die Elementnummer des Herings mit *scan*. Über diese wiederum ermitteln Sie mit der Methode *subscript* die Zeilennummer, und diese Zeile wird anschliessend mit *delete* gelöscht. Der zweite Parameter bei *delete* gibt an, dass hier eine Zeile gelöscht werden soll (2 würde eine Spalte löschen).

Und wenn Sie sich jetzt mit der kleinen Schleife das Array ansehen wird Sie das Ergebnis nicht mehr verwundern, denn die Hintergründe kennen Sie ja.

```
for iX = 1 to aArray.size/2
    ? iX, aArray[iX,1], aArray[iX,2]
next

1 Ananas   Aal
2 Melone   Forelle
3 Birne    Makrele
4 Erdbeere Scholle
5 false    false
```

Die Zeile mit dem Hering wurde gelöscht, und so verschwand nicht nur der Hering in Spalte 2, sondern auch der Apfel aus derselben Zeile von Spalte 1. Die verbleibenden Leckereien sind jeweils um eine Zeile vor gerutscht und damit ist am Ende eine Zeile mit zweimal *false* als leere Elemente entstanden.

Bringen wir es hinter uns. Mit

```
aArray.resize ( 4, 2, 1 )
```

wird diese jetzt überflüssige Zeile entfernt. Zum Schluss der Übung bleiben noch zwei Dinge zu tun. Erstens das Array aus dem Speicher entfernen mit

```
release object aArray
```

und zweitens ein herzliches „macht´s gut und danke für den Fisch" zu sagen. Sagt Ihnen nichts? Sind Sie noch nie *per Anhalter durch die Galaxis* gereist?

ⓘ Auch ein Array ist ein Objekt (von der Klasse *Array*) und sollte wenn es nicht mehr benötigt wird mit *release object <objekt>* wieder entsorgt werden. Ich weiss aus eigener Erfahrung dass man das gern mal vergisst, weil man ein Array doch eher wie eine „normale" Variable und nicht als Objekt betrachtet.

Ich möchte nun noch einmal kurz auf eindimensionale Arrays zurückkommen.
Die können auch als sog. *literale Arrays* angelegt werden, was je nach Ziel,
Inhalt und Umfang des Arrays schneller und bequemer sein kann. Beispiel:

```
aArray1 = new array(3)
aArray1[1] = "eins"
aArray1[2] = "zwei"
aArray1[3] = "drei"

aArray2 = { "eins", "zwei", "drei" }

? aArray1.size
? aArray1.dimensions
for iX = 1 to aArray1.size ; ? iX, aArray1[iX] ; next

? aArray2.size
? aArray2.dimensions
for iX = 1 to aArray2.size ; ? iX, aArray2[iX] ; next

release object aArray1
release object aArray2
```

Das erste Array *aArray1* wird auf herkömmlichem Weg erst mit *new* angelegt
und dann einzeln gefüllt. Das zweite Array *aArray2* ist sportlicher und macht
das alles mit nur einem einzigen Befehl! Inhalte und Möglichkeiten der zwei
Arrays sind identisch, was die nachfolgenden Testausgaben auch beweisen.

Sie sparen sich etwas Tipperei, wenn Sie ein eindimensionales Array mit
wenigen Elementen als *literales Array* mit einem einzigen Befehl anlegen.
Sobald es mehr als ca. 10 Elemente sind wird die dazu nötige Befehlszeile
aber sehr lang und die Übersichtlichkeit geht dabei evtl. wieder verloren.

 Literale Arrays funktionieren nur eindimensional, also mit einer Spalte.

Und für Spezialisten hier noch ein Beispiel verschachtelter Arrays, die sowohl
literal wie unten gezeigt, aber auch ganz „normal" angelegt werden können.

```
aArray = { {"eins", "zwei", "drei"}, {1, 2, 3} }
```

aArray hat eine Dimension mit zwei Zeilen, die beide wiederum Arrays sind.
Der Zugriff auf die Werte darin erfolgt dann beispielsweise auf diese Art:

```
? aArray[1][1]          && Ausgabe: eins
? aArray[1][2]          && Ausgabe: zwei
? aArray[2][2]          && Ausgabe: 2
? aArray[2][3]          && Ausgabe: 3
```

Eine ganz besondere Methode der Klasse *Array* möchte ich Ihnen noch zeigen. Es handelt sich um *dir* und sie liefert Ihnen den Inhalt ganzer Verzeichnisse.

Die Methode *dir* bekommt zwei Parameter, den Suchpfad inkl. einer Auswahl mit Wildcards, z. B. „ *.* " oder „ *.dbf" etc. Der zweite Parameter ist optional und gibt an welche zusätzlichen Informationen ausser den Dateien Sie wollen. Diese Zusatzinformationen sind über den zweiten Parameter noch erhältlich:

- „D" Verzeichnisse (D = directory)
- „H" verborgene Dateien (H = hidden)
- „S" Systemdateien (S = system)
- „V" Name des Laufwerks (V = volume)

 „V" funktioniert nicht immer, oft ist der Name bei „S" oder „D" dabei.

Listing *listdir.prg*
```
1.   #define TAB    chr(9)
2.   #define TAB2   TAB,TAB
3.   #define TAB3   TAB2,TAB
4.
5.   ShowDir ( "c:\*.*", "" )
6.
7.   Procedure ShowDir ( sPath, sOther )
8.   local iX, aFileList, iLines
9.
10.     aFileList = new array()
11.     aFileList.dir ( sPath, sOther )   && oder: dirExt
12.
13.     iLines = aFileList.size / 5      && dir=5, dirExt=9
14.     ?  "Name", TAB3, "Bytes", TAB, "Datum", TAB2
15.     ?? "Zeit", TAB2, "Attribute"
16.     for iX = 1 to iLines
17.        ?  aFileList[iX,1], TAB
18.        ?? aFileList[iX,2], TAB
19.        ?? aFileList[iX,3], TAB
20.        ?? aFileList[iX,4], TAB
21.        ?? aFileList[iX,5]
22.     next
23.
24.     release object aFileList
25.
26.  return
```

Um alle Dateien eines Verzeichnisses ohne Einschränkung der Auswahl zu erhalten müssen Sie im ersten Parameter stets *<verzeichnis>**.* angeben. Die Angabe von nur *<verzeichis>* ohne das *.* führt zu einem leeren Array.

5.6 Die Basisklasse *AssocArray*

Das ist eine etwas einfachere Form eines Array. Es ist immer eindimensional und damit hat es Ähnlichkeit mit einem „normalen" Array mit einer Spalte. Dennoch ist die Handhabung deutlich anders, denn auf die Elemente eines *AssocArrays* greifen Sie nicht über Indexnummern (bzw. über Zeilen- oder Spaltennummern wie bei „normalen" Arrays), sondern per Textschlüssel zu.

(i) Der Name *AssocArray* kommt vom engl. Wort *association*, was soviel wie Verbindung oder Zuordnung heisst. Daher wird das *AssocArray* in der dt. Dokumentation von dBWin häufig auch als „Zuordnungs-Array" bezeichnet.

Das Anlegen und füllen eines AssocArrays ist denkbar einfach:

```
aAssoc = new AssocArray()
aAssoc["obst"] = "Apfel"
aAssoc["fisch"] = "Hering"
aAssoc["vogel"] = "Adler"
aAssoc["programmiersprache"] = "dBASE"
```

Sie legen mit *new* ein neues Objekt der Klasse *AssocArray* an, ohne dabei die Anzahl der Elemente anzugeben (nicht nur dass Sie das nicht bräuchten, Sie dürfen es garnicht, denn *aAssoc = new AssocArray(4)* führt zu einem Fehler).

Dann schaufeln Sie einfach munter Daten in das AssocArray. Die Reihenfolge ist dabei beliebig, es gibt ja keine internen festen Nummern für die Elemente.

Die Zahl der im AssocArray befindlichen Elemente liefert die Methode *count*. In diesem Fall wird *4* ausgegeben, wenn Sie das Beispiel mitgemacht haben.

```
? aAssoc.count()
```

Für den Zugriff auf die Elemente brauchen Sie die Eigenschaft *firstkey* und die Methode *nextKey*. Zuerst mal ermitteln Sie den ersten Schlüssel mit *firstkey*.

```
? aAssoc.firstkey
```

und Sie erhalten als Ausgabe z. B. *programmiersprache* als ersten Schlüssel. Oder auch einen anderen der obigen Schlüssel, lassen Sie sich überraschen.

(i) Die Elemente eines *AssocArrays* sind nicht sortiert, dBWin speichert sie „irgendwie". Der erste Schlüssel muss nicht der erste von Ihnen hinzugefügte Eintrag sein, das entscheidet dBWin und Sie haben darauf keinerlei Einfluss.

Der mit *firstkey* erfragte erste Schlüssel wird der Methode *nextkey* übergeben, die dann den nächsten auf diesen Schlüssel folgenden Schlüssel zurückliefert. So hangeln Sie sich in einer Schleife von Element zu Element bis ans Ende.

```
sKey = aAssoc.firstkey
for iX = 1 to aAssoc.count()
   ? aAssoc[sKey], sKey
   sKey = aAssoc.nextkey(sKey)
next
```

Das führt zu dieser Ausgabe und zeigt die Elemente in einer ganz anderen Reihenfolge als Sie sie angelegt haben (kann bei Ihnen anders aussehen):

```
dBASE programmiersprache
Apfel obst
Adler vogel
Hering fisch
```

Gehen Sie mal auf Angeltour und löschen den Hering aus dem AssocArray. Danach lassen Sie sich den Inhalt (mit obiger Schleife) erneut ausgeben.

```
aAssoc.removeKey ( "fisch" )
? aAssoc.count()

3
dBASE programmiersprache
Apfel obst
Adler vogel
```

Der Hering ist weg und im Gegensatz zum „normalen" Array gibt es jetzt am Ende kein Element mit *false*. Die Anzahl der Elemente wurde auch gleich verringert, was uns der Test mit der Methode *count* auch beweist (ist jetzt *3*).

Zuletzt noch: mit der Methode *isKey* können Sie prüfen, ob ein bestimmter Eintrag im AssocArray enthalten ist. Dazu ist der <u>Schlüssel</u> zu übergeben.

```
? aAssoc.isKey ( "Adler" )      && Ausgabe: false
? aAssoc.isKey ( "vogel" )      && Ausgabe: true
```

und mit der Methode *removeAll* entfernen Sie alle Elemente auf einmal:

```
aAssoc.removeAll()
```

💣 Der Schlüssel eines AssocArrays ist <u>case-sensitive</u>, d. h. Sie müssen auf Gross- und Kleinschreibung achten. Wenn ein Schlüssel z. B. „*vogel*" heisst, werden *isKey* und *removeKey* mit „*Vogel*" als Parameter nicht funktionieren!

5.7 Die Basisklasse *Math*

Der Vollständigkeit halber darf ich *math* nicht einfach ignorieren, aber sie gehört wohl zu den am wenigsten verwendeten nicht-visuellen Basisklassen. Zum einen weil sie nicht dokumentiert wird, zum anderen weil die Methoden alle als „normale" Operatoren oder mathematische Funktionen verfügbar sind.

Beispiel mit ein paar der vielen Methoden, inkl. den „normalen" Funktionen:

Listing *xmath.prg*
```
1.    oObj = new math()
2.
3.    ? pi()                        && der Wert pi
4.    ? oObj.pi
5.    ?
6.    ? abs ( 123.45 )              && absoluter Wert
7.    ? oObj.abs ( 123.45 )
8.    ?
9.    ? int ( 123.45 )              && als ganze Zahl
10.   ? oObj.int ( 123.45 )
11.   ?
12.   ? floor ( 123.45 )            && abgerundet
13.   ? oObj.floor ( 123.45 )
14.   ?
15.   ? round ( 123.45, 2 )         && variabel gerundet
16.   ? oObj.round ( 123.45 )
17.   ?
18.   ? min ( 1, 10 )               && Mindestwert
19.   ? oObj.min ( 1, 10 )
20.   ?
21.   ? max ( 1, 10 )               && Maximalwert
22.   ? oObj.max ( 1, 10 )
23.   ?
24.   ? oObj.pow ( 2, 8 )           && 2 hoch 8 = 256
25.   ? 2 ^ 8
```

Sie sehen an diesem Beispiel, dass die Namen der Methoden mit denen der „normalen" Funktionen übereinstimmen, es aber dennoch Unterschiede gibt. So kennt die Methode *round* keinen zweiten Parameter der die Dezimalstellen angibt, sie rundet immer auf 0 Dezimalstellen (zumindest in meiner Version), auch *set decimals* oder *set precision* haben auf das Ergebnis keinen Einfluss.

Der Wert einer Methode zur Rundung, bei der sich die Zahl der gewünschten Dezimalstellen nicht einstellen lässt, erschliesst sich mir aber nicht wirklich. Da es dafür aber die normale Funktion *round* gibt spielt das auch keine Rolle.

> ● Da die Klasse *math* zudem auch noch undokumentiert ist bleibt ihre Anwendung immer mit dem Restrisiko eines Wegfalls bei Updates behaftet.

5.8 Sonstige Basisklassen

Wenn Sie einen Blick in die dBWin Onlinehilfe werfen und nach „*Class*"
oder „*Klasse*" suchen (je nach Sprache), finden Sie noch dutzende Klassen.

Es gibt auch für Datenbank-Operationen, für Tabellen-Zugriffe und Abfragen,
ja sogar für simple Datenbankfelder eigene Klassen. Sie heissen *DataModule*,
dBExeption, Field, DbfField, PdxField, Query, Rowset und so weiter ...

Für Reports gibt es eigene Klassen (*Report, ReportViewer, PageTemplate* etc.)
und zur Kommunikation mit der Aussenwelt (z. B. *OLE, DDELink, ActiveX*).

Alle diese anderen Klassen hier auch noch zu besprechen macht keinen Sinn,
denn für diese Punkte müsste ich viel weiter ausholen. Für den Zugriff auf
externe Datenbanken brauchen Sie mehr als nur diese Klassen. Dazu gehört
auch ein Grundwissen über den Aufbau von Datenbanken jeder Art und über
Abfragesprachen wie das bekannte SQL. Dazu gibt es aber genug Literatur,
wenn auch in allgemeiner Form und nicht speziell für den Einsatz in dBWin.
Es wäre daher ein völlig eigenständiges Thema und auch ein eigenes Buch.

Dasselbe gilt für Reports. Hier geht es ja nicht nur um den integrierten Report-
Designer von dBWin, über den die Meinungen sowieso geteilt sind. Ich kenne
jedenfalls nur Anwender die ihn lieben oder hassen, dazwischen gibt es nichts.
Und wenn man schon die Reports behandelt gehört dazu auch die Einbindung
externer Reporting-Werkzeuge wie *Crystal Reports*, das bei früheren dBWin-
Versionen (die noch *dBASE for Windows* und *Visual dBASE* hiessen) in einer
abgespeckten Version mitgeliefert wurde. Heute ja leider nicht mehr, schade.
Und auch das Reporting-Tool *List & Label* (von *Combit*) hätte es verdient, in
einem eigenen Buch über *Reports mit dBWin* ausführlich erwähnt zu werden.

Ebenso das sehr grosse Feld von externen Schnittstellen und Kommunikation.
Dazu gehören neben dem eher betagten *DDE* und dem moderneren *OLE* die
Active-X Komponenten, ganz gleich was man davon aufgrund der Probleme
mit der Sicherheit hält. Aber auch Schnittstellen zu Office-Programmen und
anderen oft benutzen Windows-Programmen sollten dabei ihren Platz haben.
Ebenso wie natürlich die schier endlosen Möglichkeiten der Windows-API.
Auch das wäre gut als eigenes Buch dieser Reihe geeignet, und vielleicht ...

ⓘ Die in diesem Buch gezeigten Klassen, die visuellen für Formulare wie
auch die nicht-visuellen zur direkten Programmierung, bieten Ihnen fürs erste
genug Betätigungsfelder. Sie können mit ihnen alle für ein dBWin-Programm
wesentlichen Bereiche abdecken und nach Bedarf eigene Klassen entwickeln.
Vergessen Sie auch bitte nicht, bei Bedarf die Online-Hilfe dazu nachzulesen.

---

6. Fortgeschrittene Techniken

Nachdem Sie nun bereits eine sehr fundierte Praxis mit Klassen und Objekten haben möchte ich in diesem Kapitel einige bereits erwähnte Aspekte vertiefen, sowie neue Anwendungsvarianten und fortgeschrittene Techniken vorstellen.

Das geht nicht immer ganz ohne Theorie ab, aber ich versuche es dennoch so lebendig wie möglich zu gestalten. Die Beispiele die ich dafür verwende sind entweder später von Ihnen universell nutzbar oder möglichst knapp gehalten, damit das zu vermittelnde Wissen präzise und schnell bei Ihnen ankommt.

Auch hier gilt fast immer: man *kann* es so machen, man muss es aber nicht. Wenn Ihnen ein anderer Weg einfällt um zur selben Lösung zu kommen, gehen Sie Ihren Weg. Nichts ist daran falsch, wenn das Ergebnis richtig ist.

Einige der besprochenen Punkte kann man sowohl mit Klassen und Objekten, als auch konventionell (dBWin-Befehle mit „normalen" Prozeduren) lösen. Und auch hier ist es wieder allein Ihre Entscheidung, wie Sie es machen.

6.1 Vererbung von Eigenschaften

Sie hatten bereits häufig mit Eigenschaften von Klassen und Objekten zu tun. Und „vererbt" haben Sie im Laufe dieses Buchs schon so oft, dass Ihnen ein Notar liebend gern eine Gebührenrechnung dafür ausstellen würde. Dennoch, eine weitere Vertiefung dieser wichtigen Angelegenheit schadet nicht.

Wenn Sie aus einer bestehenden Klasse eine neue Klasse ableiten, so erbt die neue Klasse sämtliche Eigenschaften der alten. Und auch die Inhalte dieser geerbten Eigenschaften sind gleich, zumindest solange Sie das nicht ändern. Ein einfaches Beispiel: ich hatte im Kapitel zur Entwicklung eigener Klassen aus der Basisklasse *Text* eine eigene Klasse namens *MyTextClass* abgeleitet. Diese bekam autom. alle Eigenschaften und alle Inhalte der Basisklasse *Text*, so wie es die Vorgaben (die sog. *Defaults*) von dBWin vorgeben. Lediglich einige speziell von mir ausdrücklich geänderte Eigenschaften (z. B. *height*) bekamen einen Wert, der ggf. von der dBWin-Vorgabe abweichen kann.

Wenn ich nun aus meiner Klasse *MyTextClass* nochmals eine weitere Klasse ableite, bekommt die neue Klasse autom. die Eigenschaften von *MyTextClass*. Es spielt keine Rolle, ob das die Vorgaben von dBWin waren oder ob es von mir explizit geänderte (oder auch neu hinzugefügte) Eigenschaften sind.

Listing *erben1.prg*

```
1.    public oForm
2.    oForm = new MyTestForm()
3.    oForm.open()
4.    //oForm.close()
5.    //oForm.release()
6.
7.    class MyTextClass (oForm,sName ) of TEXT(oForm,sName)
8.       this.text = ""
9.       this.Height = 1
10.      this.width = 50
11.      this.fontBold = .f.
12.      this.fontItalic = .f.
13.      this.fontUnderline = .f.
14.      this.fontStrikeout = .f.
15.   endclass
16.
17.   class MyBoldTextClass (f,n) of MyTextClass (f,n)
18.      this.fontBold = .t.
19.   endclass
20.
21.   class MyItalicTextClass (f,n) of MyTextClass (f,n)
22.      this.fontItalic = .t.
23.   endclass
24.
25.   class MyBITextClass1 (f,n) of MyTextClass (f,n)
26.      this.fontBold = .t.
27.      this.fontItalic = .t.
28.   endclass
29.
30.   class MyBITextClass2 (f,n) of MyBoldTextClass (f,n)
31.      this.fontItalic = .t.
32.   endclass
33.
34.   class MyBITextClass3 (f,n) of MyItalicTextClass (f,n)
35.      this.fontBold = .t.
36.   endclass
37.
38.   class MyTestForm of FORM
39.      this.width = 50
40.      this.height = 10
41.
42.      define MyTextClass Text1 of this property;
43.      top 1, left 1, text "Text normal"
44.
45.      define MyItalicTextClass Text2 of this property;
46.      top 2, left 1, text "Text kursiv"
47.
48.      define MyBoldTextClass Text3 of this property;
49.      top 3, left 1, text "Text fett"
50.
51.      define MyBITextClass1 Text4 of this property;
52.      top 4, left 1, text "Text fett kursiv Variante 1"
```

```
53.
54.     define MyBITextClass2 Text5 of this property;
55.     top 5, left 1, text "Text fett kursiv Variante 2"
56.
57.     define MyBITextClass3 Text6 of this property;
58.     top 6, left 1, text "Text fett kursiv Variante 3"
59.
60.     define MyBITextClass1 Text7 of this property;
61.     top 7, left 1, text "Text fett kursiv Variante 4",;
62.     fontUnderline .t.
63.
64.     define MyBITextClass1 Text8 of this property;
65.     top 8, left 1, text "Text fett kursiv Variante 5",;
66.     fontBold .f.
67.
68.     define MyBITextClass1 Text9 of this property;
69.     top 9, left 1, text "Text fett kursiv Variante 6"
70. endclass
```

Es ist für Sie nichts wirklich neues dabei. Ab Zeile 7 wird eine eigene Klasse *MyTextClass* definiert, die aus der dBWin Basisklasse *Text* abgeleitet wird. Alle Attribute (fett, kursiv, durchgestrichen, unterstrichen) sind abgeschaltet.

Ab Zeile 17 wird daraus noch eine weitere neue Klasse entwickelt, bei der die Eigenschaft *fontBold* für Fettdruck aktiviert wird. Alle anderen Eigenschaften dieser neuen Klasse sind dieselben wie in *MyTextClass*, und zwar ohne dass hier weitere Eigenschaften mit irgendwelchem Inhalten belegt werden. Diese neue Klasse *MyBoldTextClass* hat damit auch autom. die Breite (*width*) 50, weil ich es in ihrer übergeordneten Klasse *MyTextClass* so angegeben habe.

In Zeile 21 passiert ähnliches, hier wird eine kursive Textklasse definiert.

Spannend wird es jeweils ab den Zeilen 25, 30 und 34. Ich definiere hier drei verschiedene Textklassen, die sowohl fett (*bold*) als auch kursiv (*italic*) sind.

Eine davon wird von der ersten eigenen Textklasse abgeleitet, die weder fett noch kursiv ist. Daher müssen bei ihr beide Eigenschaften geändert werden. Die zweite stammt von der schon fetten Textklasse ab und damit muss bei ihr lediglich die Eigenschaft für kursiv eingeschaltet werden. Die dritte dagegen ist bereits von einer kursiven Textklasse abgeleitet, aber noch nicht fett. Also muss bei dieser nun die Eigenschaft für fette Darstellung aktiviert werden.

Somit haben wir drei Klassen die alle fett und kursiv sind, aber von drei ganz anderen Klassen abgeleitet wurden. Die Änderungen einzelner Eigenschaften in den neuen Klassen, also die Aktivierung von fett bzw. kursiv, wirkt sich nur in den neuen Klassen aus, die übergeordneten Klassen bleiben unverändert.

Ab Zeile 38 wird ein simples Formular mit diesen Klassen aufgebaut. Zuerst verwende ich alle zuvor separat definierten Textklassen und erhalte jeweils einen Text mit der gewollten Darstellung, also fett und/oder kursiv gedruckt.

In Zeile 60 werde ich übermütig, indem ich einem Textobjekt, das der Klasse für fette und kursive Texte abstammt, zusätzlich die Eigenschaft *fontUnderline* aktiviere, damit dieser Text zusätzlich auch noch unterstrichen wird. Das gilt aber nur für dieses spezielle Objekt, die anderen Texte, die teils auch auf der Klasse *MyBITextClass1* basieren, werden deswegen nicht unterstrichen.

Ich hätte natürlich genausogut vorher eine eigene Klasse für unterstrichen fett kursive Texte erstellen können, das wäre der Weg der reinen Lehre gewesen, so wie ihn viele OOP-Befürworter vertreten. Aber dann hätte ich Ihnen nicht mehr zeigen können, dass Sie einzelne Eigenschaften von Objekten jederzeit ändern können, ohne dass es sich auf die zugrundeliegenden Klassen auswirkt. Aber das war mein Ziel, und nicht die Verbreitung der „reinen OOP-Lehre" ...

Ab Zeile 64 werde ich richtig gemein und schalte die Eigenschaft *fontBold* für ein Objekt, das einer fetten und kursiven Klasse abstammt, ganz bewusst aus. Auch hier wirkt sich das nur auf dieses eine Objekt aus, die Klasse selbst wird davon nicht beeinflusst, auch die anderen daraus abgeleiteten Objekte nicht. Nicht einmal dann, wenn danach weitere Objekte von dieser Klasse abgeleitet werden, was ich mit dem letzten Text ab Zeile 68 auch nochmals beweise. Sie sehen, festgelegte Eigenschaften für Klassen sind (meistens) nicht zementiert.

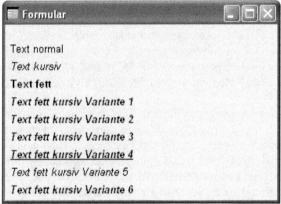

Vererbung am Beispiel von Textattributen

Natürlich stimmt die Aussage des vorletzten Textes nicht mehr, dieser Text ist nur kursiv und nicht fett. Womit auch bewiesen ist, dass Klassen und Objekte nicht lesen können, oder falls doch dass es sie zumindest nicht interessiert ...

Die Möglichkeit Eigenschaften zu vererben gilt natürlich nicht nur für solche die „von Geburt an" zu einer Klasse gehören. Auch für die von Ihnen neu zugefügten Eigenschaften gilt das. Auch dazu ein kleines Beispiel:

Listing *erben2.prg*

```
1.   clear           && Befehlsfenster leeren
2.
3.   oBottle1 = new MyCokeBottle()
4.   ?
5.   ? oBottle1.sMaterial + "flasche " + oBottle1.sInhalt
6.   ? ltrim(str(oBottle1.iWieviel,10,2)) + " Liter"
7.   ? iif ( oBottle1.fPfand, "25 Cent", "pfandfrei" )
8.
9.   oBottle1 = new MyMilkBottle()
10.  ?
11.  ? oBottle1.sMaterial + "flasche " + oBottle1.sInhalt
12.  ? ltrim(str(oBottle1.iWieviel,10,2)) + " Liter"
13.  ? iif ( oBottle1.fPfand, "25 Cent", "pfandfrei" )
14.
15.  oBottle1 = new MyMouseMilkBottle()
16.  ?
17.  ? oBottle1.sMaterial + "flasche " + oBottle1.sInhalt
18.  ? ltrim(str(oBottle1.iWieviel,10,2)) + " Liter"
19.  ? iif ( oBottle1.fPfand, "25 Cent", "pfandfrei" )
20.
21.
22.  class MyBottle of OBJECT
23.     this.sMaterial = ""
24.     this.sInhalt = ""
25.     this.iWieviel = 0
26.     this.fPfand = .f.
27.  endclass
28.
29.  class MyCokeBottle of MyBottle
30.     this.sMaterial = "Plastik"
31.     this.sInhalt = "PowerCoke"
32.     this.iWieviel = 0.75
33.     this.fPfand = .t.
34.  endclass
35.
36.  class MyMilkBottle of MyBottle
37.     this.sMaterial = "Glas"
38.     this.sInhalt = "Kuhmilch"
39.     this.iWieviel = 1.0
40.     this.fPfand = .f.
41.  endclass
42.
43.  class MyMouseMilkBottle of MyMilkBottle
44.     this.sInhalt = "Mausmilch"
45.     this.iWieviel = 0.01
46.     this.fTrinkbar = .f.
47.  endclass
```

Ab Zeile 22 wird ein Objekt *MyBottle* definiert, eine allgemeine Klasse für Flaschen aller Art (ich meine hier Behälter für Flüssigkeiten, nicht Politiker). Die Klasse hat einige Eigenschaften die typisch sind für Flaschen: Material, eine Beschreibung des Inhalts, das Fassungsvermögen und den Pfandwert.

Aus der Basisklasse für Flaschen wird danach eine Flasche für eine bekannte braun-schwarze amerikanische Flüssigkeit, sowie eine Flasche für Kuhmilch erstellt. Damit dürften die wichtigsten Geschmacksrichtungen abgedeckt sein. Bei beiden werden auch die genannten Eigenschaften mit Inhalten vorbelegt.

Von der Milchflasche wird noch eine weitere Klasse abgeleitet, sie ist deutlich kleiner und enthält Mausmilch. Als Programmierer wissen wir ja alle nur zu gut, dass es immer wieder Dinge gibt die einfach zum Mäusemelken sind ...

Die Flasche für Mausmilch ist ebenso wie die Flasche für Kuhmilch aus Glas und pfandfrei, denn diese beiden Eigenschaften werden nicht ausdrücklich in der neuen Klasse gesetzt, sondern so von der übergeordneten Klasse geerbt. Mausmilch hat als einzige eine weitere Eigenschaft *fTrinkbar* (nicht geprüft).

Wenn Sie das Programm ausführen erhalten Sie diese Texte im Befehlsfenster:

```
Plastikflasche PowerCoke
0,75 Liter
25 Cent

Glasflasche Kuhmilch
1,00 Liter
pfandfrei

Glasflasche Mausmilch
0,01 Liter
pfandfrei
```

Damit ist bewiesen, dass individuell zugefügte Eigenschaften einer Klasse an daraus abgeleitete Klassen vererbt werden. Genauso wie das schon bei den „normalen" Eigenschaften und bei „normalen" dBWin-Klassen der Fall ist.

Gleichzeitig haben Sie ein schönes Beispiel, wie sich mit den Klassen nicht nur Formulare und Dialoge, also für den Anwender direkt sichtbare Objekte, sondern gerade auch abstrakte Dinge und Daten jeder Art behandeln lassen.

Das gilt nicht nur für die gezeigten Flaschen, sondern auch für etwas näher an der Praxis angesiedelte Objekte wie Kundendaten (Name, Adresse, Alter und die Kundennummer sind hier nur ein paar der möglichen Eigenschaften) oder Artikel (je nach Branche und Artikelart sind die Eigenschaften ganz andere).

6.2 Vererbung von Methoden

Das für Eigenschaften gesagte gilt natürlich auch für Methoden. Nur dass es hierbei ggf. etwas verzwickter wird, denn es ist ausführbarer Programmcode.

Listing *erben3.prg*

```
1.  clear           && Befehlsfenster leeren
2.  public oCalc1, oCalc2, oCalc3, oCalc4
3.
4.  CreateObject()
5.  CalcObjects()
6.  ClearObjects()
7.
8.  Procedure CreateObject ( NULL )
9.     oCalc1 = new Berechnung()
10.    oCalc2 = new BerechnungA()
11.    oCalc3 = new BerechnungB()
12.    oCalc4 = new BerechnungC()
13. return
14.
15. Procedure CalcObjects ( NULL )
16.    ? oCalc1.Rechne ( 10, 20 )
17.    ? oCalc2.Rechne ( 10, 20 )
18.    ? oCalc3.Rechne ( 10, 20 )
19.    ? oCalc4.Rechne ( 10, 20 )
20. return
21.
22. Procedure ClearObjects ( NULL )
23.    release object oCalc1
24.    release object oCalc2
25.    release object oCalc3
26.    release object oCalc4
27. return
28.
29. class Berechnung of OBJECT
30.    Procedure Rechne ( iX, iY )
31.    return iX + iY
32. endclass
33.
34. class BerechnungA of Berechnung
35. endclass
36.
37. class BerechnungB of Berechnung
38.    Procedure Rechne ( iX, iY )
39.    return iX * iY
40. endclass
41.
42. class BerechnungC of Berechnung
43.    Procedure Rechne ( iX, iY )
44.    return super::Rechne ( iX, iY ) + 50
45. endclass
```

Zuerst einmal werden hier die Objekt-Variablen ordentlich deklariert und am Ende auch wieder aus dem Speicher aufgeräumt. Im vorherigen Kapitel hatte ich das aus Pragmatismus und um es noch auf die dafür geplanten Seiten zu bringen weggelassen. Schluss damit, bevor das noch zur Gewohnheit wird.

Die ausgeführten Prozeduren sind leicht verständlich. Erst werden die Objekte aus den darunter definierten Klassen erstellt, dann wird jeweils eine Methode *Berechne* dieser Klassen aufgerufen, danach wird der Speicher ausgeputzt.

Interessant wird es mit Definition der Klassen. In Zeile 29 beginnt die Klasse *Berechnung*, die keine Eigenschaften, dafür eine Methode *Berechne* enthält. Natürlich könnte die Klasse Eigenschaften haben, aber die brauchen wir hier nicht, also konzentriere ich mich auf das worum es geht, auf die Methoden.

An die Methode werden zwei Parameter übergeben, die werden miteinander addiert und die Summe wird als Ergebnis zurückgeliefert. Das ist genauso als wenn Sie diese Routine nicht als Methode einer Klasse, sondern ausserhalb der Klasse als eine „ganz normale" Prozedur oder Funktion schreiben würden. Der Aufruf der Methode in Zeile 16 liefert auch das erwartete Ergebnis.

Ab Zeile 34 wird eine weitere Klasse *BerechnungA* aus der ersten abgeleitet. Diese neue Klasse hat keine eigenen Methoden und damit erbt sie autom. die Methode der übergeordneten Klasse. Die so geerbte Methode ist auch unter demselben Namen aufrufbar und sie tut genau dasselbe, Zeile 17 beweist es.

ⓘ Geerbte Methoden sind in der erbenden Klasse unter demselben Namen aufrufbar wie in der übergeordneten Klasse, die die Methoden vererbt hat.

In Zeile 37 beginnt eine weitere Klasse, die auch von der Klasse *Berechnung* abstammt. Nur dass diese Klasse eine eigene Methode gleichen Namens hat, die etwas völlig anderes tut (sie multipliziert statt addiert). Wenn Sie nun die Methode dieser Klasse aufrufen, wird auch diese neue Funktion ausgeführt, wie Sie am gezeigten Ergebnis des Aufrufs in Zeile 18 leicht sehen können.

Die letzte Klasse ab Zeile 42 scheint etwas verzwickt, denn Sie verwendet den Zusatz *super::* um damit eine Methode der übergeordneten Klasse aufzurufen. Das wäre in diesem Beispiel genauso wie wenn die neue Klasse *BerechnungC* garkeine eigene Methode hätte, denn dann würde ja sowieso die gleichnamige Methode der übergeordneten Klasse aufgerufen (wie in *BerechnungA* gezeigt). Allerdings verwendet die Methode der Klasse *BerechnungC* das Ergebnis für eine weitere Berechnung (+ *50*), also muss Sie den Weg über *super::* gehen, denn nur dann kann sie das Ergebnis der Methode noch individuell ändern.

Es gibt aber auch noch eine Alternative zur Verwendung von *super::*. Sie können stattdessen auch den Namen der übergeordneten Klasse schreiben. Natürlich nur, wenn Ihnen dieser Name bekannt ist, also bei eigenen Klassen.

Listing *erben4.prg*

```
1.    public oCalc1, oCalc2, oCalc3
2.
3.    CreateObject()
4.    CalcObjects()
5.    ClearObjects()
6.
7.    Procedure CreateObject ( NULL )
8.        oCalc1 = new VaterKlasse()
9.        oCalc2 = new KindKlasse1()
10.       oCalc3 = new KindKlasse2()
11.   return
12.
13.   Procedure CalcObjects ( NULL )
14.       ? oCalc1.Rechne ( 10, 20 )
15.       ? oCalc2.Rechne ( 10, 20 )
16.       ? oCalc3.Rechne ( 10, 20 )
17.   return
18.
19.   Procedure ClearObjects ( NULL )
20.       release object oCalc1
21.       release object oCalc2
22.       release object oCalc3
23.   return
24.
25.   class VaterKlasse of OBJECT
26.       Procedure Rechne ( iX, iY )
27.       return iX + iY
28.   endclass
29.
30.   class KindKlasse1 of VaterKlasse
31.       Procedure Rechne ( iX, iY )
32.       return super::Rechne ( iX, iY ) + 100
33.   endclass
34.
35.   class KindKlasse2 of VaterKlasse
36.       Procedure Rechne ( iX, iY )
37.       return VaterKlasse::Rechne ( iX, iY ) + 1000
38.   endclass
```

Beide abgeleiteten Klassen rufen jeweils eine Methode ihrer übergeordneten Klasse auf. In einem Fall wird dabei der Vorsatz *super::* verwendet (Zeile 32), im anderen Fall der Name der übergeordneten Klasse (Zeile 37). Beides geht.

ⓘ Ich rate dazu *super::* zu verwenden, da es Ihren Code unabhängiger von den verwendeten Klassennamen macht. So wird das Programm pflegeleichter.

6.3 Vererbung von Ereignissen

Auch Ereignisse werden vererbt und sind in den neuen Klassen nutzbar. Da es Ereignisse meist nur bei Formularen und den Objekten darin gibt hier also ein beispielhaftes Formular mit simplen Komponenten, die Sie alle schon kennen.

Listing *erben5.prg*

```
1.   set procedure to myclass.cc
2.   TuDochWas()
3.
4.   Procedure TuDochWas ( NULL )
5.   local oForm
6.      oForm = new DemoForm ( "Ereignisse vererben", .t. )
7.      oForm.ReadModal()
8.      oForm.Release()
9.   return
10.
11.  class DemoForm ( sT, fC ) of MyDialogClass ( sT, fC )
12.      this.width = 30 ;   this.height = 6
13.
14.      define MyEntryClass DeadEdit1 of this property;
15.      top 1, left 1, width 25,;
16.      value "ich bin read-only", enabled .f.
17.
18.      define MyEntryClass DeadEdit2 of this property;
19.      top 2, left 1, width 25,;
20.      value "ich auch", when {;return .f.}
21.
22.      define MyPushButton Button1 of this property;
23.      top 4, left 1, width 10, text "&Ende!",;
24.      onClick {;form.close()}
25.
26.  endclass
```

Es gibt zwei Eingabefelder, beide entstammen unserer Klasse *MyEntryClass* (siehe *myclass.cc*). Da *MyEntryClass* von der dBWin-Basisklasse *Entryfield* abstammt erbt es deren Ereignisse, so auch das Ereignis *when*, das aufgerufen wird wenn ein Objekt aktiviert werden soll (noch <u>bevor</u> es den Fokus erhält).

Wenn das Ereignis *when* den Wert *.t.* zurückliefert, was Standard ist, wird das betreffende Objekt aktiviert. Bei *.f.* dagegen wird das Objekt nicht aktiviert.

Im Beispiel zeige ich zwei nicht anwählbare Eingabefelder. Beim ersten wird die Eigenschaft *enabled* auf *.f.* gesetzt. Das hat zur Folge, dass es nicht mehr vom Anwender anwählbar ist, und auch optisch anders dargestellt wird, weil dies unter Windows eben so üblich ist für deaktivierte Eingabefelder. Beim zweiten Eingabefeld gebe ich beim von der Basisklasse geerbten Ereignis *when* dagegen *.f.* zurück. Das Ergebnis ist ein ebenfalls nicht anwählbares Eingabefeld, dem man das aber nicht ansieht. Könnte ja mal nützlich sein ...

Vererbte Ereignisse können in der erbenden Klasse natürlich auch geändert werden, genauso wie geerbte Eigenschaften und Methoden dort änderbar sind.

Listing *erben6.prg*

```
1.   set procedure to myclass.cc
2.   TuDochWas()
3.
4.   Procedure TuDochWas ( NULL )
5.   local oForm
6.      oForm = new DemoForm ( "Ereignisse vererben", .t. )
7.      oForm.ReadModal()
8.      oForm.Release()
9.   return
10.
11.  class DemoForm ( sT, fC ) of MyDialogClass ( sT, fC )
12.     this.width = 30 ;   this.height = 6
13.
14.     define MyDeadEntry1 DeadEdit1 of this property;
15.     top 1, left 1, width 25,;
16.     value "ich bin immer read-only"
17.
18.     define MyDeadEntry2 DeadEdit2 of this property;
19.     top 2, left 1, width 25,;
20.     value "ich bin manchmal read-only"
21.
22.     define MyPushButton Button1 of this property;
23.     top 4, left 1, width 10, text "&Ende!",;
24.     onClick {;form.close()}
25.
26.  endclass
27.
28.  class MyDeadEntry1 (f,n) of entryfield (f,n)
29.     this.when = {;return .f.}
30.  endclass
31.
32.  class MyDeadEntry2 (f,n) of MyDeadEntry1 (f,n)
33.     this.when = {;return (mod(int(seconds()),2) = 0)}
34.  endclass
```

Zwei neue Klassen für Eingabefelder, die erste *MyDeadEntry1* stammt von der dBWin-Basisklasse *Entryfield* ab, erbt von dieser u. a. das Ereignis *when* und ändert es so ab, dass es grundsätzlich immer *.f.* zurückliefert. Damit ist ein aus dieser Klasse entstandenes Eingabefeld niemals aktivierbar (es ist *read-only*).

Die zweite Klasse *MyDeadEntry2* stammt von *DeadEntry1* ab, erbt also auch das Ereignis *when*, ändert es aber ab. Es liefert *.t.* wenn die seit Mitternacht vergangenen Sekunden eine gerade Zahl sind, und *.f.* wenn sie ungerade sind. Damit ist es vom Zufall abhängig, ob das Eingabefeld aktiviert werden kann. Ok, nicht sehr sinnvoll, aber sehr schön um Ereignis-Vererbung zu erklären.

6.4 Kapselung bedeutet Schutz

Klassen und Objekte legen einen sehr grossen Wert auf ihre Privatsphäre. Das hat zur Folge, dass die Eigenschaften und Methoden sehr gut nach aussen hin geschützt sind. Sie können „von aussen" nur auf Eigenschaften und Methoden einer Klasse zugreifen, deren Name Ihnen auch bekannt ist. Wenn Ihnen eine Klasse im Quellcode vorliegt ist das kein Thema, aber wenn Sie nur die schon kompilierte *.pro-* oder *.co-*Datei haben sind Sie auf die Infos über Methoden und ggf. den von aussen verwendbaren Eigenschaften zwingend angewiesen.

Damit sind Klassen der ideale Weg, um Programme auf mehrere Module und Projektteile aufzuteilen, die von mehreren Programmierern entwickelt werden. Für die Kommunikation zwischen den einzelnen Programmteilen gibt es fest definierte Schnittstellen (die dokumentierten Methoden), über die sämtlicher Datenverkehr stattfinden muss. Anderweitige Zugriffe sind nicht zulässig.

Und auch wenn Sie meistens oder immer ganz allein im stillen Kämmerchen vor sich hin arbeiten ist das oft sehr hilfreich. Es zwingt Sie auf sanfte aber doch konsequente Art zu einer bedachten und umsichtigen Programmierung. Ihr Quellcode wird flexibler, unabhängiger und viel leichter zu pflegen.

Diese sog. *Kapselung* der Klassen und der darin befindlichen Eigenschaften und Methoden bietet einen hervorragenden Schutz. Sowohl vor den Fehlern und Eigenheiten Ihrer Entwickler-Kollegen wenn Sie im Team arbeiten, als auch vor sich selbst. Schutz vor der eigenen Schlamperei und der hinter jeder Codezeile lauernden Gefahr, es mit den eigenen Prinzipien nicht so genau zu nehmen, denn man könnte ja „nur dieses eine mal" eine Ausnahme machen.

> (i) Keine Bange, auch bei mir ist die Bequemlichkeit manchmal stärker als alle Prinzipien. Und es gibt auch Situationen, da zählt schlicht und einfach nur reiner Pragmatismus, auch wenn die Lösung dann noch so „quick & dirty" ist. So ist das Leben eben, das ist normal. Es sollte nur nicht überhand nehmen.

Dass Eigenschaften und Methoden einer Klasse nur für diese Klasse gelten und es in verschiedenen Klassen jeweils Eigenschaften und Methoden mit demselben Namen geben kann, wissen Sie ja bereits. Das ist ähnlich einer *Procedure* oder *Function*, dort kann es auch gleichnamige lokale Variablen geben (vom Geltungsbereich *local*), die sich niemals gegenseitig stören.

Bei Eigenschaften von Klassen geht die „reine OOP-Lehre" einen Schritt weiter. Auf Eigenschaften sollte nie direkt von aussen zugegriffen werden, sondern das sollte immer und ausschliesslich über Methoden erfolgen. Das macht oft Sinn, auch wenn es etwas mehr Arbeit (mehr Methoden) erfordert.

Hier ein nun Beispiel, wie man die Kapselung von Klassen und damit auch die Sicherheit aushebeln kann, zumindest wenn man die Namen der Eigenschaften kennt. Und wie man es mit Hilfe von Methoden besser und sicherer macht.

Listing *kapseln1.prg*

```
1.   clear
2.   Schlecht()
3.   Gut()
4.
5.   Procedure Schlecht ( NULL )
6.   local oObj
7.      oObj = new IrgendEineKlasse()
8.      oObj.iZahl = 1
9.      oObj.sText = "suboptimal"
10.     ? oObj.iZahl
11.     ? oObj.sText
12.     release object oObj
13.  return
14.
15.  Procedure Gut ( NULL )
16.  local oObj
17.     oObj = new IrgendEineKlasse()
18.     oObj.SetZahl ( 100 )
19.     oObj.SetText ( "optimal" )
20.     ? oObj.GetZahl()
21.     ? oObj.GetText()
22.     release object oObj
23.  return
24.
25.
26.  class IrgendEineKlasse of OBJECT
27.
28.     this.iZahl = 0
29.     this.sText = ""
30.
31.     Procedure SetZahl ( iZahl )
32.        this.iZahl = iZahl
33.     return
34.
35.     Procedure SetText ( sText )
36.        this.sText = sText
37.     return
38.
39.     Procedure GetZahl ( NULL )
40.     return this.iZahl
41.
42.     Procedure GetText ( NULL )
43.     return this.sText
44.
45.  endclass
```

In der Routine *Schlecht* wird frech und ohne jede Scham einfach direkt auf die Eigenschaften der Klasse zugegriffen. Das können Sie auch, weil Sie ja den Quellcode und damit die Namen der Eigenschaften der Klasse kennen.

(i) Wäre Ihnen der Quellcode von *IrgendEineKlasse* oder die Namen der Eigenschaften nicht bekannt, würde *Schlecht* so aber nicht funktionieren.

Nehmen wir nun einmal an, Sie kennen den Quellcode der Klasse nicht, weil Ihnen die Klasse nur als schon fertig kompilierte Datei vorliegt (*.pro* oder *.co*). Wenn Sie trotzdem die Namen der Eigenschaften kennen, woher auch immer, dann können Sie weiterhin direkt auf diese zugreifen. Bis hierher ist alles ok.

Nun schickt Ihnen der Entwickler der Klasse, der woanders arbeitet und den Sie vielleicht nur vom Telefon oder per eMail kennen, nach einiger Zeit eine neue Version, wieder nur als bereits fertig kompilierte Datei. Sie binden diese in Ihr Programm ein und ... plötzlich hagelt es nur noch Fehlermeldungen!

Was ist passiert? Nun, etwas ganz einfaches: der andere Entwickler hat den Code der neuen Version überarbeitet und auch die Namen der Eigenschaften der Klasse geändert. Warum er das getan hat ist hier egal, er wird schon seine Gründe dafür gehabt haben, die Sie nicht kennen und garnicht wissen müssen. Jetzt haben Sie aber ein Problem, denn Ihr Programm funktioniert nicht mehr (sagen Sie jetzt nicht das ist ja nicht Ihre Schuld, das ist völlig irrelevant, aus Sicht Ihrer Kunden ist es Ihr Programm und damit sind immer Sie „schuld").

Es Bedarf nun vieler Mails oder Telefonate, bis Sie die geänderten Namen der Eigenschaften in Erfahrung bringen. Und dann müssen Sie dutzende, wenn nicht hunderte Stellen Ihres Programms ändern und überall die Namen der verwendeten Eigenschaften ändern. Und wenn Sie ein paar Wochen später eine neue Version des Moduls bekommen fängt es wieder von vorne an ...

Denken wir positiv: Sie haben nicht direkt auf die Eigenschaften zugegriffen, sondern sind den vermeintlichen Umweg über die Methoden gegangen. Deren Namen waren Ihnen ja auch bekannt und sie nachträglich zu ändern ist nicht nötig. Selbst wenn der fremde Programmierer den gesamten Aufbau und den internen Ablauf seiner Klassen völlig auf den Kopf stellt gibt es immer Mittel und Wege Schnittstellen nach aussen in Form von Methoden gleich zu lassen.

Damit braucht es Sie überhaupt nicht mehr zu interessieren, ob und was sich intern in der Klasse alles geändert hat. Sie haben weiterhin eine fest definierte Schnittstelle über Methoden, und diese Schnittstelle bleibt gleich, bzw. wird nur sehr selten geändert. Das spart Ihnen sehr viel Zeit und Nerven!

Mal ehrlich, besonders sicher ist diese Kapselung noch nicht. Eigenschaften sind vogelfrei und Änderungen von aussen schutzlos ausgeliefert, sobald ihre Namen bekannt sind. Aber das verhindern Sie mit dem Schlüsselwort *protect*.

Listing *kapseln2.prg*

```
1.   clear
2.   Schlecht()
3.   Gut()
4.
5.   Procedure Schlecht ( NULL )
6.   local oObj
7.      oObj = new IrgendEineKlasse()
8.      oObj.iZahl = 1                && Fehlermeldung!
9.      oObj.sText = "suboptimal"     && Fehlermeldung!
10.     ? oObj.iZahl                  && Fehlermeldung!
11.     ? oObj.sText                  && Fehlermeldung!
12.     release object oObj
13.  return
14.
15.  Procedure Gut ( NULL )
16.  local oObj
17.     oObj = new IrgendEineKlasse()
18.     oObj.SetZahl ( 100 )
19.     oObj.SetText ( "optimal" )
20.     ? oObj.GetZahl()
21.     ? oObj.GetText()
22.     release object oObj
23.  return
24.
25.
26.  class IrgendEineKlasse of OBJECT
27.  protect iZahl, sText             && effektiver Schutz
28.
29.     this.iZahl = 0
30.     this.sText = ""
31.
32.     Procedure SetZahl ( iZahl )
33.        this.iZahl = iZahl
34.     return
35.
36.     Procedure SetText ( sText )
37.        this.sText = sText
38.     return
39.
40.     Procedure GetZahl ( NULL )
41.     return this.iZahl
42.
43.     Procedure GetText ( NULL )
44.     return this.sText
45.
46.  endclass
```

In dieser neuen Variante kam nur eine einzige Befehlszeile neu hinzu:

```
27.   protect iZahl, sText
```

Damit werden die Eigenschaften *iZahl* und *sText* vor jeglichem Zugriff von aussen konsequent und sicher abgeriegelt. Sobald eine Eigenschaft mit dem Schlüsselwort *protect* geschützt ist kann sie von ausserhalb der Klasse nicht mehr benutzt werden. Sie kann dann weder abgefragt noch geändert werden.

 protect schützt Bestandteile einer Klasse vor jedem Zugriff von aussen.

Es ist nicht nötig, dass *protect* <*eigenschaften*> gleich am Anfang der Klasse steht, aber ich empfehle es. Auf jeden Fall muss die Anweisung vor der ersten Methode der Klasse stehen. Es wäre also auch diese Schreibweise möglich:

```
class IrgendEineKlasse of OBJECT
   this.iZahl = 0
   this.sText = ""
   protect iZahl, sText
```

wogegen diese Variante nicht mehr funktionieren würde:

```
class IrgendEineKlasse of OBJECT
   this.iZahl = 0
   this.sText = ""
   Procedure SetZahl ( iZahl )
      this.iZahl = iZahl
   return
   protect iZahl, sText        && zu spät, wird ignoriert!
```

Den Grund erfahren Sie in Kürze im Kapitel über Codebereiche in Klassen ...

Sie können mit *protect* aber nicht nur Eigenschaften, sondern auch Methoden von Klassen sehr einfach vor dem Zugriff bzw. Aufruf von aussen schützen.

```
class IrgendEineKlasse of OBJECT
protect iZahl, sText, GetText
```

Damit werden jetzt nicht nur die Eigenschaften *iZahl* und *sText*, sondern auch noch die Methode *GetText* von der Aussenwelt abgeriegelt. Der Aufruf

```
? oObj.GetText()
```

würde dann einen Fehler erzeugen. Das ist nützlich für alle Methoden, die <u>nie</u> von aussen sondern <u>immer nur innerhalb</u> der Klasse verwendet werden sollen.

6.5 Parameter an Klassen übergeben

Parameter für Klassen funktionieren im Prinzip wie Parameter an Prozeduren. Die Parameter werden auch im Kopf der Klasse in Klammern geschrieben und beim späteren anlegen eines Objekts aus der Klasse in Klammern übergeben. Es gibt jedoch noch eine zweite Variante mit dem Befehl *parameters*, den Sie sicher schon kennen. Er wird seltener verwendet, funktioniert aber genauso.

Listing *claspara.prg*

```
1.   clear
2.   public oObj1, oObj2
3.
4.   oObj1 = new ParaTest1 ( 1, 2 )
5.   oObj2 = new ParaTest2 ( 10, 20 )
6.   oObj3 = new ParaTest3 ( 100, 200 )
7.
8.   oObj1.ZeigeZahlen()
9.   oObj2.ZeigeZahlen()
10.  oObj3.ZeigeZahlen()
11.
12.  release object oObj1
13.  release object oObj2
14.  release object oObj3
15.
16.  class ParaTest1 ( iP1, iP2 ) of OBJECT
17.     this.iZahl1 = iP1
18.     this.iZahl2 = iP2
19.     Procedure ZeigeZahlen
20.        ? iP1, iP2                    && Fehlermeldung!
21.        ? this.iZahl1, this.iZahl2
22.     return
23.  endclass
24.
25.  class ParaTest2 of OBJECT
26.     parameters iP1, iP2
27.     this.iZahl1 = iP1
28.     this.iZahl2 = iP2
29.     Procedure ZeigeZahlen
30.        ? iP1, iP2                    && Fehlermeldung!
31.        ? this.iZahl1, this.iZahl2
32.     return
33.  endclass
34.
35.  class ParaTest3 ( iP1, iP2 ) of OBJECT
36.     Procedure ZeigeZahlen
37.        ? iP1, iP2                    && Fehlermeldung!
38.        ? this.iZahl1, this.iZahl2    && Fehlermeldung!
39.     return
40.     this.iZahl1 = iP1
41.     this.iZahl2 = iP2
42.  endclass
```

Die Klasse *ParaTest1* empfängt ihre Parameter auf konventionellem Weg in Klammern direkt bei *class* ... (Zeile 16). Die zweite Klasse *ParaTest2* nutzt den anderen Weg mit dem Befehl *parameters* ..., der dann aber nicht in der Zeile mit *class* ... steht, sondern als eigener Befehl in der nächsten Zeile (26). Die dritte Klasse empfängt ihre Parameter wieder so wie die erste, das ist ok, aber dennoch ist hier ein böser Fehler, auf den ich gleich noch näher eingehe.

In allen drei Klassen werden also die Parameter in neuen Eigenschaften der Klasse (*iZahl1* und *iZahl2*) gespeichert, damit sie auch später verfügbar sind. Dieses merken der Parameter in einer Eigenschaft der Klasse, im Beispiel als

```
this.iZahl1 = iP1
this.iZahl2 = iP2
```

ist überaus wichtig. Nur so können Sie später und innerhalb der Methoden der Klasse noch auf diese Daten zugreifen. Die Methode *ZeigeZahlen* belegt es.

In *ZeigeZahlen* werden die zwei Eigenschaften im Befehlsfenster ausgegeben, und es wird auch nochmal versucht, auf die Parameter der Klasse zuzugreifen. Die Ausgabe der Eigenschaften funktioniert, die der Parameter schlägt jedoch fehl und die Zeilen 20, 30 und 37 führen zu einer Fehlermeldung! Warum?

Der Grund ist simpel: die an eine Klasse übergebenen Parameter sind nur im äusseren Codebereich der Klasse, also ausserhalb ihrer Methoden bekannt. Nur dort kann auf sie zugegriffen werden. Sollen die Daten in den Methoden der Klasse verwendet werden, was wohl die Regel ist, müssen sie in diesem äusseren Bereich „abgefangen" und in extra Eigenschaften gemerkt werden.

Dieses „abfangen" und merken der Parameter darf aber nicht irgendwo in der Klasse passieren, sondern muss im Codebereich vor der ersten Methode sein. Nur Befehle bis zur ersten Methode einer Klasse werden autom. ausgeführt, wenn mit *new* (oder auch mit *define*) aus einer Klasse ein Objekt erstellt wird.

Die dritte Klasse *ParaTest3* beweist es. Dort werden die Parameter erst nach der Methode abgefangen, was nicht funktioniert, da dieser Bereich niemals ausgeführt wird. Damit sind auch die Eigenschaften *iZahl1* und *iZahl2* in der Klasse nicht definiert und in der Methode *ZeigeZahlen* unbekannt. Das führt nicht nur in Zeile 37 sondern auch in Zeile 38 zu einer Fehlermeldung.

Einige ältere Publikationen behaupten, die Variante *parameters* würde bewirken, dass Parameter vom Geltungsbereich *private* wären und damit auch innerhalb der Methoden bekannt sein müssten. Ich konnte das aber bei meinen Tests (mit *Visual dBASE, dBASE 2000* und *dBASE Plus*) nicht nachvollziehen.

6.6 Objekte als Parameter verwenden

Objekte können auch als Parameter an Prozeduren und Funktionen übergeben werden. Dabei kann innerhalb der Prozedur beliebig auf alle Bestandteile des Objekts zugegriffen werden und sie können bei Bedarf auch geändert werden.

Listing *objpara1.prg*

```
1.  clear
2.  public oObj
3.  oObj = new object()
4.  oObj.iZahl = 100
5.  oObj.sText = "hundert"
6.
7.  ? oObj.iZahl, oObj.sText
8.  ChangeMyObj ( oObj )
9.  ? oObj.iZahl, oObj.sText
10. release object oObj
11.
12. ObjectParamTest()
13.
14. Procedure ChangeMyObj ( oParam )
15.    oParam.iZahl = oParam.iZahl * 2
16.    oParam.sText = oParam.sText + " mal zwei"
17. return
18.
19. Procedure ObjectParamTest ( NULL )
20. local oObj
21.    oObj = new object()
22.    oObj.iZahl = 1000
23.    oObj.sText = "tausend"
24.    ? oObj.iZahl, oObj.sText
25.    ChangeMyObj ( oObj )
26.    ? oObj.iZahl, oObj.sText
27.    release object oObj
28. return
```

Oben wird ein globales Objekt *oObj* erzeugt, dem zwei Eigenschaften mit auf den Lebensweg gegeben werden (*iZahl* und *sText*). Dann wird das Objekt als Parameter an die Routine *ChangeMyObj* übergeben, dort werden die beiden Eigenschaften geändert. Dass das funktioniert beweisen die beiden Ausgaben der Eigenschaften vor und nach dem Aufruf von *ChangeMyObj* (Zeilen 7, 9).

Natürlich, weil *oObj* ein globales Objekt ist würde das auch ohne Parameter funktionieren, globale Objekte sind ja von allen Unterroutinen aus im Zugriff. Also entsorge ich das globale Objekt und mache in *ObjectParamTest* dasselbe nochmal mit einem dort lokalen Objekt. Auch hier funktioniert die Änderung der Eigenschaften in *ChangeMyObj*, die Testausgaben beweisen es (24, 26). Durch die Übergabe als Parameter wird auch das lokale Objekt *oObj* aus der Routine *ObjectParamTest* in der anderen Routine *ChangeMyObj* verfügbar.

So, jetzt wird's kurz mal etwas verzwickt: Sie wissen ja sicher, dass Sie durch zusätzliche Klammern um einzelne Parameter diese davor bewahren können, die evtl. in der aufgerufenen Routine gemachten Änderungen wieder an die aufrufende Codestelle zurückzuliefern (Beispiel in Band 2 Seite 157 unten).

Für Objekte als Parameter gilt dies aber nicht, sie sind damit nicht schützbar!

Listing *objpara2.prg*

```
1.   clear
2.   public oObj, iVar
3.   oObj = new object()
4.   oObj.iZahl = 100
5.   oObj.sText = "hundert"
6.   iVar = 100
7.
8.   ? iVar, oObj.iZahl, oObj.sText
9.   ChangeMyObj ( (oObj), (iVar) )          && Klammern
10.  ? iVar, oObj.iZahl, oObj.sText
11.  release object oObj
12.
13.  ObjectParamTest()
14.
15.  Procedure ChangeMyObj ( oParam, iParam )
16.     iParam = iParam * 2
17.     oParam.iZahl = oParam.iZahl * 2
18.     oParam.sText = oParam.sText + " mal zwei"
19.  return
20.
21.  Procedure ObjectParamTest ( NULL )
22.  local oObj, iVar
23.     oObj = new object()
24.     oObj.iZahl = 1000
25.     iVar = 1000
26.     oObj.sText = "tausend"
27.     ? iVar, oObj.iZahl, oObj.sText
28.     ChangeMyObj ( (oObj), (iVar) )       && Klammern
29.     ? iVar, oObj.iZahl, oObj.sText
30.     release object oObj
31.  return
```

Neben dem Objekt *oObj* habe ich hier jeweils auch noch eine Variable *iVar* definiert, sowohl global als auch lokal in der Routine *ObjectParamTest*. Sie wird zusammen mit dem Objekt an *ChangeMyObj* übergeben, und ausserdem werden beide Parameter beim Aufruf von *ChangeMyObj* extra geklammert.

Diese Klammerung bewirkt, dass die Variable *iVar* <u>unverändert</u> zurückkommt, obwohl sie als Parameter *iParam* in *ChangeMyObj* geändert wird. Entfernen Sie bitte die Klammern um *iVar* beim Aufruf, wenn Sie es mir nicht glauben. Die Objekt-Eigenschaften werden aber trotz der Klammern <u>immer</u> geändert!

6.7 Codebereiche in Klassen

Ich habe schon mal darauf hingewiesen welche Codebereiche in Klassen bei der Erstellung eines Objekts (eines Ablegers der Klasse, einer sog. *Instanz*) durchlaufen werden, und welche nicht. Dazu nochmal ein Beispiel:

Listing *classes1.prg*

```
1.   clear                      && Befehlsfenster leeren
2.   set console on             && Textausgabe aktivieren
3.
4.   public oObj
5.   ? "--- vor NEW()"
6.   oObj = new TestKlasse()
7.   ? "--- nach NEW()"
8.   ?
9.   ? "--- vor Methode()"
10.  oObj.Methode()
11.  ? "--- nach Methode()"
12.  ?
13.  ? "--- vor release"
14.  release object oObj
15.  ? "--- nach release"
16.
17.  class TestKlasse of OBJECT
18.
19.      ? "In der Klasse, vor Methoden, vor Eigenschaften"
20.      this.iZahl = 123
21.      ? "In der Klasse, vor Methoden, nach Eigenschaften"
22.
23.      Procedure Methode ( NULL )
24.          ? "In der Klasse, in der Methode"
25.      return
26.
27.      ? "In der Klasse, nach Methoden und Eigenschaften"
28.  endclass
```

Das simple Programm zeigt Ihnen sehr anschaulich, welcher Codebereich in der Klasse wann ausgeführt wird, und auch welcher garnicht ausgeführt wird.

Sie sehen anhand der erzeugten Ausgaben, dass bei Erstellung einer Instanz der Klasse mit *new* der komplette Codebereich in der Klasse bis <u>vor</u> die erste Methode ausgeführt wird. Das ist also der ideale Bereich für Befehle, die bei Erzeugung eines Objekts aus der Klasse durchlaufen werden müssen.

Befehle, die erst <u>nach</u> der ersten Methode, aber eben <u>ausserhalb</u> der Methode stehen, werden <u>niemals</u> ausgeführt. Ganz einfach, man muss es nur wissen.

 Man nennt den ausgeführten Code auch *Konstruktionscode* einer Klasse.

Noch viel spannender wird die Ausführung des Codes aber bei Unterklassen, die von einer übergeordneten Klasse abgeleitet werden. Beispiel:

Listing *classes2.prg*

```
1.  clear                  && Befehlsfenster leeren
2.  set console on         && Textausgabe aktivieren
3.  public oObj1, oObj2
4.
5.  ? "--- vor NEW() der Oberklasse"
6.  oObj1 = new OberKlasse()
7.  ? "--- nach NEW() der Oberklasse"
8.  ?
9.  ? "--- vor NEW() der Unterklasse"
10. oObj2 = new UnterKlasse()
11. ? "--- nach NEW() der Unterklasse"
12. ?
13. oObj1.Methode()
14. oObj2.Methode()
15.
16. release object oObj1
17. release object oObj2
18.
19. class OberKlasse of OBJECT
20.    ? "Oberklasse, vor Methoden, vor Eigenschaften"
21.    this.iEigenschaft = 1
22.    ? "Oberklasse, vor Methoden, nach Eigenschaften"
23.    Procedure Methode ( NULL )
24.       ? "In der Oberklasse, in der Methode"
25.    return
26.    ? "Oberklasse, nach Methoden und Eigenschaften"
27. endclass
28.
29. class UnterKlasse of OberKlasse
30.    ? "Unterklasse, vor Methoden, vor Eigenschaften"
31.    this.iEigenschaft = 1
32.    ? "Unterklasse, vor Methoden, nach Eigenschaften"
33.    Procedure Methode ( NULL )
34.       ? "In der Unterklasse, in der Methode"
35.    return
36.    ? "Unterklasse, nach Methoden und Eigenschaften"
37. endclass
```

Beim *new* der *Oberklasse* läuft alles wie zuvor und Sie sehen alle Ausgaben, die vor den Methoden dieser Klasse programmiert sind. Soweit ja bekannt.

Das *new* der *Unterklasse* ist dagegen hochinteressant. Da sie von *Oberklasse* abstammt wird bei ihrer Anlage auch der entsprechende Code der *Oberklasse* nochmals ausgeführt, und das sogar noch vor dem Code der *Unterklasse*!

Das kann ebenso hilfreich wie gefährlich sein, und das müssen Sie wissen!

6.8 Rechnen mit Klassen

Auch für mathematische Berechnungen aller Art eignen sich Klassen sehr gut. Die Berechnung bzw. Formel kann einfach in der Klasse „verpackt" werden. Die nötigen Zahlenwerte werden in den Eigenschaften der Klasse hinterlegt und das Ergebnis der Berechnung kann über Methoden abgerufen werden.

Damit lassen sich auch komplexe Formeln und umfangreiche Berechnungen sehr einfach als Klasse programmieren. Und wenn sich später mal ein Detail der Formel ändert, dann ändern Sie es nur an einer Stelle, in dieser Klasse.

Hier ein Beispiel zu der von uns allen freudig erwarteten MwSt.-Erhöhung:

Listing *rechnen1.prg*
```
1.    clear
2.    public oObj
3.
4.    oObj = new BruttoBetrag1 ( 100, 16 )
5.    ? oObj.RechneBrutto()
6.    release object oObj
7.
8.    oObj = new BruttoBetrag2()
9.    oObj.SetMwSt ( 16 )
10.   ? oObj.RechneBrutto ( 100 )
11.   oObj.SetMwSt ( 19 )
12.   ? oObj.RechneBrutto ( 100 )
13.   release object oObj
14.
15.   class BruttoBetrag1 ( iNetto, iMwSt ) of OBJECT
16.
17.      this.iNetto = iNetto
18.      this.iMwSt  = iMwSt
19.
20.      Procedure RechneBrutto ( NULL )
21.      return this.iNetto * (1.0 + (this.iMwSt/100))
22.
23.   endclass
24.
25.   class BruttoBetrag2 of OBJECT
26.
27.      this.iMwSt = 0
28.
29.      Procedure SetMwSt ( iMwSt )
30.         this.iMwSt = iMwSt
31.      return
32.
33.      Procedure RechneBrutto ( iNetto )
34.      return iNetto * (1.0 + (this.iMwSt/100))
35.
36.   endclass
```

Die erste Klasse *BruttoBetrag1* macht es auf eine eher konventionelle Art und Weise. Ihr werden Nettobetrag und MwSt.-Satz als Parameter übergeben und zur Berechnung des Bruttobetrags wird eine Methode der Klasse aufgerufen.

Die zweite Klasse *BruttoBetrag2* macht im Ergebnis dasselbe, nur gibt es bei ihr keine Parameter, sondern die beiden Zahlen werden erst mittels Methoden an die Klasse übergeben, daraus berechnet eine Methode dann das Ergebnis.

Der Vorteil der zweiten Klasse ist, dass Sie bei Änderung des MwSt.-Satzes einfach nur die Methode *SetMwSt* mit dem neuen Prozentsatz aufrufen und schon rechnet die Klasse wieder richtig. Bei geschickter Programmierung ist das eine Änderung an einer einzigen Stelle im Programm, und schon ist der MwSt.-Satz für sämtliche Berechnungen, egal wieviele das sind, geändert.

Bei der ersten Variante müssten Sie dagegen alle Codestellen suchen und alle übergebenen MwSt.-Sätze einzeln von 16 auf 19 ändern. Das ist erstens eine kropfunnötige Arbeit und zweitens auch eine ungeheuer grosse Fehlerquelle. Und spätestens wenn in ein paar Jahren schon wieder Ebbe in der Staatskasse ist müssten Sie es erneut ändern, dann von 19 auf 20 oder gar 22 (natürlich nicht wg. leerer Kassen, sondern „im Rahmen der EU-Harmonisierung" ...).

So eine Berechnung lässt sich bei Bedarf übrigens sogar noch knapper und auch völlig ohne Methoden realisieren. Das sieht dann sehr prägnant so aus:

Listing *rechnen2.prg*
```
1.   ? new BruttoBetrag3(100,16).iErgebnis
2.
3.   class BruttoBetrag3 ( iNetto, iMwSt ) of OBJECT
4.     this.iErgebnis = iNetto * (1.0 + (iMwSt/100))
5.   endclass
```

Es gibt keine Methoden mehr, nur eine Eigenschaft, und dieser wird gleich zu Beginn das berechnete Ergebnis aus den übergebenen Parametern zugewiesen.

Der Aufruf der Berechnung könnte übrigens auch so geschrieben werden:

```
1.   ? new BruttoBetrag3 ( 100, 16 ) .iErgebnis
```

Also mit den von mir üblicherweise verwendeten Leerzeichen zwischen den einzelnen Bestandteilen der Befehlszeile. Das ist viel übersichtlicher. Aber Achtung, zwischen dem Punkt und dem Namen der Eigenschaft *.iErgebnis* darf <u>kein</u> Leerzeichen stehen, sonst interpretiert dBWin den Punkt falsch.

 Die Variante erzeugt keine Objekt-Variable, damit kein *release object*!

Sie fragen sich jetzt sicher zurecht, warum man für eine simple Berechnung überhaupt mit Klassen und Objekten arbeiten sollte. Es ginge ja auch so:

Listing *rechnen3.prg*
```
1.   #define MWST_SATZ 16
2.
3.   ? BruttoBetrag ( 100 )
4.   ? NettoBetrag ( 116 )
5.
6.   Procedure Bruttobetrag ( iNetto )
7.   return iNetto * (1.0 + (MWST_SATZ/100))
8.
9.   Procedure NettoBetrag ( iBrutto )
10.  return iBrutto / (100.0+MWST_SATZ) * 100.0
```

Hier ist der MwSt.-Satz flexibel als *#define* angegeben und eine Änderung des Satzes wird auch nur an <u>einer</u> Stelle gemacht, nämlich bei diesem *#define*.

 Ausführliche Infos zu *#define* finden Sie in Band 2 ab Seite 174.

Alle Stellen im Programm die den MwSt.-Satz benötigen, verwenden dieses *#define* statt einem konstanten Wert oder einer Variablen. Und damit ist eine Änderung des *#define* autom. an allen Stellen überall im Programm wirksam.

Ja, Sie haben im Grunde völlig recht. Diese „old fashioned" Lösung der sog. *Prozeduralen Programmierung* statt **Objekt-Orientierter** *Programmierung* ist für solch einfachen Fälle sicher besser und der am häufigsten gegangene Weg. Das ist absolut in Ordnung, niemand zwingt Sie dazu die *OOP* zu verwenden.

Es geht mir nur darum, dass man es auch so machen *kann*, mehr nicht. Aber auch nicht weniger und je nach Situation und Komplexität des Programms, aber auch abhängig von Ihren persönlichen Vorlieben, werden Sie vielleicht mal die eine und ein andermal die andere Version nutzen. Das ist Ihre Sache. Wichtig ist mir aber, dass Sie beide Varianten sicher beherrschen und je nach Bedarf und abhängig von der jeweiligen Situation den optimalen Weg gehen.

In diesem Zusammenhang ist mir auch das noch sehr wichtig:

(i) Es gibt eingefleischte „Hardcore-OOP-Entwickler", die darauf schwören wirklich alles als Klasse bzw. Objekt zu gestalten. Jeder noch so banale Mist, der im herkömmlichen Stil in ein paar Zeilen programmiert wäre, wird gleich in eine eigene Klasse verwurstet. Mir scheint das ist für einige schon so eine Art Glaubensfrage, die verwendeten Argumente sind oft haarscharf am Rande der Sachlichkeit. Meine Meinung dazu: jedem das seine und mir das meine! Tun Sie es so wie es Ihnen behagt und machen Sie keine Religion daraus!

6.9 Klassen und Objekte untersuchen

Eine gute Möglichkeit sich das „Innenleben" auch Ihrer eigenen Klassen und
Objekte genauer anzusehen ist der Befehl *inspect*. Er zeigt alle Ereignisse,
Methoden und Eigenschaften des Objekts in einem übersichtlichen Fenster.

```
inspect ( <objektname> )
```

Damit öffnet sich der *Objekt-Inspektor* und Sie können Ihr Objekt unter die
Lupe nehmen. Zwar können Sie keine Änderungen am Objekt vornehmen,
aber bei Fehlern und „störrischen" Klassen ist das evtl. eine sehr gute Hilfe.

Listing *inspekt.prg*
```
1.   public oObj
2.   oObj = new MeineKlasse()
3.
4.   inspect ( oObj )
5.   // release object oObj
6.
7.   class MeineKlasse of OBJECT
8.
9.      this.iZahl = 123
10.     this.sText = "so so"
11.     this.fLogisch = .t.
12.
13.     Procedure SetZahl ( iZahl )
14.        this.iZahl = iZahl
15.     return
16.
17.     Procedure GetZahl ( NULL )
18.     return this.iZahl
19.
20.  endclass
```

Im diesem Beispiel enthalten nur die Seiten *Eigenschaften* und *Methoden* für
Sie sichtbare Einträge. Die Seite *Events* (Ereignisse) ist leer, denn die obige
Klasse hat keine eigenen Ereignisse (Ereignisse gibt es z. B. bei Objekten die
der Basisklasse *form* entstammen und bei diversen Formular-Komponenten).

(i) Eine Beschreibung des *Objekt-Inspektors* siehe Band 2 ab Seite 33.

 Natürlich funktioniert die Untersuchung von Klassen mit dem *Objekt-
Inspektor* nur solange die Klasse bzw. das daraus abgeleitete Objekt noch im
Speicher existiert. Nach einem *release object ...* ist also nichts mehr zu sehen
und darum habe ich die Freigabe im obigen Beispiel auch herausgenommen.

Bei den meisten Klassen, egal ob visuelle (für Formulare) oder nicht-visuelle, gibt es schreibgeschützte Eigenschaften. Die können Sie zwar nicht ändern, aber dennoch sind sie von Interesse, so z. B. *className* und *baseClassName*.

Sie können folgendes Beispiel direkt im Befehlsfenster ausführen:

```
set procedure to myclass.cc
f = new MyFormClass ( "Titel", .t. )
e = new MyEntryClass ( f, "Entry1" )
? f.classname
? f.baseclassname
? e.classname
? e.baseclassname
```

und Sie erhalten bei den letzten vier Befehlen folgende Ausgaben:

MYFORMCLASS
FORM
MYENTRYCLASS
ENTRYFIELD

Sie sehen, die Eigenschaft *className* gibt den Namen der Klasse wieder, aus der das Objekt abgeleitet wurde. *baseClassName* dagegen ist der Name der obersten Basisklasse, aus der evtl. wiederum die Unterklasse entstanden ist.

Das ist hilfreich bei fremden Klassen, von denen Sie keinen Quellcode und keine vollständige Dokumentation haben. Denn so können Sie wenigstens prüfen von welcher dBWin-Basisklasse die betreffende Klasse abstammt.

ⓘ Die Eigenschaften *className* und *baseClassName* sind schreibgeschützt und können bei Objekten nicht geändert werden. Das ist aber auch nicht nötig.

Allerdings funktioniert das nicht bei allen Klassen. Auch hierzu ein Beispiel:

```
o = new object()
? o.classname
? o.baseclassname
```

wird keine Ausgaben, sondern nur zwei Fehlermeldungen produzieren. Die Basisklasse *Object* hat keine Eigenschaften *className* und *baseClassName*.

Auch hier ist wieder der Befehl *inspect (<objekt>)* nützlich, denn mit ihm können Sie prüfen, ob ein Objekt eine gesuchte Eigenschaft hat oder nicht.

Eine weitere Möglichkeit um den Geheimnissen von Klassen auf die Spur zu kommen ist der Befehl *enumerate*. Er erzeugt ein *AssocArray* aus der Klasse (ein *AssocArray* wird in einem eigenen Kapitel dieses Buches schon erklärt).

Listing *enumera.prg*
```
1.  clear
2.  public iX, oForm, sKey
3.
4.  oForm = new form()
5.  aArray = enumerate ( oForm )
6.  oForm.release()
7.
8.  sKey = aArray.firstkey
9.  for iX = 1 to aArray.count()
10.   ? aArray[sKey], sKey
11.   sKey = aArray.nextkey(sKey)
12. next
```

Zuerst wird aus der Basisklasse *form* ein Objekt erstellt, dessen Bestandteile mittels *enumerate* in *aArray* gespeichert werden. Danach kann das Formular-Objekt mit seiner Methode *release* wieder aus dem Speicher entfernt werden.

Alle Bestandteile des Objekts, also Eigenschaften, Methoden und Ereignisse, werden als Schlüssel für das *AssocArray* verwendet. Mittels *firstkey* wird der erste Schlüssel ermittelt und dann werden in einer Schleife alle Elemente des Arrays durchlaufen. Sowohl der Schlüsseltext selbst, der aus dem jeweiligen Namen der Eigenschaft, der Methode oder des Ereignisses besteht, als auch der Inhalt der dazugehörenden Array-Zeile werden dann ermittelt. Über die Methode *nextkey* wird der nächste Schlüssel ermittelt, bis alle gezeigt sind.

Im Befehlsfenster sehen Sie dutzende Zeilen, hier nur ein kleiner Auszug:

```
P moveable
P colorNormal
M close
M release
E onChange
E onNavigate
```

Der Buchstabe *P* steht für Eigenschaften (engl. *property*), *M* ist eine Methode (engl. *method*) und mit *E* wird ein Ereignis (engl. *event*) dargestellt.

💣 *enumerate* ist in vielen *dBASE Plus* Versionen nicht mehr dokumentiert. Ob es einfach nur vergessen wurde oder ob der Befehl künftig ganz entfallen soll ist mir nicht bekannt. Die Onlinehilfe von *dBASE 2000* kennt ihn noch.

6.10 Verweise auf Objekte kopieren

Wenn Sie aus einer Klasse ein Objekt erstellen haben Sie dazu im Regelfall eine Objekt-Variable. Diese Objekt-Variable ist ein Verweis auf das Objekt. Über diesen Verweis wird künftig das Objekt angesprochen, wird auf seine Eigenschaften zugegriffen und seine Methoden aufgerufen. Soweit alles klar.

Wenn Sie nun aber so einen Verweis kopieren (in eine andere Variable), wird damit nur der Verweis auf das Objekt verdoppelt, nicht aber das Objekt selbst. Es gibt also weiterhin nur ein Objekt, auf das eben zwei Variablen verweisen.

Listing *copyobj.prg*

```
1.    public oObj1, oObj2
2.    oObj1 = new object()
3.    oObj1.iX = 1
4.    oObj1.sText = "ich bin das Objekt 1"
5.
6.    ? oObj1.iX
7.    ? oObj1.sText
8.
9.    oObj2 = oObj1        && Objekt-Variable kopieren
10.   ?
11.   ? oObj1.iX
12.   ? oObj2.iX
13.   ? oObj1.sText
14.   ? oObj2.sText
15.
16.   oObj1.iY = 2         && Zugriff per Variable 1
17.   ?
18.   ? oObj1.iY
19.   ? oObj2.iy
20.
21.   oObj2.iZ = 3         && Zugriff per Variable 2
22.   ?
23.   ? oObj1.iZ
24.   ? oObj2.iZ
25.
26.   release object oObj1
27.   ? oObj2.iX                        && Fehlermeldung!
```

Am Anfang wird ein neues Objekt *oObj1* angelegt und mit zwei Eigenschaften versehen. Die werden danach zur Kontrolle ausgegeben, nicht sehr aufregend. In Zeile 9 wird die Objekt-Variable kopiert und damit verweist jetzt sowohl *oObj1* als auch *oObj2* auf dasselbe Objekt, die Ausgaben danach belegen es.

Als weiterer Test werden erst Eigenschaften über *oObj1* und dann über *oObj2* geändert und danach über beide Variablen angezeigt. Jede Änderung ist auch immer über die andere Objekt-Variable sichtbar. Und wenn dann das Objekt aus dem Speicher entfernt wird sind beide Objekt-Variablen ihr Objekt los.

6.11 Klassen und Objekte entfernen

Für eine „saubere" Speicherverwaltung und für sichere und stabile Programme ist es unumgänglich, angelegte Objekte nach Gebrauch wieder zu entsorgen.

Wenn ein Programm beendet wird passiert das sowieso. Dafür sorgt nicht zuletzt Windows mit diversen mehr oder weniger wirksamen internen Mechanismen, die allgemein und völlig unabhängig von dBWin sind.

Aber auch Sie müssen sich darum kümmern, vorallem wenn Ihr Programm nach dem Gebrauch von Klassen und Objekten nicht gleich beendet wird, sondern noch eine Weile weiterlaufen soll, und das bitte möglichst stabil.

Sie können die folgenden kurzen Beispiele direkt im Befehlsfenster eingeben.

Zuerst einmal: wie bekommen Sie überhaupt eine Übersicht darüber, welche Objekte gerade im Speicher sind? Dazu eignen sich die beiden Befehle

```
display memory
list memory
```

Beide geben die aktuellen Variablen und sonstige Objekte im Speicher im Ausgabebereich des Befehlsfensters aus. Der Unterschied ist, dass *display* nach jeder Seite autom. eine Pause einlegt, während *list* einfach durchläuft.

Wenn Sie z. B. diese Befehle nacheinander im Befehlsfenster eingeben:

```
x = 123
y = "abc"
clear
list memory
```

sehen Sie, nachdem mit *clear* der Ausgabebereich im Befehlsfenster gelöscht wurde, einen Rattenschwanz mit dutzenden Systemvariablen von dBWin, deren Name meist mit _ beginnt. Das nervt etwas, ist aber nicht zu ändern.

 Eine Beschreibung der Systemvariablen enthält Band 2 ab Seite 222.

Die für uns interessanten *„Benutzerdefinierten Speichervariablen"* stehen leider ganz am Anfang dieser Ausgabe, so dass Sie den Ausgabebereich des Befehlsfensters vermutlich erst nach oben scrollen müssen um sie zu finden. Oder Sie verwenden *display memory* und brechen nach der ersten Seite ab.

Wenn Sie das tun sehen Sie eine Anzeige, die so oder ähnlich aussieht:

```
        Benutzerdef. Speichervariablen

X                Global N        123,000000
Y                Global C    "abc"
      2 Variablen definiert,       4 Byte belegt
    498 Variablen verfügbar,    4092 Byte frei

        Systemspeichervariablen

_APP             Global O
_DBWINHOME       Global C    "C:\dBase\PLUS\"
<und noch ein paar dutzend Systemvariablen mehr>
```

Uns interessieren nur *x* und *y*, und zu denen sehen Sie ihren Geltungsbereich (Global), den Datentyp (*N* ist numerisch, *C* steht für Character, also Zeichen), den jeweiligen Inhalt (hier *123,0* bzw. *„abc"*), sowie den belegten Speicher.

Wie werden Sie die wieder los? Manchmal liest man dazu diesen Tip:

```
x = null
y = null
display memory
```

Also einfach mal eben *null* zuweisen (nicht 0!) und die Variablen sind weg? Oder sind sie es etwa doch nicht? Prüfen Sie es ... tja, so geht es also nicht. Leider sind *x* und *y* noch immer da, wenn auch jetzt vom Typ *U* (*undefined*), weil wir ihnen *null* zugewiesen haben (Infos zu *null* siehe Band 2 Seite 250).

```
release x
release y
display memory
```

Ha, schon besser, jetzt sind die Variablen *x* und *y* aus dem Speicher entfernt.

Ähnlich verhält es sich mit einem Formular, aber es wird etwas trickreicher:

```
f = new form()
display memory
```

zeigt eine globale Variable *f* des Datentyps *O* (das steht für Objekt). Weiter:

```
f.open()
f.close()
f.release()
display memory
```

Das Formular wird kurz geöffnet, wieder geschlossen, aus dem Speicher entfernt und siehe da, die Variable *f* ist trotzdem immer noch zu sehen!

Erst durch ein ausdrückliches

```
release f
```

ist die Variable *f* wieder verschwunden. Kann das sein? Warum verschwindet sie nicht gleich nach dem Befehl *f.release()*, der doch das Formular entsorgt?

Des Rätsels Lösung: mit dem Befehl *f.release()* wird zwar das Formularobjekt aus dem Speicher entfernt, aber eben nicht die Variable *f*, die der Bezugspunkt für das Formular war. Die Variable wird erst mit dem Befehl *release f* entfernt.

In diesem Zusammenhang ist auch noch dieser Versuch sehr interessant:

```
f = new form()
f.open()
f.close()
f.release()
f.open()                        && Fehlermeldung!
display memory                  && f ist noch da
release f
display memory                  && f ist weg
```

Das Formular wird mit *new* im Speicher angelegt, die Variable *f* ist wie eine Referenz darauf. Das Formular wird geöffnet, wieder geschlossen, dann ganz aus dem Speicher entfernt. Ein erneuter Versuch es zu öffnen schlägt fehl, denn es gibt das Formular nicht mehr (seine Referenz-Variable schon noch!).

Ähnliches gilt auch für andere Klassen, z. B. für die simple Klasse *Object*:

```
o = new object()
o.iX = 123
? o.iX
o.release()                     && Fehlermeldung!
release object o
? o.iX                          && Fehlermeldung!
display memory                  && o ist noch da
release o
display memory                  && o ist weg
```

Eine Objekt der Klasse *Object* wird angelegt und der Variablen *o* zugewiesen. Dem Objekt wird eine neue Eigenschaft *iX* verpasst, diese wird ausgegeben, dann wir die Methode *release* aufgerufen. Der Aufruf führt zu einem Fehler, da das Objekt eine solche Methode garnicht kennt. *release object* entfernt das Objekt aus dem Speicher. Der Versuch die Eigenschaft *iX* erneut anzuzeigen führt demnach auch zu einem Fehler, denn das Objekt gibt es nicht mehr. Die Variable *o* gibt es aber weiterhin, sie verschwindet erst wieder mit *release o*.

Für die Speicherverwaltung, aber auch für Ihr Verständnis über die internen Abläufe von dBWin ist es wichtig, zwischen dem eigentlichen Objekt und seiner Objektvariablen, über die darauf zugegriffen wird, zu unterscheiden.

Das Objekt selbst wird, soweit dies möglich ist, über seine eigene Methode

```
<objektvariable>.release()
```

aus dem Speicher entfernt, wobei aber nicht alle Klassen und Objekte über so eine Methode verfügen. Die meisten optischen Klassen in den Formularen verfügen über solch eine Methode, die andere Klassen dagegen meist nicht.

ⓘ Wenn Sie es nicht sicher wissen schlagen Sie in der dBWin-Onlinehilfe nach, ob es zu einem speziellen Objekt eine Methode *release* gibt oder nicht.

Verfügt eine Klasse und damit ein Objekt nicht über eine Methode *release*, kann das Objekt auch mit einem Befehl aus dem Speicher entfernt werden.

```
release object <objektvariable>
```

Dieser Weg mit *release object* ist im Regelfall auch bei all den Klassen und Objekten möglich, die selbst über eine Methode *release* verfügen. Dennoch empfehle ich die Methode *release* zu verwenden, wenn es eine solche gibt. Das jetzt aber ohne sachliche Begründung, es ist mehr ein Bauchgefühl, das mir sagt, dass wenn es eine *release*-Methode gibt, die dann evtl. gründlicher im Speicher aufräumt als es der allgemeine Befehl *release object* tun könnte.

Die Objektvariable (die Referenz auf das Objekt) ist dagegen immer mit

```
release <variable>
```

freizugeben. Aber in den meisten Fällen wird das garnicht nötig sein, denn wenn Sie Ihre Programme systematisch und sauber strukturieren und sie in viele einzelne Prozeduren und Funktionen aufteilen, in denen Sie möglichst nur lokale Variablen verwenden, passiert dieses Aufräumen des Speichers mehr oder weniger von selbst. Lokale Variablen werden ja von dBWin am Ende einer Prozedur oder Funktion autom. wieder aufgeräumt.

Für Tests im Befehlsfenster können Sie sich die Freigabe von Variablen auch schenken, so dass *release <variable>* in der Praxis eher selten benutzt wird.

ⓘ Infos zu Variablen und ihren Geltungsbereichen siehe Band 2 Seite 187.

Und wie verhält es sich bei ineinander verschachtelten Objekten? Ein Beispiel:

```
f = new form()
e = new entryfield(f)
? f.left
? e.left
f.release()
? f.left                    && Fehlermeldung!
? e.left                    && Fehlermeldung!
display memory              && e und f sind noch da
release e, f
display memory              && e und f sind jetzt weg
```

Sie erzeugen ein Formular *f* und darin ein Eingabefeld *e*. Auch ohne dass Sie das Formular mit *open* öffnen können Sie sich davon überzeugen dass es im Speicher existiert. Z. B. indem Sie sich die Eigenschaft *left* ausgeben lassen, die sowohl bei Formularen als auch bei Eingabefeldern stets vorhanden ist.

Danach wird nur *f* wieder freigegeben, also das Formular. Und wo ist jetzt das Eingabefeld, treibt das arme Ding etwa völlig hilflos im binären Nirwana? Nein, es wurde auch aus dem Speicher entfernt. Wenn Sie das Formular *f* mit seiner Methode *release* freigeben werden dabei auch alle Objekte innerhalb des Formulars freigegeben. Ganz automatisch und ohne dass Sie sich darum kümmern müssen. Zumindest ist das der Fall, wenn die Objekte im Formular nicht noch irgendwo anders verankert sind (was meist ja nicht der Fall ist).

Nach dem *releasen* des Formulars führt sowohl die Ausgabe der Eigenschaft *left* des Formulars, als auch des Eingabefelds zu einer Fehlermeldung, da es beide Objekte nun nicht mehr gibt. Die beiden Objektvariablen gibt es aber noch, und sie werden mit *release* entfernt (beide in einem Befehl geht auch).

In diesem Zusammenhang noch ein Hinweis: wenn Sie mal ganz schnell ein Objekt brauchen, z. B. ein Formular, und es auch sofort öffnen wollen, dann können Sie das auf dem schnellsten Weg und „quick & dirty" so tun:

```
new form().open()
```

Auch wenn Ihnen dabei vielleicht nicht ganz wohl ist, sowas funktioniert! Aber, und das ist der springende Punkt, Sie haben dann keine Objektvariable, über die Sie danach noch auf das Objekt zugreifen können. Und wie wollen Sie ohne eine solche Objektvariable die Methode *release* aufrufen oder den Befehl *release object <objektvariable>* ausführen lassen. Eben, garnicht!

Damit haben Sie auch keine Chance mehr, dieses Objekt wieder aus dem Speicher zu entfernen, zumindest solange nicht bis Sie dBWin beenden.

6.12 Eigenschaften zur Laufzeit prüfen

Ich bin Ihnen noch etwas schuldig. Anfangs hatte ich für alle von den dBWin-Basisklassen abgeleiteten Formular-Objekte die Eigenschaften *FontName* und *FontSize*, bzw. *scaleFontName* und *scaleFontSize* belegt. Bei den abgeleiteten Formularen mit von Anfang an festen Inhalten wie z. B. „Arial" und 10, und bei den Komponenten durch Zugriff auf eben diese Formular-Eigenschaften.

Das stellt sicher, dass alle Teile des Formulars anfangs mit derselben Schrift erstellt werden, das ergibt ein optisch sauberes Bild. Welche Schriftart und -Grösse das tatsächlich ist bleibt natürlich Ihnen überlassen. Nun möchte ich Ihnen noch zeigen, wie Sie diese Schrift zur Laufzeit jederzeit ändern können und welche Schritte nötig sind, um alle Formular-Objekte darauf anzupassen.

Leider genügt es nicht, die Eigenschaften *scaleFontName* und *scaleFontSize* des Formulars zu ändern. Damit ändert sich zwar die Grösse des Formulars, aber die bereits darin befindlichen Objekte bleiben davon völlig unberührt. Also brauchen Sie eine Routine, die alle Komponenten eines Formular prüft und bei Bedarf auch deren Eigenschaften *fontName* und *fontSize* ändert.

Das beispielhafte Formular dazu habe ich mit dem Designer erstellt und Sie können dies ebenso tun. Ich habe dabei die dBWin-Basisklassen verwendet und nicht meine davon abgeleiteten Klassen aus *myclass.cc*. Das wäre zwar auch möglich gewesen (statt *Pushbutton* also einfach *MyPushbutton* etc.), würde aber am Prinzip der Prüfung und Änderung von Eigenschaften zur Laufzeit eines Programms nichts ändern. Daher die dBWin-Basisklassen, womit das Beispiel auch ohne zusätzliche Klassen-Dateien einsetzbar ist.

Beachten Sie bitte auch, dass das Listing eine Prozedur enthält, die ausserhalb des Formulars steht (also hinter der Zeile *endclass*). Dies habe ich bewusst so gemacht, da die Routine völlig unabhängig für alle Formulare anwendbar ist.

Listing *flexfont.wfm*
```
1.   ** END HEADER -- Diese Zeile nicht entfernen
2.   // Erstellt am ...
3.   //
4.   parameter bModal
5.   local f
6.   f = new flexsizeForm()
7.   if (bModal)
8.      f.mdi = false // Nicht-MDI festlegen
9.      f.ReadModal()
10.  else
11.     f.Open()
12.  endif
13.
```

```
14.   class flexsizeForm of form
15.       with (this)
16.           height = 7.0
17.           width = 42.0
18.           text = "Flexible Schriften"
19.           metric = 0
20.       endwith
21.
22.       this.LINE1 = new LINE(this)
23.       with (this.LINE1)
24.           left = 3.0
25.           right = 17.0
26.           top = 2.5
27.           bottom = 2.5
28.           width = 1
29.       endwith
30.
31.       this.PUSHBUTTON1 = new PUSHBUTTON(this)
32.       with (this.PUSHBUTTON1)
33.           onClick = class::PUSHBUTTON1_ONCLICK
34.           height = 1.5
35.           left = 3.0
36.           top = 3.5
37.           width = 14.0
38.           text = "&Schrift"
39.       endwith
40.
41.       this.TEXTLABELCLASS1 = new TEXTLABEL(this)
42.       with (this.TEXTLABELCLASS1)
43.           height = 1.0
44.           left = 4.0
45.           top = 1.0
46.           width = 14.0
47.           text = "Normaler &Text"
48.       endwith
49.
50.       this.ENTRYCLASS1 = new ENTRYFIELD(this)
51.       with (this.ENTRYCLASS1)
52.           height = 1.0
53.           left = 25.0
54.           top = 1.0
55.           width = 14.0
56.           value = "Eingabefeld"
57.       endwith
58.
59.       this.CHECKBOXCLASS1 = new CHECKBOX(this)
60.       with (this.CHECKBOXCLASS1)
61.           height = 1.0
62.           left = 25.0
63.           top = 2.5
64.           width = 14.0
65.           text = "&Checkbox"
66.       endwith
```

```
67.
68.      this.RADIOCLASS1 = new RADIOBUTTON(this)
69.      with (this.RADIOCLASS1)
70.         height = 1.0
71.         left = 25.0
72.         top = 4.0
73.         width = 10.0
74.         text = "Radio &1"
75.         group = .t.
76.      endwith
77.
78.      this.RADIOCLASS2 = new RADIOBUTTON(this)
79.      with (this.RADIOCLASS2)
80.         height = 1.0
81.         left = 25.0
82.         top = 5.0
83.         width = 10.0
84.         text = "Radio &2"
85.      endwith
86.
87.      function PUSHBUTTON1_onClick
88.      local sHlp, sFont, iSize, iK1, iK2
89.
90.         sHlp = GetFont ( "Auswahl der Schrift" )
91.         iK1 = at ( ",", sHlp )
92.         iK2 = at ( ",", sHlp, 2 )
93.
94.         if (iK1 <> 0) .and. (iK2 = 0)
95.            iK2 = len ( sHlp ) + 1
96.         endif
97.
98.         sFont = ""
99.         iSize = 0
100.
101.        if iK1 > 0
102.           sFont = left ( sHlp, iK1-1 )
103.           if iK2 > 0
104.              iSize = val ( substr(sHlp,iK1+1,iK2-iK1-1) )
105.           endif
106.        endif
107.
108.        ChangeFontsInForm ( form, sFont, iSize )
109.
110.     return
111.
112. endclass
113.
114. && Die folgende Routine ist nicht an ein
115. && spezielles Formular gebunden. Sie steht
116. && daher ausserhalb der Formular-Klasse.
117. && Im Idealfall sammeln Sie solche Routinen
118. && in eigenen Quelldateien, die Sie dann mit
119. && SET PROCEDURE TO ... ADDITIVE einbinden.
```

```
120.
121. Procedure ChangeFontsInForm ( oForm, sFont, iSize )
122. local iX, sNo
123. private ssK2, ssK1, ooForm, ssFont, iiSize
124.
125.    ooForm = oForm
126.    ssFont = sFont
127.    iiSize = iSize
128.
129.    if .not. empty ( sFont )
130.       oForm.scaleFontName = sFont
131.    endif
132.    if iSize > 0
133.       oForm.scaleFontSize = iSize
134.    endif
135.
136.    for iX = 1 to oForm.elements.size
137.
138.       sNo = ltrim ( str ( iX ) )
139.
140.       if .not. empty ( sFont )
141.          ssK1 = "ooForm.elements[" + sNo + "].fontname"
142.          ssK2 = "'" + ssK1 + "'"
143.          if upper ( type ( &ssK2 ) ) = "C"
144.             &ssK1 = ssFont
145.          endif
146.       endif
147.
148.       if iSize > 0
149.          ssK1 = "ooForm.elements[" + sNo + "].fontsize"
150.          ssK2 = "'" + ssK1 + "'"
151.          if upper ( type ( &ssK2 ) ) = "N"
152.             &ssK1 = iiSize
153.          endif
154.       endif
155.
156.    next
157.
158. return
```

Ich habe ein paar einfache Standard-Komponenten für das Formular gewählt.
Einen Text, ein Eingabefeld, zwei Radiobuttons und je eine Checkbox und ein
Pushbutton. Und eine Linie, denn dieses Objekt hat keine Eigenschaften für
Schriftart und -Grösse, das muss in der Routine zur Änderung der Schriften
schliesslich auch berücksichtigt werden. Sie können gern weitere Objekte in
das Formular einbauen, die Schriften-Änderung wird für alle funktionieren.

Bis auf den Pushbutton und seine *onClick*-Routine sind diese Objekte ohne
echte Funktion. Das ist auch garnicht nötig, es geht ja nur darum zu zeigen,
wie man für alle Objekte innerhalb eines Formulars die Schrift ändern kann.

Bevor eine neue Schriftart und/oder -Grösse im Formular durchgesetzt werden kann, muss die Schrift erst einmal ausgewählt werden. Dazu verwende ich in der bei *onClick* des Pushbuttons aufgerufenen Routine *Pushbutton1_onClick* die dBWin-Funktion *GetFont*. Sie ruft einen typischen Windows-Dialog auf, der die Auswahl von Schriftart und -Grösse erlaubt (siehe Band 1 Seite 283).

Aus der Rückgabe von *GetFont* müssen Name der gewählten Schrift und die Grösse ermittelt werden. Diese Rückgabe ist beispielsweise so aufgebaut:

```
Arial,12,B,Swiss
```

für die Schriftart „Arial" in der Grösse 12. Das *B* steht für Fettdruck (bold), das *Swiss* ist die Schriftfamilie, aber diese Angabe ist je nach Schrift anders oder fehlt auch mal ganz. Wichtig für uns sind sowieso nur die Bereiche links vor dem ersten Komma (der Name) und der Abschnitt zwischen dem ersten und zweiten Komma (die Grösse). Dazu werden die Positionen dieser ersten zwei Kommas ermittelt (ab Zeile 91) und wenn das zweite Komma ganz fehlt wird es an der Position hinter dem letzten Zeichen (Länge + 1) angenommen.

ⓘ Die Rückgabe von *GetFont* kann manchmal nur die Angaben für Name und Grösse ohne das zweite Komma enthalten, z. B. wie bei „*AgentDB,10*"

Wird der Dialog zur Schriftwahl abgebrochen ist die Rückgabe ein Leerstring. Daher wird ab Zeile 101 die Auswertung der Rückgabe auch nur ausgeführt, wenn die Rückgabe mindestens ein Komma enthielt. Bei erfolgreicher Wahl einer Schrift werden die lokalen Variablen *sFont* und *iSize* mit den für uns hier relevanten Werten (Schriftname und -Grösse) belegt und dann wird mit ihnen und mit dem Formular-Objekt die Routine *ChangeFontsInForm* aufgerufen.

Eine Prüfung ob denn überhaupt ein Schriftname und eine Grösse verfügbar sind könnte man vor dem Aufruf von *ChangeFontsInForm* noch ausführen. Ich habe darauf verzichtet, weil das dort später sowieso extra geprüft wird.

Jetzt zum Kern, zur Routine *ChangeFondsInForm*. Diese ist ausserhalb des Formulars, denn Sie ist völlig unabhängig von einem speziellen Formular und kann, da ihr das Formular-Objekt als ein Parameter übergeben wird, mit <u>allen</u> Formularen verwendet werden, ganz gleich wie die Formulare aufgebaut sind.

Zuerst werden die Formular-Eigenschaften *scaleFontName* und *scaleFontSize* entsprechend den beiden Parametern für Schriftname und -Grösse geändert. Natürlich nur, wenn auch ein Name und/oder eine Grösse übergeben wurde, was mit *empty* beim Namen (ist sicherer als <> „ ", siehe Band 2 Seite 106) und mit <> *0* bei der Grösse jeweils einzeln überprüft wird.

Dann werden in einer Schleife alle Elemente des Formulars durchlaufen um bei allen die Schriftart und -Grösse zu ändern. Dazu wird auf die Formular-Eigenschaft *elements* zugegriffen. *Elements* ist ein besonderer Array-Typ mit ganz eigenen Eigenschaften, z. B. enthält *size* die Anzahl der Array-Elemente.

Damit lässt sich dann relativ einfach auf die Eigenschaften der Objekte im Formular zugreifen. So ist z. B. *oForm.elements[1].fontname* der Name der Schrift des ersten Objekts im Formular (also des ersten Elements im Array).

Nur, was passiert wenn dieses erste Element beispielsweise eine Linie ist und damit garkeine Eigenschaft *fontname* besitzt? Sie ahnen es: Fehlermeldung!

Daher sind noch ein paar Verrenkungen nötig, damit wir erst einmal prüfen können, ob das jeweilige Objekt überhaupt die gewünschte und von uns zu ändernde Eigenschaft besitzt. Dazu verwende ich die dBWin-Funktion *type*. Diese liefert den Datentyp einer Eigenschaft (oder einer Variable etc.) und wenn es die Eigenschaft nicht gibt kommt eben „ U“ für *undefined* zurück.

Dummerweise erwartet *type* das zu prüfende Objekt als String, den wir zuerst aus fixen Teilen und variablen Bestandteilen zusammenbasteln müssen. Denn mit Hilfe des Schleifenzählers wollen wir ja nicht nur ein Objekt, sondern alle Objekte im Formular prüfen, elements[1].fontname, elements[2].fontname und so weiter, egal ob das Formular nur 5 oder vielleicht 500 Objekte enthält.

Also brauche ich die Hilfe von zwei lokalen Variablen des Geltungsbereichs *private*, da diese später mit dem &-Operator verwendet werden. Dabei steht *ssK1* für die Komponente ohne und *ssK2* mit zusätzlichen Anführungszeichen. *ssK2* wird für den Parameter an *type* benötigt, *ssK1* wird später verwendet um die Eigenschaften der Komponenten, also Schriftart bzw. -Grösse zu ändern.

Wenn die Komponente des Formulars die Eigenschaft *fontName* besitzt liefert *type* nicht „ U“ sondern „ C“ (für engl. *character*) zurück. Dies fange ich ab und dann steht der Änderung der Eigenschaft *fontName* nichts mehr im Weg.

> ⓘ Die zusätzliche Umwandlung der Rückgabe von *type* mit *upper* ist im Grunde unnötig, da *type* in allen mir bekannten dBWin-Versionen immer nur Grossbuchstaben liefert. Aber wer weiss ob das immer so bleibt, und daher gehe ich bei sowas lieber auf Nummer sicher und mache es nochmal selbst. Lieber heute eine unnötige Umwandlung mehr als übermorgen Fehler suchen.

Bei *fontSize* passiert fast dasselbe, nur dass hier die Rückgabe von *type* auf „ N“ (numerisch) geprüft wird. Dann gibt es *fontSize* und wird geändert.

So, jetzt können Sie auf einen Schlag <u>alle</u> Komponenten eines Formulars auf eine andere Schriftart und/oder auf eine andere Schriftgrösse ändern. Sowohl Grösse als auch Positionen der Komponenten passen sich wie von selbst an.

> ⓘ Das Ganze führt nur dann zu einem sinnvollen Ergebnis, wenn Sie die Formular-Eigenschaft *metric* auf *0* setzen. Das bewirkt, dass alle Positionen und Grössen der Objekte auf Basis der Grösse der Schrift berechnet werden. Das ist die Vorgabe von dBWin, trotzdem schreibe ich es ausdrücklich rein.

Lediglich der Titeltext des Formulars bleibt davon unbeeinflusst. Die dafür vorgesehene Schrift wird von Windows vorgegeben und kann nur über die *Systemsteuerung* von Windows geändert werden. Diese Änderung gilt dann aber für <u>alle</u> laufenden Programme und sollte mit Bedacht ausgeführt werden.

> 💣 Objekte der Klasse *Text* verhalten sich bei nachträglicher Änderung der Schrift manchmal etwas ungewöhnlich und sind danach nicht mehr sichtbar, obwohl sich weder ihre Position noch die Eigenschaft *visible* dadurch ändert. Meist tritt der Effekt nur bei Vergrösserung der Schrift auf, aber nicht beim verkleinern. Verwenden Sie in diesen Fällen statt *Text* die Klasse *Textlabel*, dort tritt dieser Fehler nicht auf. Wenn Sie dennoch einmal *Text* benötigen lässt sich der Effekt verhindern, wenn Sie das *Text*-Objekt <u>vor</u> der Änderung auf *visible = .f.* schalten und danach mit *visible = .t.* wieder sichtbar machen.

Sie haben damit eine Möglichkeit, die Optik Ihrer Programme auch in Bezug auf Schriftarten und -Grösse vom Anwender frei konfigurierbar zu gestalten. Ob Sie das tun und ob es denn überhaupt sinnvoll ist solche „Spielplätze" für die Anwender zu ermöglichen ist eine ganz andere Frage. Das ist Ihre Sache.

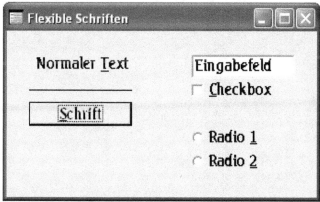

Geschmacksfrage: Formular in Schriftart Seagull 12

7. Eigene Klassen für Dies & Das

In diesem Kapitel habe ich noch einige spezielle Klassen parat, die Sie gern bei Bedarf für Ihre Formulare und Programme benutzen können. Und die Ihnen weitere interessante Aspekte der Klassen-Programmierung zeigen.

Für alle Klassen gibt es natürlich Beispielprogramme oder -Formulare, damit Sie auch gleich den Einsatz in der Praxis sehen. Der Schritt, diese Klassen in Ihren eigenen Programmen zu verwenden, ist damit nur noch ein Kinderspiel.

7.1 Eine Ampel als Klasse

Wie wäre es mit einer Ampel, mit den bekannten Farben rot, gelb und grün. Damit lassen sich viele Informationen darstellen (z. B. die Zahlungsmoral eines Kunden, der Lagerbestand eines Artikels, die Höhe des Bankkontos ...), oder Einstellungen vom Anwender vornehmen (z. B. bei Abfragen mit drei verschiedenen Antwortmöglichkeiten (ja=grün, nein=rot, vielleicht=gelb).

Das schöne an so einer Ampel ist, dass sie jeder Anwender kennt und sofort versteht. Sie ist völlig unabhängig von Zielgruppe, Branche oder Sprache.

Ich habe die Ampel als sog. *Custom Class* realisiert und in einer eigenen Datei *ampel.cc* gespeichert. Damit ist sie flexibel in Ihren Programmen verwendbar.

7.1.1 Ampel, Klassen-Definition
Listing *ampel.cc*

```
1.    class MyAmpelClass(oForm) of CONTAINER(oForm) custom
2.
3.       && --- Eigenschaften ---
4.       this.left = 1
5.       this.top  = 1
6.       this.width = 9.9
7.       this.height = 5.9
8.
9.
10.      && --- Objekte ---
11.      this.Rect1 = new RECTANGLE ( this )
12.      with (this.Rect1)
13.         left = 0.5
14.         top = 0.25
15.         width = 8.25
16.         height = 5.25
17.         text = ""
18.         pageno = 0
19.      endwith
```

```
20.
21.    this.ButtonRed = new PUSHBUTTON ( this )
22.    with (this.ButtonRed)
23.       height = 1.5
24.       left = 2.0
25.       top = 0.5
26.       width = 5.0
27.       text = ""
28.       upBitmap = "RESOURCE #2093"
29.       downBitmap = "RESOURCE #2092"
30.       speedBar = true
31.       toggle = true
32.       tabStop = false
33.       group = true
34.       enabled = true
35.       pageno = 0
36.    endwith
37.
38.    this.ButtonYellow = new PUSHBUTTON ( this )
39.    with (this.ButtonYellow)
40.       height = 1.5
41.       left = 2.0
42.       top = 2.0
43.       width = 5.0
44.       text = ""
45.       upBitmap = "RESOURCE #2093"
46.       downBitmap = "RESOURCE #2091"
47.       speedBar = true
48.       toggle = true
49.       tabStop = false
50.       group = true
51.       enabled = true
52.       pageno = 0
53.    endwith
54.
55.    this.ButtonGreen = new PUSHBUTTON ( this )
56.    with (this.ButtonGreen)
57.       height = 1.5
58.       left = 2.0
59.       top = 3.5
60.       width = 5.0
61.       text = ""
62.       upBitmap = "RESOURCE #2093"
63.       downBitmap = "RESOURCE #2090"
64.       speedBar = true
65.       toggle = true
66.       tabStop = false
67.       group = true
68.       enabled = true
69.       pageno = 0
70.    endwith
71.
72.
```

```
73.    && --- Methoden ---
74.    Procedure SetEnable ( fRed, fYellow, fGreen )
75.       this.ButtonRed.enabled = fRed
76.       this.ButtonYellow.enabled = fYellow
77.       this.ButtonGreen.enabled = fGreen
78.    return
79.
80.    Procedure SetPosition ( iLeft, iTop )
81.       this.left = iLeft
82.       this.top = iTop
83.    return
84.
85.    Procedure SetRedButton ( fOn )
86.       this.ButtonRed.value = fOn
87.    return
88.    Procedure SetYellowButton ( fOn )
89.       this.ButtonYellow.value = fOn
90.    return
91.    Procedure SetGreenButton ( fOn )
92.       this.ButtonGreen.value = fOn
93.    return
94.
95.    Procedure GetRedButton ( NULL  )
96.    return this.ButtonRed.value
97.    Procedure GetYellowButton ( NULL  )
98.    return this.ButtonYellow.value
99.    Procedure GetGreenButton ( NULL  )
100.   return this.ButtonGreen.value
101.
102.   Procedure SetStop ( NULL )
103.      class::SetRedButton ( .t. )
104.      class::SetYellowButton ( .f. )
105.      class::SetGreenButton ( .f. )
106.   return
107.
108.   Procedure SetGo ( NULL )
109.      class::SetRedButton ( .f. )
110.      class::SetYellowButton ( .f. )
111.      class::SetGreenButton ( .t. )
112.   return
113.
114.   Procedure SetStopSoon ( NULL )
115.      class::SetRedButton ( .f. )
116.      class::SetYellowButton ( .t. )
117.      class::SetGreenButton ( .f. )
118.   return
119.
120.   Procedure SetGoSoon ( NULL )
121.      class::SetRedButton ( .t. )
122.      class::SetYellowButton ( .t. )
123.      class::SetGreenButton ( .f. )
124.   return
125. endclass
```

Die Klasse ist von der Basisklasse *Container* abgeleitet. Ein *Container* hat den Vorteil, dass er mehrere grafische Objekte enthalten kann, die er gruppiert und die dann alle auf einmal im Formular platziert und verschoben werden können.

Innerhalb des Containers befindet sich ein Rechteck und drei Pushbuttons. Diese Objekte habe ich ausnahmsweise nicht von meinen eigenen Klassen *MyPushButton* bzw. *MyRectClassNorm* abgeleitet, sondern von den original dBWin-Basisklassen *Pushbutton* und *Rectangle*. Mir war wichtig, dass diese Ampel-Klasse unabhängig von *myclass.cc* eingesetzt werden kann und auch dass für Sie nicht zuviele voneinander abhängige Klassen-Dateien entstehen.

(i) Es ist für Sie sicher kein Problem, dies bei Bedarf so zu ändern, dass die Teile der Ampel von *MyPushButton* und *MyRectClassNorm* abgeleitet werden. Dann empfiehlt es sich aber, die Klasse in die Datei *myclass.cc* aufzunehmen, so sonst mehrere Klassen-Dateien entstehen, die voneinander abhängig sind.

Die Basisklasse *Container* bekommt beim Aufruf einen Parameter übergeben, das ist das Formular in dem sich der Container später befindet. Der Name ist beliebig, ich habe *oForm* verwendet. Dieser Parameter wird in der Klasse *MyAmpelClass* nicht verwendet, sondern der Basisklasse übergeben (Zeile 1).

Danach werden einige Eigenschaften des Containers festgelegt. Die Position innerhalb des Formulars (*left* und *top*) wird mit jeweils 1 vorgegeben, da das später sowieso nach Bedarf verschoben wird. Höhe und Breite (*height* und *width*) sind dagegen wichtig, denn damit legen Sie die Grösse der Ampel fest. Natürlich kann auch das später geändert werden, es macht aber wenig Sinn.

Ab Zeile 10 beginnt das erste Objekt innerhalb des Containers, ein Rechteck, das die „Lampen" der Ampel umschliesst. Auch hier macht es keinen grossen Sinn, die Position oder die Grösse des Rechtecks zu verändern, da sonst die gesamte Optik der Ampel verschoben wird. Das Rechteck hat keinen Text.

(i) Die Positionsangaben der Objekte im Container beziehen sich auf die Position innerhalb des Containers, nicht wie sonst innerhalb des Formulars. Damit haben alle Angaben für *top* und *left* der Objekte im Container ihre Ausgangsposition in der linken oberen Ecke (Position 0,0) des Containers. Das ist alles unabhängig davon wo im Formular sich der Container befindet.

Ab Zeile 21 kommen die drei „Lampen", die als *Pushbuttons* realisiert sind. Das hat mehrere Vorteile: erstens können so die Lampen vom Anwender auch mit der Maus gezielt und einzeln umgeschaltet werden, zweitens lassen sich darin Grafiken gut anzeigen. Diese Grafiken sind dBWin-eigene Ressourcen.

Bei den Buttons ist zu beachten, dass die Eigenschaft *toogle* auf *.t.* gesetzt wird, damit sie dauerhaft ein- bzw. ausgeschaltet (also gedrückt bzw. nicht gedrückt) sein können. Zudem habe ich *speedbar* auf *.t.* gesetzt, damit in den Buttons kein gestricheltes Rechteck angezeigt wird, wenn der Anwender sie anklickt, was in diesem speziellen Fall die Optik der Ampel stören würde.

Die Buttons haben keinen Text und die verwendete Grafik ist Bestandteil von dBWin und auch in den Runtime-Versionen unter dieser Nummer verfügbar. Damit wird die ganze Ampel ausschliesslich mit dBWin-Bordmitteln gebaut.

Und dann gibt es noch eine Reihe von Methoden, die Sie verwenden können um die Ampel zu steuern bzw. um die geschalteten „Lampen" auszuwerten.

Mit *SetEnable* kann jede der Lampen aktiviert bzw. deaktiviert werden, wenn sie mal verhindern wollen, dass der Anwender die Lampen selbst umschaltet. Die Vorgabe der Lampen-Eigenschaft *enable* ist aber *.t.*, d. h. der Anwender kann die Lampen mit der Maus umschalten, solange Sie es nicht verbieten.

SetPosition ändert die Position der Ampel innerhalb des Formulars. Dabei werden alle Objekte der Ampel (Rechteck und Lampen) autom. verschoben, denn wenn man die Position eines Containers im Formular verschiebt ändern sich netterweise auch gleich alle innerhalb des Containers erzeugten Objekte.

Über die Methoden *SetxxxButton* lassen sich gezielt die einzelnen Lampen der Ampel ein- bzw. ausschalten. *GetxxxButton* ist dasselbe rückwärts, sie liefern den Status einer Lampe, *.t.* wenn sie eingeschaltet ist und *.f.* wenn sie aus ist.

Die letzten Methoden schalten die Ampel so wie wir es alle aus dem täglichen Kampf im Stadtverkehr kennen. *SetStop* aktiviert nur rot, *SetGo* dagegen nur grün, *SetGoSoon* aktiviert rot und gelb, und *SetStopSoon* nur die gelbe Lampe.

Damit haben Sie alle Methoden zur Hand, um die Ampel sowohl in Form von bekannten Farbkombinationen, als auch individuell und flexibel zu schalten. Solange die manuelle Umschaltung aktiv ist (sie ist immer aktiv, wenn Sie es nicht mit der Methode *SetEnable* verhindern) kann der Anwender die Lampen der Ampel auch mit der Maus anklicken und beliebig ein- bzw. ausschalten.

Eine flexible und nützliche Klasse, die je nach Anwendungsfall ein Programm und seine Formulare optisch aufwerten kann. Da für die Realisierung nur von dBWin bereitgestellte Basisklassen verwendet werden ist die Ampel nicht von externen Dateien (Bitmaps oder anderen Grafiken) abhängig und kann auch in kompilierten Programmen und mit der dBWin Runtime verwendet werden.

7.1.2 Ampel, Anwendung im Formular

Um diese Ampel im *Formular-Designer* verwenden zu können muss die Datei *ampel.cc* als sog. *Benutzerdefinierte Komponente* im Designer eingebunden werden. Wie das geht wurde bereits ausführlich in Kapitel 3.3 beschrieben.

Hier ein Formular mit der Ampel-Klasse, das im Designer erstellt wurde:

Listing *ampel.wfm*

```
1.    ** END HEADER -- Diese Zeile nicht entfernen
2.    //
3.    // Erstellt am ...
4.    //
5.    parameter bModal
6.    local f
7.    f = new AmpeltestForm()
8.    if (bModal)
9.        f.mdi = false // Nicht-MDI festlegen
10.       f.ReadModal()
11.   else
12.       f.Open()
13.   endif
14.
15.   class AmpeltestForm of FORM
16.       set procedure to ampel.cc additive
17.       with (this)
18.           height = 9
19.           left = 10
20.           top = 1
21.           width = 50
22.           text = "Die Ampel in Aktion"
23.       endwith
24.
25.       this.AMPELCLASS1 = new MYAMPELCLASS(this)
26.       with (this.AMPELCLASS1)
27.           left = 7.0
28.           top = 1.5
29.           width = 9.9
30.           height = 5.9
31.       endwith
32.
33.       with (this.AMPELCLASS1.BUTTONRED)
34.           tabStop = false
35.       endwith
36.
37.       with (this.AMPELCLASS1.BUTTONYELLOW)
38.           tabStop = false
39.       endwith
40.
41.       with (this.AMPELCLASS1.BUTTONGREEN)
42.           tabStop = false
43.       endwith
```

```
44.
45.     this.PUSHBUTTON1 = new PUSHBUTTON(this)
46.     with (this.PUSHBUTTON1)
47.         onClick = {;form.AmpelClass1.SetStop()}
48.         height = 1.0
49.         left = 26.0
50.         top = 1.0
51.         width = 15.2857
52.         text = "&Stop!"
53.     endwith
54.
55.     this.PUSHBUTTON2 = new PUSHBUTTON(this)
56.     with (this.PUSHBUTTON2)
57.         onClick = {;form.AmpelClass1.SetGoSoon()}
58.         height = 1.0
59.         left = 26.0
60.         top = 2.5
61.         width = 15.2857
62.         text = "&Bereit halten"
63.     endwith
64.
65.     this.PUSHBUTTON3 = new PUSHBUTTON(this)
66.     with (this.PUSHBUTTON3)
67.         onClick = {;form.AmpelClass1.SetGo()}
68.         height = 1.0
69.         left = 26.0
70.         top = 4.0
71.         width = 15.2857
72.         text = "&Freie Fahrt!"
73.     endwith
74.
75.     this.PUSHBUTTON4 = new PUSHBUTTON(this)
76.     with (this.PUSHBUTTON4)
77.         onClick = {;form.AmpelClass1.SetStopSoon()}
78.         height = 1.0
79.         left = 26.0
80.         top = 5.5
81.         width = 15.2857
82.         text = "Br&emsen"
83.     endwith
84.
85.     this.PUSHBUTTON5 = new PUSHBUTTON(this)
86.     with (this.PUSHBUTTON5)
87.         onClick = {;form.AmpelClass1.SetRedButton(.t.);
                form.AmpelClass1.SetYellowButton(.t.);
                form.AmpelClass1.SetGreenButton(.t.)}
88.         height = 1.0
89.         left = 26.0
90.         top = 7.0
91.         width = 15.2857
92.         text = "&Alle auf einmal"
93.     endwith
94.  endclass
```

Sie können das Formular bei Bedarf im Designer beliebig ändern. Ausführen können Sie es auf die Ihnen längst bekannten Wege, z. B. auch per Befehl

```
do ampel.wfm
```

Die Lampen der im Formular gezeigten Ampel sind sowohl mit der Maus beliebig einzeln schaltbar, als auch über die erklärten Methoden steuerbar.

Ich habe neben der Ampel noch ein paar einfache Buttons eingebaut, die über ihr *onClick*-Ereignis bestimmte Ampel-Zustände aktivieren. Dabei habe ich die Aufrufe der Ampel-Methoden als sog. *Codeblock* definiert. Eine *Methode* wäre natürlich auch möglich gewesen, das sähe dann z. B. so ähnlich aus:

```
function PUSHBUTTON1_onClick
    form.AmpelClass1.SetStop()
return
```

um einmal das *onClick*-Ereignis des 1. Buttons als eigene Methode zu zeigen. Beim *onClick*-Ereignis dieses Buttons würde dann nicht mehr der Codeblock aus dem Listing stehen, sondern der Aufruf der Methode sähe dann so aus:

```
Ampeltestform::Pushbutton1_onClick
```

Für das einfache Beispiel reichen aber die einfachen Codeblöcke völlig aus.

> (i) Infos zu *Codeblöcken* finden Sie in Band 2 ab Seite 230. Und wenn Sie sich wundern, warum die Container-Objekte mit *new* statt mit *define* angelegt werden, schlagen Sie doch bitte die Beispiele in Band 1 ab Seite 247 nach.

Bitte beachten Sie auch, dass die Einbindung der Ampelklasse per Befehl

```
set procedure to ampel.cc additive
```

durch den Designer im Codebereich der Formularklasse erfolgt und nicht wie bei mir in einem früheren Beispiel gezeigt am Anfang der Formulardatei. Das macht der Designer eben so, das ist in Ordnung, man kann es gut so machen.

> ● Wenn Sie das Formular im Designer ändern oder neue Formulare mit solch einer Ampel erstellen, achten Sie beim verschieben der Ampel mit der Maus darauf, dass Sie die Ampel ganz aussen anklicken und verschieben. Damit verschieben Sie den Container und mit ihm alle Objekte darin, also autom. auch das Rechteck und die Lampen. Sonst kann es Ihnen passieren, dass Sie versehentlich eine der Lampen aus dem Container herausziehen.

7.1.3 Ampel, Anwendung im Programm

Zuletzt noch ein Beispiel, wie sich die Ampel in einem Formular nutzen lässt ohne dass der *Formular-Designer* seine eigenwilligen Finger im Spiel hat.

Listing *ampel.prg*

```
1.   set procedure to ampel.cc additive
2.
3.   oForm = new form()
4.   oForm.text = "Ampeltest"
5.   oForm.width = 25
6.   oform.height = 10
7.
8.   oAmpel = new MyAmpelClass ( oForm )
9.   oAmpel.SetPosition ( 7, 2 )
10.  oForm.open()
11.
12.  sleep (1)
13.  oAmpel.SetRedButton ( .t. )
14.  sleep (1)
15.  oAmpel.SetYellowButton ( .t. )
16.  sleep (1)
17.  oAmpel.SetGreenButton ( .t. )
18.
19.  sleep (1)
20.  oAmpel.SetStop()
21.  sleep (1)
22.  oAmpel.SetGoSoon()
23.  sleep (1)
24.  oAmpel.SetGo()
25.  sleep (1)
26.  oAmpel.SetStopSoon()
27.  sleep (1)
28.  oAmpel.SetStop()
29.
30.  sleep (3)
31.  oForm.close()
32.  oForm.release()
33.  release object oAmpel
```

Das Programm erzeugt zuerst ein Formular (Zeile 3) und dann eine Ampel (8), es positioniert die Ampel im Formular (9) und öffnet das Formular (10).

Ab Zeile 12 werden wie in einer selbstlaufenden Demo die Lampen der Ampel der Reihe nach eingeschaltet (da sie anfangs ja alle noch ausgeschaltet sind).

Ab Zeile 19 werden typische Lichtkombinationen aus dem Strassenverkehr geschaltet, jeweils mit einer kleinen Pause von einer Sekunde dazwischen. Und am Ende wird das Formular geschlossen und der Speicher aufgeräumt.

Hier noch die Ampel, wie sie im beispielhaften Formular verwendet wird:

Die Ampel in ein Formular eingebunden

Und als einfaches Programm ohne Formular-Designer sieht es z. B. so aus:

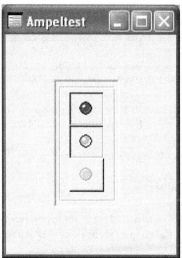

Die Ampel direkt per Programm

Die hier gezeigten Formulare sind natürlich nur Beispiele. Ihnen fallen sicher viele andere Möglichkeiten ein, wie Sie so eine Ampel verwenden können.

7.2 Ein LED-Fortschrittsbalken als Klasse

So, gleich noch etwas für´s Auge. Sie kennen den üblichen Fortschrittsbalken, dBWin hat dafür sogar eine eigene Basisklasse namens *Progress* im Angebot.

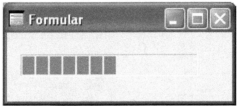

Ein Windows-typischer Fortschrittsbalken

Wirklich schön ist er ja nicht (ok, das ist Geschmackssache), und da fast jedes Programm so einen Balken verwendet hat man sich längst daran satt gesehen.

Wie wäre es mit einer Anzeige in moderner „LED-Optik", z. B. so:

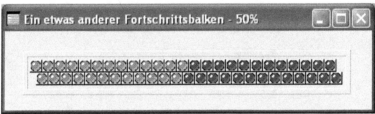

LED-Fortschrittsbalken (in Farbe noch viel schöner)

Dazu brauchen Sie auch keinen Kurs über Computer-Grafik oder Web-Design belegen, das lässt sich, wie die Ampel, alles mit dBWin-Bordmitteln erreichen.

Die „Zutatenliste" für solch eine Klasse besteht aus:

- **einem Container**
- **einem Rechteck**
- **50 Pushbuttons mit je drei verschiedenen Grafiken**
- **diverse Methoden zur Steuerung der Anzeige**

Der Container ist wichtig, damit die einzelnen Komponenten wie ein Objekt behandelt werden können, was die Verwendung im Designer sehr erleichtert. Das Rechteck hat nur optischen Zweck und soll einen Rahmen erzeugen.

Die 50 Pushbuttons sind das eigentliche Highlight, denn sie sorgen für das Spiel mit den Farben und die Anzeige eines Prozentwerts von 0% bis 100%.

7.2.1 LED-Balken, Klassen-Definition

Die von mir entwickelte *Custom Class* Datei *lightbar.cc* enthält diesmal zwei neue Klassen. Zuerst *MyLightBarButton*, das ist ein sehr kleiner Button ohne Text und ohne Ereignisse wie *onClick* etc. Dieser Button wird vom Anwender später auch nicht gedrückt, er dient nur als Grundlage für die „LED-Anzeige".

Danach steht die eigentliche Klasse für den Fortschrittsbalken. Eine Erklärung folgt gleich, hier erst einmal der Quellcode für die beiden benötigten Klassen.

Listing *lightbar.cc*

```
1.    class MyLightBarButton(f,n) of PUSHBUTTON(f,n) custom
2.        this.height = 0.66
3.        this.width = 2.0
4.        this.text = ""
5.        this.upBitmap = "RESOURCE #2093"      && inaktiv
6.        this.speedBar = true
7.        this.toggle = false
8.        this.tabStop = false
9.        this.group = true
10.       this.enabled = false
11.       this.pageno = 0
12.   endclass
13.
14.
15.   class MyLightBarClass (oForm) of CONTAINER (oForm)
                                                   custom
16.
17.       && --- Eigenschaften ---
18.       this.left = 1
19.       this.top  = 1
20.       this.width = 53.6
21.       this.height = 2.25
22.       this.borderstyle = 1      && 3 falls ohne Rahmen
23.
24.
25.       && --- Objekte ---
26.       this.Rect1 = new RECTANGLE ( this )
27.       with (this.Rect1)
28.          left = 0.6
29.          top = 0.25
30.          width = 52.00
31.          height = 1.70
32.          text = ""
33.          pageno = 0
34.          borderstyle = 2        && 2 = vertieft
35.       endwith
36.
37.
38.       this.CreateLights ( NULL )   && nach dem Rectangle!
39.
40.
```

```
41.     && --- Methoden ---
42.     Procedure CreateLights ( NULL )
43.     local iX
44.     private ssBtn
45.       for iX = 1 to 50
46.         ssBtn = "Btn" + ltrim ( str (iX, 2, 0 ) )
47.         define MyLightBarButton &ssBtn of this property
                            left iX, top iif ( mod(iX,2)=0,
                            1.06, 0.4 )
48.       next
49.     return
50.
51.     Procedure SetPosition ( iLeft, iTop )
52.       this.left = iLeft
53.       this.top = iTop
54.     return
55.
56.     Procedure SetProzent ( iProzent )
57.       class::ShowLights ( iProzent )
58.     return
59.
60.     Procedure SetProzentCalc ( iProzent, iHundert )
61.       if iHundert > 0
62.         class::ShowLights ( iProzent * 100 / iHundert )
63.       else
64.         class::SetAllOff ( NULL  )
65.       endif
66.     return
67.
68.     Procedure SetOnOff ( fOn )
69.     local iX
70.     private ssBtn
71.       for iX = 1 to 50
72.         ssBtn = "this.Btn" + ltrim ( str ( iX, 2, 0 ) )
73.         ssBtn = ssBtn + ".upBitmap"
74.         if fOn
75.           &ssBtn = "RESOURCE #2090"            && gruen
76.         else
77.           &ssBtn = "RESOURCE #2092"            && rot
78.         endif
79.       next
80.     return
81.
82.     Procedure SetDisable ( NULL  )
83.     local iX
84.     private ssBtn
85.       for iX = 1 to 50
86.         ssBtn = "this.Btn" + ltrim ( str ( iX, 2, 0 ) )
87.         ssBtn = ssBtn + ".upBitmap"
88.         &ssBtn = "RESOURCE #2093"
89.       next
90.     return
91.
```

```
92.    Procedure ShowLights ( iProzent )
93.    local iX, sOldImg
94.    private ssBtn, ssNewImg
95.
96.       for iX = 1 to 50
97.
98.          ssBtn = "this.Btn" + ltrim ( str ( iX, 2, 0 ) )
99.          ssBtn = ssBtn + ".upBitmap"
100.
101.         sOldImg = &ssBtn
102.         if (iX*2) <= iProzent
103.            ssNewImg = "RESOURCE #2090"        && gruen
104.         else if ((iX-1)*2) < iProzent
105.            ssNewImg = "RESOURCE #2091"        && gelb
106.         else
107.            ssNewImg = "RESOURCE #2092"        && rot
108.         endif
109.
110.         if sOldImg <> ssNewImg    && Grafik anders?
111.            &ssBtn = ssNewImg       && neue Grafik
112.            ssBtn = "this.Btn" + ltrim(str(iX,2,0))
113.            ssBtn = ssBtn + ".visible"
114.            &ssBtn = .f.
115.            &ssBtn = .t.           && Aktualisierung erzwingen
116.         endif
117.
118.      next
119.
120.   return
121.
122. endclass
```

Ab Zeile 15 folgt die eigentliche Fortschrittsbalken-Klasse *MyLightBarClass*.

Zuerst werden wieder ein paar Eigenschaften für Position und Grösse gesetzt.
Wie schon bei der Ampel ist die Position der linken oberen Ecke der Klasse,
die durch die beiden Eigenschaften *left* und *top* definiert wird, an dieser Stelle
nicht besonders wichtig. Es genügt völlig, die Position auf einen sinnvollen
Wert im sichtbaren Bereich zu legen, also z. B. bei je 1 so wie hier gezeigt.

Später wird dann die Position sowieso individuell im Formular verschoben,
oder bei Verwendung im Programm mit der Methode *SetPosition* festgelegt.
Wie bei der Ampel genügt es, für den Container die Position anzugeben, da
alle darin befindlichen Objekte ihre Positionen relativ zur linken oberen Ecke
im Container ausrichten. Wenn Sie später den Container verschieben werden
autom. alle 50 LED-Buttons und auch das Rechteck mit verschoben.

Dieses Rechteck wird ab Zeile 26 definiert. Wieder verwende ich die Variante
new zur Erzeugung. Wie sowas auch mit *define* ginge sehen Sie später noch ...

Übrigens, die Befehle um die Eigenschaften des Rechtecks festzulegen, also

```
this.Rect1 = new RECTANGLE ( this )
with (this.Rect1)
   left = 0.6
   top = 0.25
   ... etc.
endwith
```

können Sie auch so schreiben (dann allerdings mit etwas mehr Tipperei):

```
this.Rect1 = new RECTANGLE ( this )
this.Rect1.left = 0.6
this.Rect1.top = 0.25
... etc.
```

Sie müssten also bei jeder Eigenschaft noch *this.Rect1.* davorsetzen, wobei *this* wieder für den Container steht, in dem das Objekt *Rect1* eingebettet ist.

Dafür könnten dann die beiden Zeilen *with (this.Rect1)* und *endwith* entfallen. Wie Sie es machen ist egal, Hauptsache Sie kennen und beherrschen beides. Das Ergebnis beider Versionen ist gleich und beide Varianten sind, wenn Sie es denn unbedingt wollen, auch miteinander mischbar. Das sähe z. B. so aus:

```
this.Rect1 = new RECTANGLE ( this )
this.Rect1.left = 0.6
this.Rect1.top = 0.25
with (this.Rect1)
   width = 52.00
   height = 1.70
   text = ""
   endwith
this.Rect1.pageno = 0
this.Rect1.borderstyle = 2
```

Obige Schreibweise ist zwar nicht wirklich sinnvoll, weil zu unübersichtlich, aber sowohl von der Syntax als auch vom Ergebnis ist es absolut in Ordnung.

ⓘ Entscheiden sie sich möglichst für eine der beiden gezeigten Varianten und wenden Sie diese konsequent an. Das macht Ihren Code übersichtlicher.

💣 Ich hatte beim programmieren dieser Klassen manchmal den Effekt, dass trotz geänderter und gespeicherter *.cc*-Datei und trotz ausdrücklicher Compilierung (mit *compile xyz.cc*) die ausgeführte Version noch die alte war. Ursache unklar, aber ein Neustart von dBWin hat den Spuk wieder beendet.

Nach der Definition des Rechtecks wird die Methode *CreateLights* aufgerufen, und darin werden dann die zahlreichen LED-Buttons erstellt. Zu denen komme ich noch, zuerst mal: kann diese Methode hier einfach aufgerufen werden? Ja!

Das funktioniert problemlos, und im Kapitel über *Fortgeschrittene Techniken* haben Sie auch schon alles wichtige über *Codebereiche in Klassen* gelernt, so auch dass die Befehle bis zur Zeile vor der ersten Methode ausgeführt werden, wenn man mit *new* (oder mit *define*) ein neues Objekt aus einer Klasse erstellt.

Im Regelfall nutzt man diesen Codebereich am Anfang einer Klasse dazu, die Eigenschaften der Klasse zu definieren bzw. sie auch mit Werten zu belegen. Aber genausogut können dort auch bereits Methoden der Klasse oder andere Routinen (sogar externe Prozeduren oder Funktionen) aufgerufen werden.

In unserem speziellen Fall ist es auch noch wichtig, dass der Aufruf dieser Methode (bzw. die Erstellung der LED-Buttons, die in der Methode passiert) erst <u>nach</u> der Erstellung des Rechtecks erfolgt. Denn nur dann sind die LED-Buttons innerhalb des dann schon fertigen Rechtecks später auch sichtbar

Würden zuerst die LED-Buttons und danach das Rechteck erstellt, würde das Rechteck in der Tabfolge des Formulars nach den Buttons kommen und damit die Buttons überdecken, so dass die vielen bunten LEDs unsichtbar blieben.

ⓘ Mehr zur Tabfolge in Formularen und wie diese im Formular-Designer ggf. geändert werden kann finden Sie in Band 1 auf den Seiten 182 und 264. Auch wenn wir unseren LED-Balken ohne Designer bauen ist die Tabfolge der Objekte im Container wichtig. Denn die Tabfolge entspricht der Folge in der die einzelnen Objekte im Formular (oder im Container) erstellt werden.

Vielleicht überlegen Sie sich jetzt, ob der Befehl in Zeile 38

```
this.CreateLights ( NULL )
```

nicht auch so geschrieben werden könnte:

```
class::CreateLights ( NULL )
```

Stimmt, Sie haben völlig recht! Beide Varianten sind möglich, beide sind ok, mit beiden Schreibweisen kann von hier aus die Methode aufgerufen werden. *This* bezieht sich hier auf den Container, *this.<methode>* ruft eine Methode innerhalb des Containers auf. *Class::* dagegen bezieht sich auf die Klasse und *class::<methode>* ruft eine Methode innerhalb der Klasse auf. Beide Befehle führen in diesem Fall zum selben Ergebnis, denn die Klasse ist der Container!

Eigene Klassen für Dies & Das

Nun zur Methode *CreateLights* selbst. Dort werden die LED-Buttons erzeugt, und statt dass ich dafür 50 mal einen *new-* oder *define-*Befehl schreibe wird es einfach in einer Schleife getan. Dabei wird der Name der Buttons jeweils aus dem Text „*Btn*" und einer Zahl von 1 bis 50 gebaut. Die verwendete Variable ist vom Geltungsbereich *private*, damit sie mit & verwendet werden kann (das geht nur mit *private* oder *public* Variablen, aber nicht mit *local* oder *static*).

 Mehr Infos zur sog. *Makro-Substitution* mit & in Band 2 ab Seite 204.

Bei den Positionen der Buttons wird *left* mit 1 begonnen und für jeden neuen Button um 1 erhöht, damit kann dafür der Schleifenzähler verwendet werden. Die Eigenschaft *top* wird jeweils so gewählt, dass zwei versetzte Buttonreihen entstehen. Bei geradem Schleifenzähler unten und bei ungeradem Zähler oben. Mit *iif* kann das schön innerhalb einer Befehlszeile geschrieben werden, was bei Verwendung von *if ... else ... endif* nicht so ohne weiteres möglich wäre.

Die Methode *SetPosition* kennen Sie von der Ampel, damit wird der Container im Formular platziert. Die Objekte darin werden dabei autom. mit verschoben, und es ist nicht nötig, die Positionen der 50 Buttons auch alle anzupassen.

Mit *SetProzent* und *SetProzentCalc* wird der %-Fortschritt übergeben, anhand dessen später die diversen LED-Lampen farblich geschaltet werden. Es gibt zwei Methoden, die erste empfängt einen fertigen Prozentwert, die zweite ist dazu gedacht bei Bedarf den Prozentwert selbst zu berechnen. Bei *SetProzent* würden Sie z. B. den bereits berechneten Prozentsatz 25 übergeben, während Sie bei *SetProzentCalc* z. B. 50 als fertigen Teil und 200 als Gesamtsumme übergeben, woraus die Methode dann selbst den Prozentsatz 25 errechnet .

SetOnOff dient dazu, die LED-Lampen alle ein (100%) oder alle aus (0%) zu schalten. Dazu werden in der Schleife alle Lampen durchlaufen und bei jeder wird die Grafik (*upBitmap*) entweder auf grün (ein) oder rot (aus) geschaltet. Ein Aufruf von *SetProzent(100)* bzw. *SetProzent(0)* hätte dieselbe Wirkung. Wieder wird der Name jeder Lampe aus dem festen Bestandteil „*Btn*" plus dem Wert des Schleifenzählers generiert und dann per &-Makro verwendet. Daher muss die Variable *ssBtn* wieder den Geltungsbereich *private* haben.

SetDisable simuliert (rein optisch) einen inaktiven Fortschrittsbalken. Da die Buttons sowieso alle schon inaktiv sind (*enabled* = *.f.* bei *MyLightBarButton*) und der Anwender keinen dieser Buttons anklicken kann (er kann es schon, aber es passiert dabei nichts), genügt diese optische Änderung der Buttons. Die dazu verwendete graue Grafik hat dasselbe Erscheinungsbild in Grösse und Form wie die farbigen Varianten, nur dass sie „abgeschaltet" aussieht.

In *ShowLights* schliesslich werden die Lampen je nach Prozentwert geschaltet. Das Prinzip der Schleife mit dem variablen Objektnamen per *private*-Variable kennen Sie jetzt ja bereits. Bleibt zu klären wie die Farben bestimmt werden.

Wir haben 50 „LED-Lampen", die Werte von 0 bis 100 darstellen können. Es gibt also nicht für jeden möglichen Wert eine eigene Anzeige, und dennoch ist es möglich, auch die Zwischenwerte 1, 3, 5 .. 99 in der Anzeige darzustellen.

Ich verwende nicht nur die zwei Farben rot (=aus) und grün (=ein), sondern auch noch gelb zur Anzeige von „halb ein" (oder „halb aus", wie es Ihnen lieber ist bzw. je nach dem wie positiv Ihre Lebenseinstellung gerade ist ...).

Damit lassen sich alle Prozentwerte von 0 bis 100 optisch darstellen:

Prozent	grüne LEDs	gelbe LEDs	rote LEDs
0	0	0	50
1	0	1	49
2	1	0	49
3	1	1	48
4	2	0	48
5	2	1	47
...			
95	47	1	2
96	48	0	2
97	48	1	1
98	49	0	1
99	49	1	0
100	50	0	0

Es folgt nachher noch ein Formular, mit dem Sie das genauer testen können.

In *ShowLights* wird anhand des übergebenen Prozentwerts *iProzent* für jeden Button die passende Lampe berechnet (siehe Zeilen 102 bis 108 im Listing).

Die neue Grafik eines Buttons wird aber nicht sofort zugewiesen, sondern sie wird erst einmal mit der jetzigen Grafik verglichen (ab Zeile 110). Nur wenn die neue eine andere ist als bisher wird die Eigenschaft *upBitmap* des Buttons geändert. Damit passiert die Aktualisierung des gesamten Fortschrittsbalken deutlich schneller als wenn jedes mal immer alle 50 Buttons geändert würden.

Übrigens, Sie können *ShowLights* zwar auch „von aussen" aufrufen, aber sie ist im Grunde nur als interne Methode gedacht. Die Einstellung der Lampen sollte daher nur über *SetProzent*, *SetProzentCalc* und *SetOnOff* erfolgen.

Ab Zeile 112 passiert dann noch etwas seltsames. Der Button wird über seine Eigenschaft *visible* kurz unsichtbar und gleich darauf wieder sichtbar gemacht. Wozu um alles in der Welt soll das gut sein? Damit wird sichergestellt, dass die neue Grafik auch wirklich angezeigt wird! Nur so haben Sie die Gewähr, dass ein geänderter Button auch <u>sofort</u> im Formular geändert angezeigt wird.

Ich habe zahlreiche andere Techniken versucht, angefangen von der Methode *refresh* des Formulars bis hin zum Befehl *show object <objektname>*, keine davon hat sich als brauchbar und zuverlässig erwiesen. Auch die Formular-Eigenschaft *refreshalways* hat in diesem Fall keinen (erkennbaren) Einfluss.

Aber die korrekte (optische) Aktualisierung von Formular-Komponenten ist bei dBWin ja schon immer so eine Sache ... Besonders wenn Methoden des Formulars (oder der darin enthaltenen Komponenten) in schneller Abfolge öfter aufgerufen werden tut sich dBWin öfter sehr schwer, das alles auf die Reihe zu bekommen und die Anzeige der Komponenten richtig anzupassen. Manchmal erfolgt die Aktualisierung einfach zu spät und etwas „ruckartig". Das ist für den internen Ablauf zwar egal, sieht aber unprofessionell aus.

Vielleicht wundern Sie sich die ganze Zeit auch, warum ich Pushbuttons zur Anzeige der „Lampen" verwendet habe, statt die Grafik als *Image*-Objekt zu benutzen oder evtl. auch ein farbig ausgefülltes *Shape*-Objekt zu verwenden.

Die hier verwendeten Grafiken sind für die Verwendung in Buttons optimiert und haben einen „durchsichtigen" Rand. Unter Windows ist „durchsichtig" auch eine Art „Farbe", die im passenden Zusammenhang richtig ausgewertet wird und dann eben nicht als eigene Farbe erscheint, sondern die Farbe des jeweiligen Hintergrunds durchscheinen lässt. Wenn Sie schon mal mit einem Ressourcen-Editor Bitmaps oder Icons für Windows erstellt haben wissen Sie von was ich rede. Wenn nicht ist es auch egal, Sie brauchen es hierfür nicht.

Image, Shape und MyLightBarButton

Bei einem *Image* wäre diese „durchsichtige" Farbe im Formular sichtbar, und beim *Shape* lässt sich kein so schöner „Schimmer-Effekt" erzielen. Also habe ich Pushbuttons mit den speziell für Buttons gemachten Grafiken verwendet.

7.2.2 LED-Balken, Anwendung im Formular

Um den Fortschrittsbalken im *Designer* zu verwenden wird *lightbar.cc* (oder *lightbar.co*) als *Benutzerdefinierte Komponente* im Designer eingebunden. Wie Sie dabei vorgehen wurde bereits mehrfach beschrieben (Kapitel 3.3).

Ein Formular, mit dem Sie alle Funktionen des LED-Balkens testen können:
Listing *lightbar.wfm*

```
1.    ** END HEADER -- Diese Zeile nicht entfernen
2.    //
3.    // Erstellt am ...
4.    //
5.    parameter bModal
6.    local f
7.    f = new lightbarForm()
8.    if (bModal)
9.       f.mdi = false // Nicht-MDI festlegen
10.      f.ReadModal()
11.   else
12.      f.Open()
13.   endif
14.
15.   class lightbarForm of FORM
16.      set procedure to lightbar.co additive
17.      with (this)
18.         height = 8.0
19.         left = 25.0
20.         top = 1.0
21.         width = 62
22.         text = "Fortschrittsbalken-Test"
23.      endwith
24.
25.      this.MYLIGHTBARCLASS1 = new MYLIGHTBARCLASS(this)
26.      with (this.MYLIGHTBARCLASS1)
27.         left = 3.0
28.         top = 0.5
29.         width = 53.5
30.         height = 2.2
31.      endwith
32.
33.      this.TEXT3 = new TEXT(this)
34.      with (this.TEXT3)
35.         height = 1.0
36.         left = 5.0
37.         top = 3.5
38.         width = 18.0
39.         text = "Fester &Prozentwert"
40.      endwith
41.
42.      this.SPINBOX3 = new SPINBOX(this)
43.      with (this.SPINBOX3)
44.         height = 1.0
```

```
45.            left = 25.0
46.            top = 3.5
47.            width = 8.0
48.            picture = "999"
49.            rangeMax = 100
50.            rangeMin = 0
51.            value = 50
52.            rangeRequired = true
53.            validErrorMsg = "Ungültige Eingabe "
54.        endwith
55.
56.        this.PUSHBUTTON2 = new PUSHBUTTON(this)
57.        with (this.PUSHBUTTON2)
58.            onClick = class::PUSHBUTTON2_ONCLICK
59.            height = 1.0
60.            left = 35.0
61.            top = 3.5
62.            width = 10.0
63.            text = "&Anzeigen"
64.        endwith
65.
66.        this.TEXT1 = new TEXT(this)
67.        with (this.TEXT1)
68.            height = 1.0
69.            left = 5.0
70.            top = 5.0
71.            width = 5.0
72.            text = "&Von"
73.        endwith
74.
75.        this.SPINBOX1 = new SPINBOX(this)
76.        with (this.SPINBOX1)
77.            height = 1.0
78.            left = 10.0
79.            top = 5.0
80.            width = 8.0
81.            picture = "999"
82.            rangeMax = 100
83.            rangeMin = 0
84.            value = 0
85.            rangeRequired = true
86.            validErrorMsg = "Ungültige Eingabe "
87.        endwith
88.
89.        this.TEXT2 = new TEXT(this)
90.        with (this.TEXT2)
91.            height = 1.0
92.            left = 20.0
93.            top = 5.0
94.            width = 5.0
95.            text = "&Bis"
96.        endwith
97.
```

```
98.      this.SPINBOX2 = new SPINBOX(this)
99.      with (this.SPINBOX2)
100.        height = 1.0
101.        left = 25.0
102.        top = 5.0
103.        width = 8.0
104.        picture = "999"
105.        rangeMax = 100
106.        rangeMin = 0
107.        value = 100
108.        rangeRequired = true
109.        validErrorMsg = "Ungültige Eingabe "
110.      endwith
111.
112.      this.PUSHBUTTON1 = new PUSHBUTTON(this)
113.      with (this.PUSHBUTTON1)
114.        onClick = class::PUSHBUTTON1_ONCLICK
115.        height = 1.0
116.        left = 35.0
117.        top = 5.0
118.        width = 10.0
119.        text = "&Starten"
120.      endwith
121.
122.      this.PUSHBUTTON3 = new PUSHBUTTON(this)
123.      with (this.PUSHBUTTON3)
124.        onClick = class::PUSHBUTTON3_ONCLICK
125.        height = 1.0
126.        left = 48.0
127.        top = 3.0
128.        width = 8.0
129.        text = "&0%"
130.      endwith
131.
132.      this.PUSHBUTTON4 = new PUSHBUTTON(this)
133.      with (this.PUSHBUTTON4)
134.        onClick = class::PUSHBUTTON4_ONCLICK
135.        height = 1.0
136.        left = 48.0
137.        top = 4.25
138.        width = 8.0
139.        text = "&100%"
140.      endwith
141.
142.      this.PUSHBUTTON5 = new PUSHBUTTON(this)
143.      with (this.PUSHBUTTON5)
144.        onClick = class::PUSHBUTTON5_ONCLICK
145.        height = 1.0
146.        left = 48.0
147.        top = 5.5
148.        width = 8.0
149.        text = "&inaktiv"
150.      endwith
```

```
151.
152.    function PUSHBUTTON1_onClick
153.    local iX, iVon, iBis, iStep, sBtnText
154.
155.        sBtnText = form.PushButton1.text
156.        form.PushButton1.text = "gestartet"
157.        form.PushButton1.enabled = .f.
158.        form.PushButton2.enabled = .f.
159.        form.PushButton3.enabled = .f.
160.        form.PushButton4.enabled = .f.
161.        form.PushButton5.enabled = .f.
162.
163.        iVon = form.spinbox1.value
164.        iBis = form.spinbox2.value
165.        iStep = iif ( iVon<iBis, 1, -1 )
166.
167.        for iX = iVon to iBis step iStep
168.           form.MyLightBarClass1.SetProzent ( iX )
169.           sleep 0.1              && kleine Pause
170.        next
171.
172.        form.PushButton1.enabled = .t.
173.        form.PushButton2.enabled = .t.
174.        form.PushButton3.enabled = .t.
175.        form.PushButton4.enabled = .t.
176.        form.PushButton5.enabled = .t.
177.        form.PushButton1.text = sBtnText
178.
179.    return
180.
181.    function PUSHBUTTON2_onClick
182.        form.MyLightBarClass1.SetProzent
                            ( form.spinbox3.value )
183.    return
184.
185.    function PUSHBUTTON3_onClick
186.        form.MyLightBarClass1.SetOnOff(.f.)
187.    return
188.
189.    function PUSHBUTTON4_onClick
190.        form.MyLightBarClass1.SetOnOff(.t.)
191.    return
192.
193.    function PUSHBUTTON5_onClick
194.        form.MyLightBarClass1.SetDisable()
195.    return
196.
197. endclass
```

Das Formular wurde so im Designer erstellt. Beachten Sie bitte die Zeile 16, in der die Klassendatei *lightbar.co* (es ginge auch *lightbar.cc*) eingebunden wird. Die anderen Objekte sind dBWin-Basisklassen und Ihnen damit alle bekannt.

In Aktion und voller Blüte sieht das Formular so aus:

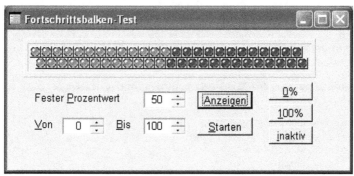

Der Fortschrittsbalken wird im Formular getestet

Sie können alle Anzeige-Varianten und alle Methoden von *MyLightBarClass* hier eingehend testen. Entweder indem Sie einen festen Prozentwert zwischen 0 und 100 anzeigen lassen, oder eine echte Anwendung simulieren und einen Wert *von x bis y* (je mind. 0 bis max. 100) als Fortschritt durchlaufen lassen.

Der Fortschrittsbalken kann natürlich auch rückwärts laufen, dazu müssen Sie lediglich bei *von* einen höheren Startwert als beim Endwert *bis* eintragen.

Die Buttons rechts rufen weitere Methoden der Klasse auf, um den Balken auf 0% oder 100% zu setzen, bzw. um ihn optisch inaktiv erscheinen zu lassen.

💣 Manchmal setzt die Aktualisierung des LED-Balkens aus. Oft nur kurz, seltener ganz, z. B. wenn er von 0 bis 100 durchläuft wird er bis 80 oder 90 korrekt aktualisiert, dann stockt die Anzeige und erst am Ende wird er wieder korrekt mit dem jeweiligen Endwert angezeigt. Dabei ist auch schon mal das ganze dBWin etwas „abwesend", evtl. verschwindet dabei sogar kurz mal die Menüleiste! Bei *dBASE Plus* häufiger als bei *dBASE 2000* oder *dBASE SE*. Und je länger dBWin vorher schon lief, desto häufiger wird der Effekt, was auf ein Speicherproblem deutet. Evtl. liegt es aber auch an einer nicht immer sauberen internen Kommunikation von dBWin und Windows bzw. fehlenden *PeekMessage*-Aufrufen (wer die Windows-API schon mal programmiert hat kennt das, für alle anderen ist das eine gaaanz andere Baustelle ...). Es mag aber auch von der Windows-Version (bei mir XP) oder sonstwas abhängen.

ⓘ Die benutzten „LED-Grafiken" sind fester Bestandteil von dBWin und auch in der Runtime-Version verfügbar. Die verwendeten Nummern sind seit vielen Versionen und Updates gleich und sollten es zukünftig auch bleiben.

7.2.3 LED-Balken, Anwendung im Programm

Zuletzt noch ein Beispiel, wie Sie den LED-Balken in einem Formular nutzen ohne dass Sie sich dafür im Designer mit der Maus abquälen müssen.

Listing *lightbar.prg*

```
1.    set procedure to lightbar.cc additive
2.
3.    #define FORM_TITEL "Ein etwas anderer
      Fortschrittsbalken"
4.
5.    oForm = new form()
6.    oForm.text = FORM_TITEL
7.    oForm.width = 60
8.    oform.height = 4
9.
10.   oBalken = new MyLightBarClass ( oForm )
11.   oBalken.SetPosition ( 3, 1 )
12.   oForm.open()
13.
14.   for iX = 0 to 100
15.      oForm.text = FORM_TITEL + " - "
16.      oForm.text += ltrim(str(iX,3,0)) + "%"
17.      oBalken.SetProzent ( iX )
18.      sleep 0.05
19.   next
20.
21.   sleep ( 1 )
22.   oBalken.SetOnOff(.f.)
23.
24.   for iX = 100 to 0 step -1
25.      oForm.text = FORM_TITEL + " - "
26.      oForm.text += ltrim(str(iX,3,0)) + "%"
27.      oBalken.SetProzent ( iX )
28.      sleep 0.05
29.   next
30.
31.   sleep ( 1 )
32.   for iX = 0 to 100
33.      oForm.text = FORM_TITEL + " - "
34.      oForm.text += ltrim(str(iX*100/200,3,0)) + "%"
35.      oBalken.SetProzentCalc ( iX, 200 )
36.      sleep 0.05
37.   next
38.
39.   sleep ( 2 )
40.   oBalken.SetDisable()
41.   oForm.text = FORM_TITEL + " - disabled"
42.
43.   *sleep (2)
44.   *oForm.close()          && Befehle inaktiv, damit
45.   *oForm.release()        && der Balken am Ende
46.   *release object oBalken && weiter sichtbar bleibt
```

7.3 Zeiteingabe als Klasse

Die Eingabe der Uhrzeit ist ein oft benötigter Punkt in vielen Programmen. Leider bietet dBWin dafür keine passende Eingabeklasse und die normalen Objekte wie *Entryfield* und *Spinbox* sind ohne Feintuning dafür nur bedingt brauchbar. Also basteln wir uns eben selbst eine eigene Zeiteingabe-Klasse.

Erneut wird die Klasse als *Container* realisiert, da die neue Klasse wieder aus mehreren einzelnen Grafik-Komponenten besteht. Ich brauche ein Rechteck, einen Text und zwei Spinboxen, wobei ich diesmal meine eigenen Klassen aus *myclass.cc* verwende. Erstens macht das in diesem Fall mehr Sinn, weil ich die Klasse für der Zeiteingabe diesmal sowieso in der Datei *myclass.cc* speichere. Und zweitens haben Sie dann auch ein Beispiel für diese Art der Entwicklung. Ausserdem verwende ich diesmal *define* statt *new* zur Erzeugung der Objekte.

7.3.1 Zeiteingabe, Klassen-Definition
Listing *myclass.cc* (Ausschnitt)

```
1.    class MyTimeEditClass(oForm) of CONTAINER(oForm)
                                                      custom
2.
3.        && --- Eigenschaften ---
4.        this.left = 1
5.        this.top  = 1
6.        this.width = 15
7.        this.height = 1.5
8.        this.borderstyle = 3          && 3 = kein Rand
9.        this.f24Modus = .t.           && 24-Stunden Modus
10.
11.       && --- Objekte ---
12.       define MyRectClassNorm rect1 of this property;
13.       left 0.7, top 0.15, width 13.6, height 1.2, text ""
14.
15.       define MySpinboxClass SpinStunde of this property;
16.       left 1, top 0.25, width 6, height 1, value 0,;
17.       rangemin 0, rangemax iif (this.f24Modus, 23, 11),;
18.       rangerequired .t., picture "99", function "IL",;
19.       step 1, border .f., pageno 0,;
20.       OnLeftDblClick {;class::OnDblClickStunde()}
21.
22.       define MyTextClass TextDP of this property;
23.       left 7, top 0.2, width 1.0, height 1, text ":",;
24.       fontbold .t., alignment 4
25.
26.       define MySpinboxClass SpinMinute of this property;
27.       left 8, top 0.25, width 6, height 1, value 0,;
28.       rangemin -1, rangemax 60,;
29.       rangerequired .t., picture "99", function "IL",;
30.       step 1, border .f., pageno 0,;
31.       OnLeftDblClick {;class::OnDblClickMinute()},;
32.       onChange {;class::OnChangeMinute(this.value)}
```

```
33.
34.    && --- Methoden ---
35.    Procedure SetEnable ( fOn )
36.      this.SpinStunde.enabled = fOn
37.      this.SpinMinute.enabled = fOn
38.    return
39.
40.    Procedure SetPosition ( iLeft, iTop )
41.      this.left = iLeft
42.      this.top = iTop
43.    return
44.
45.    Procedure SetStunde ( iStunde )
46.      this.SpinStunde.value = iStunde
47.    return
48.
49.    Procedure SetMinute ( iMinute )
50.      this.SpinMinute.value = iMinute
51.    return
52.
53.    Procedure GetStunde ( NULL )
54.    return this.SpinStunde.value
55.
56.    Procedure GetMinute ( NULL  )
57.    return this.SpinMinute.value
58.
59.    Procedure Set24Stunden ( fOn )
60.      this.f24Modus = fOn
61.      this.SpinStunde.rangemax=iif(this.f24Modus,23,11)
62.    return
63.
64.    Procedure OnChangeMinute ( iMinute )
65.      if iMinute = 60
66.        this.value = 0
67.        if this.parent.SpinStunde.value <
                   this.parent.SpinStunde.rangemax
68.          this.parent.SpinStunde.value ++
69.        endif
70.      endif
71.      if iMinute = -1
72.        this.value = 59
73.        if this.parent.SpinStunde.value >
                   this.parent.SpinStunde.rangemin
74.          this.parent.SpinStunde.value --
75.        endif
76.      endif
77.    return
78.
79.    Procedure OnDblClickStunde ( NULL )
80.      this.value = class::GetSystemStunde()
81.      this.parent.SpinMinute.value =
                               class::GetSystemMinute()
82.    return
```

```
83.
84.     Procedure OnDblClickMinute ( NULL )
85.        this.parent.SpinStunde.value =
                          class::GetSystemStunde()
86.        this.value = class::GetSystemMinute()
87.     return
88.
89.     Procedure SetSystemTime ( NULL )
90.        this.SpinStunde.value = class::GetSystemStunde()
91.        this.SpinMinute.value = class::GetSystemMinute()
92.     return
93.
94.     Procedure GetSystemStunde ( NULL )
95.     return val ( substr ( time(), 1, 2 ) )
96.
97.     Procedure GetSystemMinute ( NULL )
98.     return val ( substr ( time(), 4, 2 ) )
99.  endclass
```

> (i) Beachten Sie bitte, dass wieder einige lange Befehlszeilen auf mehrere
> Zeilen im Buch gedruckt werden mussten. Tippen Sie die stets als <u>eine</u> Zeile
> ab, wenn Sie sich nicht sowieso die Quellcodes auf meiner Homepage laden.

In Zeile 1 wird die Klasse begonnen. Es ist wieder ein Container, der auch das
Objekt des späteren Formulars als Parameter bekommt und einfach nur an die
dBWin-Basisklasse *Container* durchreicht. Das kennen Sie von der Ampel.

Neben den Eigenschaften für Position und Grösse wird in diesem Fall die
Eigenschaft *borderstyle* geändert, damit der Rahmen des Containers nicht
sichtbar ist. Ausserdem lege ich eine individuelle Eigenschaft *f24Modus* an,
mit der später zwischen 12- und 24-Stunden Modus gewechselt werden kann.

Dann folgen ab Zeile 12 die Objekte innerhalb des Containers. Ich verwende
zwei *Spinbox*-Objekte, dazwischen einen *Text*, die alle von einem *Rectangle*
eingerahmt werden. Für alle Objekte nehme ich meine eigenen Klassen, die
schon weiter oben in der Datei *myclass.cc* zur Verfügung gestellt werden.

Die erste Spinbox dient der Eingabe der Stunden, d. h. es sind Werte ab 0 bis
max. 11 oder 23 zulässig, je nach dem ob der 24-Stunden Modus aktiv ist. Die
Spinbox hat auch eine Ereignis-Methode *OnDblClickStunde*, die immer dann
ausgeführt wird wenn sie mit der linken Maustaste doppelt angeklickt wird.

Die zweite Spinbox ist für die Minuten. Sie werden sich vielleicht wundern,
warum ich die Grenzwerte mit *rangemin* und *rangemax* nicht auf 0 und 59,
sondern auf -1 und 60 gesetzt habe. Darauf gehe ich aber später noch ein.
Zusätzlich zum Doppelklick wird hier auch noch *onChange* abgefangen.

Der Text zwischen den beiden Spinboxen ist ein Doppelpunkt, der als für Uhrzeiten üblicher Trenner zwischen den beiden Eingabefeldern erscheint.

Bei beiden Spinboxen wurde zudem der Rahmen mit *border .f.* abgeschaltet. Dafür ist das Rechteck *rect1* so nahe wie möglich um die Spinboxen gelegt. So entsteht der optische Eindruck, dass die Eingabe „aus einem Guss" ist.

Nun zu den Methoden. Hier gibt es wieder die Möglichkeit, die Eingabefelder gezielt abzuschalten, bzw. den ganzen Container im Formular zu verschieben. Die Methoden *SetEnable* und *SetPosition* kennen Sie ja schon von der Ampel.

Ebenso können mit *Setxxx* und *Getxxx* beide Spinboxen gezielt „von aussen" mit Werten belegt, bzw ihre aktuellen Werte ermittelt und ausgelesen werden.

Die Methode *Set24Stunden* schaltet zwischen 12- und 24-Stunden Modus um, indem Sie per Eigenschaft *rangemax* den Wert der Stunden-Spinbox begrenzt.

> (i) In den bisher besprochenen Methoden wird stets mit *this* der Container angesprochen. Eine Angabe wie z. B. *this.SpinStunde* greift auf das Objekt *SpinStunde* innerhalb des Containers zu. Das Formular ist hier nicht relevant, da die Objekte im Container eingebettet und darüber angesprochen werden.

Die Methode *OnChangeMinute* ab Zeile 64 sorgt für etwas Komfort bei der Eingabe. Sie ermöglicht es dem Anwender, die Minuten endlos vorwärts und rückwärts durchzuspulen (mit der Maus oder mit den Cursortasten). Wenn die Minuten die obere Grenze 60 erreicht haben werden sie autom. auf 0 gesetzt und dafür werden die Stunden um eins erhöht (sofern das noch möglich ist). Rückwärts dagegen wird bei Erreichen von -1 der Minutenwert auf 59 gesetzt und dafür werden die Stunden um eins vermindert (bis *rangemin* erreicht ist).

Beachten Sie hierbei bitte unbedingt die unterschiedlichen Zugriffsarten. Die Methode *OnChangeMinute* „gehört" zur Spinbox der Minuten, da sie nur von dort aus im Rahmen des *onChange*-Ereignisses aufgerufen wird. Sie könnte als normale Methode der Klasse auch „von aussen" aufgerufen werden, aber das macht erstens keinen Sinn und würde hier zweitens zu Fehlern führen.

Damit kann innerhalb von *OnChangeMinute* auf die Spinbox der Minuten per *this* und auf den Inhalt der Spinbox mit *this.value* zugegriffen werden. *This* bezieht sich hier auf die Spinbox, denn die Methode wird im Rahmen eines Ereignisses aufgerufen, das nur von eben dieser Spinbox ausgelöst wird.

> (i) Die Grundlagen zu *this* lesen Sie bitte bei Bedarf in Band 1 und 2 nach.

Der Zugriff auf die Spinbox der Stunden aus der Methode *OnChangeMinute* ist dagegen etwas komplizierter. Hier reicht kein direktes *this*, denn *this* ist ja die Spinbox der Minuten und nicht die der Stunden. Also wird per *this.parent* der Container angesprochen, da beide Spinboxen ja in diesen eingebettet sind.

ⓘ Viele Objekt haben die Eigenschaft *parent*. In unserem Fall kann damit der Container angesprochen werden, da die Spinboxen darin eingebettet sind.

Wenn man das auf *this.parent.SpinStunde* erweitert lässt sich bequem auf das Objekt der Stundeneingabe zugreifen. Jetzt muss nur noch die Eigenschaft *.value* angehängt werden, und dann lässt sich aus der Methode, die innerhalb der Minuten-Spinbox abläuft, auf den Inhalt der Stunden-Spinbox zugreifen.

Die zwei nächsten Methoden, die jeweils beim Doppelklick in eine der beiden Spinboxen ausgelöst werden, zeigen dieses Prinzip auch noch mal sehr schön Weil *OnDblClickStunde* quasi innerhalb der Stunden-Spinbox gestartet wird (im Rahmen des Ereignis *onLeftDblClick*, das die Stunden-Spinbox auslöst) kann dort mittels *this.value* der Inhalt der Stunden-Spinbox geändert werden. Auf den Inhalt der Minuten-Spinbox muss dagegen wieder über den Umweg des Containers, also mit *this.parent.SpinMinute.value* zugegriffen werden.

In der Methode *OnDblClickMinute* ist es dagegen genau andersrum. Diese läuft als Ereignis der Minuten-Spinbox, daher sind die Minuten dort einfach per *this.value* im Zugriff, die Stunden nur über den Umweg des Containers.

Nein, das ist nicht kompliziert, das ist ein ganz simples Prinzip. Sie müssen es nur einmal verstehen, und wenn es Ihnen in Fleisch und Blut übergeht wird dieser anfangs vielleicht etwas undurchsichtige Code plötzlich ganz einfach ...

💣 Die Methoden *OnDblClickxxx* sollten nicht „von aussen" aufgerufen werden, auch wenn es technisch möglich wäre. Aber dann laufen sie nicht mehr „innerhalb" einer der beiden Spinboxen ab und damit stimmt der ganze Zugriff mit den diversen *this*-Konstruktionen nicht mehr und es hagelt Fehler. Es wäre also sinnvoll, diese Methoden mittels *protect* zu schützen (Seite 211).

Um „von aussen", also von ausserhalb der Klasse die akt. Systemzeit des PCs in das Zeiteingabe-Objekt zu bekommen gibt es die Methode *SetSystemTime*. Sie läuft nicht innerhalb einer Spinbox oder im Rahmen eines Ereignisses ab, sondern wird „von aussen" aufgerufen. Also ist hier *this* wieder der Container.

Am Schluss stehen noch zwei allgemeine Methoden, die die akt. Uhrzeit des PCs auslesen und die Stunden bzw. Minuten als Zahlenwerte zurückliefern.

7.3.2 Zeiteingabe, Anwendung im Formular

Um die Zeiteingabe im *Formular-Designer* zu verwenden muss die ganze Datei *myclass.cc* als *Benutzerdefinierte Komponente* eingebunden werden.

Wie das geht wissen Sie jetzt im Schlaf, und danach steht für Sie auf der Seite *Individuell* der *Komponentenpalette* die Klasse *MyTimeEditClass* bereit.

Hier ein Formular mit der Zeiteingabe-Klasse, das im Designer erstellt wurde:

Listing *uhrzeit.wfm*

```
1.    ** END HEADER -- Diese Zeile nicht entfernen
2.    //
3.    // Erstellt am ...
4.    //
5.    parameter bModal
6.    local f
7.    f = new uhrzeitForm()
8.    if (bModal)
9.        f.mdi = false
10.       f.ReadModal()
11.   else
12.       f.Open()
13.   endif
14.
15.   class uhrzeitForm of FORM
16.       set procedure to myclass.cc additive
17.       with (this)
18.           height = 10
19.           left = 50
20.           top = 0.0
21.           width = 50
22.           text = "Zeiteingabe Test"
23.       endwith
24.
25.       this.MYTEXTCLASS1 = new MYTEXTCLASS(this)
26.       with (this.MYTEXTCLASS1)
27.           height = 1.0
28.           left = 5.0
29.           top = 1.5
30.           width = 5.0
31.           text = "&von"
32.       endwith
33.
34.       this.TIMEEDITCLASS1 = new MYTIMEEDITCLASS(this)
35.       with (this.TIMEEDITCLASS1)
36.           left = 10.0
37.           top = 1.0
38.           width = 15.0
39.           height = 1.5
40.       endwith
41.
```

```
42.        this.MYPUSHBUTTON1 = new MYPUSHBUTTON(this)
43.        with (this.MYPUSHBUTTON1)
44.           onClick={;form.TimeEditClass1.SetSystemTime()}
45.           left = 26.0
46.           top = 1.0
47.           text = "&Jetzt"
48.        endwith
49.
50.        this.MYTEXTCLASS2 = new MYTEXTCLASS(this)
51.        with (this.MYTEXTCLASS2)
52.           height = 1.0
53.           left = 5.0
54.           top = 4.0
55.           width = 5.0
56.           text = "&bis"
57.        endwith
58.
59.        this.TIMEEDITCLASS2 = new MYTIMEEDITCLASS(this)
60.        with (this.TIMEEDITCLASS2)
61.           left = 10.0
62.           top = 3.5
63.           width = 15.0
64.           height = 1.5
65.        endwith
66.
67.        this.MYPUSHBUTTON2 = new MYPUSHBUTTON(this)
68.        with (this.MYPUSHBUTTON2)
69.           onClick =
                    {;form.TimeEditClass2.SetSystemTime()}
70.           left = 26.0
71.           top = 3.5
72.           text = "J&etzt"
73.        endwith
74.
75.        this.MYPUSHBUTTON3 = new MYPUSHBUTTON(this)
76.        with (this.MYPUSHBUTTON3)
77.           onClick = class::MYPUSHBUTTON3_ONCLICK
78.           left = 5.0
79.           top = 6.0
80.           text = "&Differenz"
81.        endwith
82.
83.        this.MYTEXTCLASS3 = new MYTEXTCLASS(this)
84.        with (this.MYTEXTCLASS3)
85.           height = 1
86.           left = 21.0
87.           top = 6.25
88.           width = 25.0
89.           text = ""
90.        endwith
91.
```

```
92.    function MYPUSHBUTTON3_onClick
93.    local iStuVon, iStuBis, iMinVon, iMinBis
94.    local iSumVon, iSumBis, iStuDif, iMinDif, iAllDif
95.
96.       iStuVon = form.timeeditclass1.spinstunde.value
97.       iStuBis = form.timeeditclass2.spinstunde.value
98.       iMinVon = form.timeeditclass1.spinminute.value
99.       iMinBis = form.timeeditclass2.spinminute.value
100.
101.      iSumVon = (iStuVon * 60) + iMinVon
102.      iSumBis = (iStuBis * 60) + iMinBis
103.
104.      iAllDif = iSumBis - iSumVon
105.      iStuDif = int ( iAllDif / 60 )
106.      iMinDif = mod ( iAllDif, 60 )
107.
108.      form.mytextclass3.text = ;
109.          ltrim(str(iStuDif,3,0)) + " Stunden und "+;
110.          ltrim(str(iMinDif,3,0)) + " Minuten"
111.   return
112.
113. endclass
```

Es gibt zwei Zeiteingabe-Objekte, und Buttons um diese mit der aktuellen Uhrzeit des PCs zu belegen. Ausserdem wird über einen dritten Button die Zeitdifferenz berechnet und als Text angezeigt. Damit werden im Formular alle wichtigen Methoden der Zeiteingabe-Klasse beispielhaft verwendet.

> Achten Sie beim verschieben der Zeiteingabe-Klasse im Designer bitte darauf, dass der Container selbst und nicht eines der Objekte innerhalb des Containers ausgewählt ist. Das ist nicht so ganz einfach, da die Objekte im Container nahe beieinander liegen und zudem der Rand des Containers nicht sichtbar ist (weil seine Eigenschaft *borderstyle* auf den Wert 3 gesetzt wurde).

> Sie können den Container dennoch sehr bequem im Designer aktivieren, indem Sie im *Objektinspektor* das Dropdown-Feld oben aufklappen und dort das gewünschte Objekt, hier also *form.timeeditclass1* oder *...2* auswählen.

Einen Nachteil gibt es leider noch, die beiden Hotkeys der Texte *von* und *bis* funktionieren nicht, die beiden Spinboxen sind nicht per Hotkey aktivierbar.

So ein Hotkey in Texten funktioniert ja nur, wenn das zu aktivierende Objekt in der Tabfolge des Formulars direkt auf das Textfeld mit dem Hotkey folgt. Das ist in diesem Fall aber nicht so, da die beiden Spinboxen zusätzlich noch in den Container eingebettet sind und darum nicht direkt auf den Text folgen.

Gibt es dafür eine auch Lösung? Natürlich, es gibt (fast) immer eine Lösung: Ein verstecktes Eingabefeld, nicht über die Eigenschaft unsichtbar (also nicht *visible* = *.f.*), da es sonst auch nicht aktivierbar wäre, sondern so im Formular platziert dass es für den Anwender unsichtbar ist, z. B. unter den Zeiteingabe-Objekten oder noch einfacher mit Breite und Höhe (*width, height*) jeweils 0.

Dieses Eingabefeld (ein Objekt der Klasse *Entryfield* bzw. *MyEntryClass*) ist damit unsichtbar, dennoch erfüllt es eine wichtige Funktion. Wenn es in der Tabfolge nach y̱on bzw. nach ḇis kommt ist es über diese Hotkeys aktivierbar. Das fangen wir über sein Ereignis *onGotFocus* ab und geben die Aktivierung mit der Methode *SetFocus* einfach an die passende Stunden-Spinbox weiter. Ganz schön um die Ecke gedacht, was? Tja, manchmal geht es halt nur so ...

Trauen Sie sich das jetzt selbst zu? Na bestimmt! Zur Kontrolle finden sie in den Downloads zu diesem Buch auf meiner Homepage auch noch eine Datei namens *uhrzeit2.wfm*, darin habe ich die Lösung wie beschreiben umgesetzt.

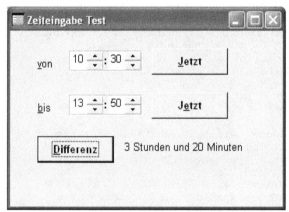

Zwei Zeiteingabe-Objekte in einem Formular

7.3.3 Zeiteingabe, Anwendung im Programm
Listing *uhrzeit.prg*
```
1.    set procedure to myclass.cc additive
2.
3.    oForm = new form()
4.    oForm.text = "Uhrzeit Eingabe"
5.    oForm.width = 30
6.    oform.height = 5
7.
8.    oTimeEdit = new MyTimeEditClass ( oForm )
9.    oTimeEdit.SetPosition ( 7, 2 )
10.   oForm.open()
11.   oTimeEdit.SetSystemTime()
```

7.4 Datenstrukturen als Klasse

Klassen sind natürlich auch für die Abbildung von Daten jeglicher Art prima geeignet. Die Klasse ist der Datensatz, die Eigenschaften sind die Datenfelder. Dazu ein kleines Beispiel, das diesen Gedanken praktisch umsetzt und Ihnen zusätzlich noch zeigt, wie sich Klassen auch verschachteln lassen. Ausserdem spielen wir etwas mit dynamischen Arrays, das kann ja auch nicht schaden ...

Nehmen wir doch mal eine Musik-CD als Vorlage. Diese hat eine Reihe von individuellen Eigenschaften (Interpret, Genre, Erscheinungsjahr, Label etc.). Und die einzelnen Songs lassen sich gut als kleine Unterklasse definieren, mit ebenfalls speziellen Eigenschaften (Titel, Spielzeit, Position auf der CD etc.).

Listing *musik1.prg*

```
1.   public oCD1, oCD2, oCD3
2.
3.   oCD1 = CDInit ( "Pink Floyd", "Atom Heart Mother",
                     "Alternative Rock", 1970 )
4.   oCD2 = CDInit ( "Therion", "Vovin",
                     "Symphonic Metal", 1998 )
5.   oCD3 = CDInit ( "Vivaldi", "4 Jahreszeiten",
                     "Klassik", 1725 )
6.
7.   ? "Meine drei liebsten CDs"
8.   CDShow ( oCD1 )
9.   CDShow ( oCD2 )
10.  CDShow ( oCD3 )
11.
12.  Procedure CDInit ( sBand, sName, sArt, iVon )
13.  local oObj
14.     oObj = new MyAlbum()
15.     with oObj
16.        sInterpret = sBand
17.        sTitel = sName
18.        sGenre = sArt
19.        iJahr = iVon
20.     endwith
21.  return oObj
22.
23.  Procedure CDShow ( oObj )
24.     ? oObj.sInterpret + ", " + oObj.sTitel + " - " +
          oObj.sGenre + " von " + ltrim(str(oObj.iJahr))
25.  return
26.
27.  class MyAlbum of OBJECT
28.     this.sTitel = ""
29.     this.sGenre = ""
30.     this.sInterpret = ""
31.     this.iJahr = 0
32.     this.iSpielzeit = 0
33.  endclass
```

Das Programm sieht auf den ersten Blick recht simpel aus. Aber Sie wissen ja, dass ich gerade in augenscheinlich einfache Programme gern mal Tricks und Kniffe einbaue, oder fiese Fallen zeige in die man ab und zu „gern" tappt.

Die Klasse *MyAlbum* bedarf keiner näheren Erklärung mehr, sie ist einfach nur eine Ableitung der Basisklasse *Object* mit ein paar harmlosen Eigenschaften.

Die Routine *CDInit* ist dagegen schon einen genaueren Blick wert. Hier wird ein neues Objekt aus der Klasse *MyAlbum* erzeugt, die Eigenschaften werden mit den an die Routine übergebenen Daten gefüllt und schliesslich wird das ganze Objekt einfach mit *return* an den aufrufenden Code zurückgegeben.

Man muss schon zweimal hinsehen, um das hinterhältige daran zu verstehen. Das Objekt wird in der Routine *CDInit* erstellt und dort einer <u>lokalen</u> Variable zugewiesen. Und Sie wissen ja sicher was mit lokalen Variablen einer Routine passiert, wenn die Routine verlassen wird. Richtig, sie werden beim Verlassen der Routine von dBWin entsorgt, sie verschwinden und können danach nicht mehr abgefragt oder auf eine sonstige Art verwendet werden.

Trotzdem haben Sie hier ein weiterhin gültiges Objekt, das über die Zeile

```
oCDx = CDInit ( ... )
```

erstellt wird. Die Funktion *CDInit* gibt einen Verweis auf das dort nur <u>lokal</u> erstellte Objekt zurück, das genügt in diesem Fall und das Objekt bleibt nach der Zuweisung an die globale Objektvariable *oCDx* erhalten und ansprechbar.

Ich gebe zu, das ist vielleicht kein sehr leicht verständlicher Code. Aber es ist wichtig das zu wissen. Es geht, man *kann* es so machen, man muss es nicht. Wenn Ihnen diese Art nicht gefällt und Sie lieber den konventionellen Weg gehen wollen, dann geht es natürlich auch, das nächste Programm zeigt es.

Listing *musik2.prg* (nur Ausschnitte)
```
oCD1 = new MyAlbum()
CDInit ( oCD1, "Pink Floyd", "Atom Heart Mother",
              "Alternative Rock", 1970 )
...
Procedure CDInit ( oObj, sBand, sName, sArt, iVon )
  with oObj
```

Hier wird das Objekt nicht mehr über eine lokale Variable erstellt, sondern gleich über die Variable *oCD1*, mit der es später auch verwendet wird. Mit *oCD2* und *oCD3* ist dasselbe zu tun. Die Objekt-Variablen werden dann als weiterer Parameter an *CDInit* übergeben, wo es weder *local* noch *new* gibt.

Eigene Klassen für Dies & Das   **273**

Und da wir schon über Fallen und Fehlerquellen sprechen gleich noch eine:

```
with oObj
  sInterpret = sBand
  sTitel = sName
  sGenre = sArt
  iJahr = iVon
endwith
```

Der Code oben ist völlig in Ordnung. Sie könnten ihn aber auch so schreiben:

```
oObj.sInterpret = sBand
oObj.sTitel = sName
oObj.sGenre = sArt
oObj.iJahr = iVon
```

Wenn Sie *with* <*objekt*> *... endwith* verwenden, dann sparen Sie sich bei den einzelnen Zuweisungen die ständige Wiederholung von <*objekt*>. vor der zu ändernden Eigenschaft. Bei den paar Eigenschaften im Beispiel ist das egal, aber wenn sie mal ein dutzend oder mehr Bestandteile eines Objekts ändern wollen lohnt es sich, zwei Befehlszeilen mehr zu schreiben für *with* <*objekt*> und *endwith*, dafür aber bei den vielen Zuweisungen das <*objekt*>. zu sparen.

Es gibt bei der Variante mit *with ... endwith* aber eine gemeine Falle, die Sie kennen müssen um nicht Stunden mit der Fehlersuche zu verbraten. Wenn Sie die Namen der Eigenschaften ohne vorheriges <*objekt*>. schreiben dürfen Sie dabei keine Variablen verwenden, die genauso heissen wie die Eigenschaft!

Zuerst ein Beispiel das funktioniert, weil hier <*objekt*>. davorgesetzt ist:

```
Procedure CDInit (oObj,sInterpret,sTitel,sGenre,iJahr)
  oObj.sInterpret = sInterpret
  oObj.sTitel = sTitel
  oObj.sGenre = sGenre
  oObj.iJahr = iJahr
return
```

Während das hier nicht mehr funktioniert, weil dBWin nicht mehr zwischen Variablen (oder Parametern) und Objekt-Eigenschaften unterscheiden kann:

```
Procedure CDInit (oObj,sInterpret,sTitel,sGenre,iJahr)
  with oObj
    sInterpret = sInterpret
    sTitel = sTitel
    sGenre = sGenre
    iJahr = iJahr
  endwith
return
```

Das absolut fiese an der gezeigten Falle ist, dass es zu keinerlei Fehlermeldung kommt, weder beim compilieren noch bei der späteren Programmausführung! Sie würden sich nur wundern warum es nicht funktioniert und warum alle so zugewiesenen Eigenschaften leer bleiben. Viel Spass bei der Fehlersuche ...

💣☀ Verwenden Sie innerhalb von *with ... endwith* Blöcken keine Variablen, die denselben Namen haben wie die Eigenschaften des bearbeiteten Objekts.

Damit wären die wichtigen Punkte des Beispiels besprochen. Ach ja, dass Sie am Ende die Objekte mit *release object oCDx* wieder freigeben wissen Sie ja. Ich habe es mir nur geschenkt damit das Listing noch auf die Seite passte, und auch weil ich davon überzeugt bin, dass Sie sowas wichtiges nicht vergessen.

Zünden wir die zweite Stufe und fügen die Songliste für eine CD hinzu:
Listing *musik3.prg*

```
1.   public oCD1
2.
3.   oCD1 = new MyAlbum()
4.   CDInit ( oCD1, "Pink Floyd", "Atom Heart Mother",
                 "Alternative Rock", 1970 )
5.
6.   SongInit ( oCD1, 1, "Atom Heart Mother", 23, 44 )
7.   SongInit ( oCD1, 2, "If", 4, 30 )
8.   SongInit ( oCD1, 3, "Summer 68", 5, 29 )
9.   SongInit ( oCD1, 4, "Fat Old Sun", 5, 22 )
10.  SongInit ( oCD1, 5, "Alans Psych. Breakfast", 13, 0)
11.
12.  CDShowTitel ( oCD1 )
13.  CDShowSongs ( oCD1 )
14.
15.  oCD1.CalcPlayTime()
16.  oCD1.ShowPlayTime()
17.
18.  Procedure CDInit (oObj, sName, sTitel, sGenre, iJahr)
19.     oObj.sInterpret = sName
20.     oObj.sTitel = sTitel
21.     oObj.sGenre = sGenre
22.     oObj.iJahr = iJahr
23.  return
24.
25.  Procedure SongInit ( oCD, iPos, sTitel, iMin, iSek )
26.  local oObj
27.     oObj = new MySong()
28.     oObj.sTitel = sTitel
29.     oObj.iPosition = iPos
30.     oObj.iSekunden = (iMin * 60) + iSek
31.     oCD.aoSongs.add ( oObj )
32.  return
```

```
33.
34.  Procedure CDShowTitel ( oObj )
35.     ? oObj.sInterpret + ", " + oObj.sTitel + " - " +
           oObj.sGenre + " - " + ltrim(str(oObj.iJahr))
36.  return
37.
38.  Procedure CDShowSongs ( oObj )
39.  local iX
40.     for iX = 1 to alen ( oObj.aoSongs )
41.        ?  oObj.aoSongs[iX].iPosition + " - "
42.        ?? oObj.aoSongs[iX].sTitel + " - "
43.        ?? int ( oObj.aoSongs[iX].iSekunden / 60 ) + ":"
44.        ?? ltrim(str(mod(oObj.aoSongs[iX].iSekunden,60),
                                        2, 0, "0" ) )
45.     next
46.  return
47.
48.  class MyAlbum of OBJECT
49.
50.     this.sTitel = ""
51.     this.sGenre = ""
52.     this.sInterpret = ""
53.     this.iJahr = 0
54.     this.iSpielzeit = 0
55.     this.aoSongs = new array()
56.
57.     Procedure CalcPlayTime ( NULL )
58.     local iX, iTotal
59.        iTotal = 0
60.        for iX = 1 to alen ( this.aoSongs )
61.           iTotal += this.aoSongs[iX].iSekunden
62.        next
63.        this.iSpielzeit = iTotal
64.     return
65.
66.     Procedure ShowPlayTime ( NULL )
67.        ? "Gesamte Spielzeit der CD: "
68.        ?? int ( this.iSpielzeit / 60 ) + ":"
69.        ?? ltrim(str(mod(this.iSpielzeit,60),2,0,"0"))
70.     return
71.
72.  endclass
73.
74.  class MySong of OBJECT
75.     this.sTitel = ""
76.     this.iPosition = 0
77.     this.iSekunden = 0
78.  endclass
```

Das einfachste steht am Schluss: ein neues Objekt *MySong* ist für die Lieder
auf einer CD zuständig. Es hat drei Eigenschaften für den Songtitel, für die
Position auf der CD und für die Spielzeit, die in Sekunden angegeben wird.

Aber auch die Klasse *MyAlbum* wurde erweitert. Neben der neuen Eigenschaft *aoSongs*, ein Array von Objekten (daher der Präfix *ao*) der Klasse *MySong* sind hier auch noch zwei Methoden dazugekommen. Dazu aber später mehr.

Zurück auf Los, bzw. zum Anfang des Programms. Diesmal lege ich das CD-Objekt ohne das etwas undurchsichtige Wagnis einer lokalen Variablen an, sondern „brav" über die globale Objektvariable *oCD1*. Also die leichter zu verstehende Variante, die ich bei *musik2.prg* als Alternative gezeigt habe.

Die Objektvariable *oCD1* wird an *CDInit* übergeben und dort werden diverse Eigenschaften gefüllt, diesmal ohne *with ... endwith* und damit ist es auch kein Problem mehr, dass einige Parameter genauso wie die Eigenschaften heissen.

Dann wird eine neue Routine *SongInit* mit den Titeln der CD aufgerufen und es werden Songtitel, Position und Spielzeit gespeichert. Die Spielzeit wird in Sekunden hinterlegt, daher auch zwei Parameter für Minuten und Sekunden.

In *SongInit* wird zuerst ein Objekt der Klasse *MySong* erstellt, und nach der Zuweisung der Eigenschaften wird das Objekt als neuer Eintrag des Arrays *aoSongs* vermerkt. Dafür benutze ich die Array-Methode *add*. Ich verwende hier wieder ein <u>lokales</u> Objekt, dessen Bezug aber auch nach Verlassen der Routine im Array *aoSongs* erhalten bleibt, obwohl die lokale Variable *oObj* ungültig wird sobald *SongInit* verlassen wird. Das ist also wieder so ein Fall, den man erst einmal verdauen muss. Aber es funktioniert, wie Sie sehen.

Die Funktion *CDShowTitel* enthält nichts neues, nur dass sie bei *musik1.prg* noch *CDShow* hiess, aber da gab es ja auch nur eine Anzeige-Routine. Nun haben wir schon zwei solche Routinen, es kommt noch *CDShowSongs* dazu, daher habe ich auch den Namen der ersten Routine entsprechend geändert.

Die Anzeige der einzelnen Songs erfolgt in einer Schleife, die ab 1 bis zum Ende des Arrays *aoSongs* durchlaufen wird. Die dBWin-Funktion *alen* prüft wieviele Array-Einträge es gibt und wieviel Schleifen-Durchläufe nötig sind.

Neben Songtitel und Position wird auch die Spieldauer angezeigt. Dazu muss der Sekundenwert in unser übliches Zeitformat *mm:*ss umgerechnet werden. Teilt man die Sekunden durch 60 und rundet das Ergebnis mit *int* auf eine ganze Zahl ab erhält man alle vollen Minuten. Die restlichen Sekunden sind leicht mit *mod* zu berechnen, das den Restwert aus einer Division ermittelt. Um bei den Sekunden führende „0" anzeigen zu lassen werden sie mit *str* in einen String umgewandelt, der fest 2 Stellen lang ist, keine Dezimalstellen enthält und bei weniger als 2 Stellen autom. mit „0" vorne aufgefüllt wird. Zuletzt noch *ltrim*, da *str* das Ergebnis mit einem Leerzeichen vorne liefert.

Nun bleiben noch die zwei neuen Methoden der Klasse *MyAlbum* zu erklären. Das ist einfach, die eine berechnet aus den bereits hinterlegten Songs und aus deren einzelnen Spielzeiten die gesamte Dauer der CD, wieder in Sekunden. Und die andere Methode zeigt diese gesamte Spieldauer im Format *mm:ss* an.

Das Ergebnis und die Ausgabe der Daten einer CD sieht dann z. B. so aus:

```
Pink Floyd, Atom Heart Mother - Alternative Rock - 1970
1 - Atom Heart Mother - 23:44
2 - If - 4:30
3 - Summer 68 - 5:29
4 - Fat Old Sun - 5:22
5 - Alans Psych. Breakfast - 13:00
Gesamte Spielzeit der CD: 52:05
```

Natürlich macht es nicht viel Sinn, die Details einer CD im Ausgabebereich des Befehlsfensters anzeigen zu lassen. Darum geht es ja auch garnicht. Es geht darum, Ihnen die Möglichkeiten zu demonstrieren, wie Sie mit Klassen beliebige Datenstrukturen, und sind sie noch so komplex, nachbilden können.

Alle Details lassen sich „irgendwie" als Eigenschaft einer Klasse definieren. Wenn es sich anbietet sollten die Daten selbst in möglichst kleine Häppchen, also in viele einzelne Klassen, aufgeteilt werden. Dann ist jede Klasse für sich betrachtet sehr simpel und leicht verständlich. Selbst wenn die Struktur am Ende doch etwas komplexer wird ist es nicht mehr so schwer umzusetzen.

Und wie fast immer gibt es in der Ausarbeitung der Details noch viele weitere Möglichkeiten. Statt dem Array für die Songtitel wäre auch nur ein Objekt für den ersten Song denkbar. Die Klasse der Songs bräuchte dann eine weitere Eigenschaft, einen Verweis auf das jeweils nächste Objekt. Und schon haben sie eine sog. „verkettete Liste". Und mit einer weiteren Eigenschaft für das jeweils vorherige Song-Objekt wird daraus eine „mehrfach verkettete Liste".

ⓘ Wenn Sie in anderen Programmiersprachen mit Zeigern gearbeitet haben wissen Sie was ich meine. Wenn nicht vergessen Sie es, es geht ja auch ohne. Wenn Sie mehr über solche Themen wissen wollen empfehle ich Literatur die sich mit komplexen Datenstrukturen befasst. Das dann aber bitte mit *C/C++* oder mit *Delphi*, denn dBWin ist für sowas einfach viel zu simpel gestrickt.

💣 Beachten Sie bei der Datenverwaltung mit Klassen bitte, dass hier die Gefahr besonders gross ist, die mit *new* angelegten Objekte später nicht mehr mit *release object* freizugeben. Das passiert zwar autom. wenn Sie dBWin beenden, aber wenn es länger läuft kann schnell viel Speicher verloren sein.

7.5 Allgemeine Routinen als Klasse

Im Laufe der Zeit wird sich bei Ihnen sicher eine kaum noch überschaubare Zahl von Routinen aller Art ansammeln. Diese häufig von einem bestimmten Programm unabhängigen Prozeduren und Funktionen können Sie in eigenen Dateien sammeln, um bei Bedarf die ganze Datei mit *set procedure to* in ein neues Projekt einbinden (Infos dazu siehe Band 2 Seite 165). Natürlich bietet sich auch eine Klasse als „Sammelbecken" für solche flexiblen Routinen an.

7.5.1 Routinen für Datums-Berechnungen

Die Methoden sind Berechnungen, die weder in der Basisklasse *Date* noch in anderen Grundfunktionen von dBWin enthalten sind. Sie haben sicher genug eigene Ideen um diese Klasse bei Bedarf selbst zu erweitern. Ein Beispiel für die praktische Anwendung in einem beliebigen Programm folgt im Anschluss.

Natürlich, statt einer Klasse könnten Sie alle Routinen auch als „normale" Prozeduren oder Funktionen schreiben, so wie Sie das bisher getan haben. Aber es geht eben <u>auch</u> als Klasse, und genau darum geht es uns hier ja ...

ⓘ Ich verwende Variablennamen *iD*, *iM* und *iY* für Tag, Monat und Jahr (*iY* weil ich dabei immer von den engl. Worten *day*, *month* und *year* ausgehe). Zwar sind diese Namen nicht sehr aussagekräftig und damit auch nicht ideal, aber Sie wissen hier um was es geht und bei einheitlicher Verwendung kann man solche Namen schon mal durchgehen lassen. Ausserdem passen so alle Codezeilen in eine Druckzeile im Buch, das erleichtert Ihnen die Übersicht.

Listing *datetool.prg*

```
1.      *-------------------------------------------------
2.      * Eine Klasse allgemeiner Zeit- und Datums-Routinen
3.      *-------------------------------------------------
4.      Class MyDateTools of OBJECT
5.
6.          Procedure MakeADate ( iD, iM, iY )
7.          local sHlp
8.            sHlp  = ltrim (str ( iD, 2, 0, "0" ) ) + "."
9.            sHlp += ltrim (str ( iM, 2, 0, "0" ) ) + "."
10.           sHlp += ltrim (str ( iY, 4, 0, "0" ) )
11.          return ctod ( sHlp )
12.
13.
14.          Procedure AddYear ( dDate, iAdd )
15.          local iD, iM, iY
16.            iD = day   ( dDate )
17.            iM = month ( dDate )
18.            iY = year  ( dDate ) + iAdd
19.          return class::MakeADate ( iD, iM, iY )
20.
```

```
21.
22.    Procedure AddMonth ( dDate, iAdd )
23.    local iD, iM, iY
24.
25.       if iAdd = 0
26.          return dDate
27.       endif
28.
29.       iD = day    ( dDate )
30.       iY = year   ( dDate )
31.       iM = month  ( dDate ) + iAdd
32.
33.       do while iM > 12
34.          iY = iY + 1
35.          iM = iM - 12
36.       enddo
37.
38.       do while iM < 1
39.          iY = iY - 1
40.          iM = iM + 12
41.       enddo
42.
43.       if (iD = 31) .and. ;
44.          ( (iM = 2) .or. (iM = 4) .or.;
45.            (iM = 6) .or. (iM = 9) .or.;
46.            (iM = 11) )
47.          iD = 30
48.       endif
49.
50.       if (iD = 30) .and. (iM = 2)
51.          iD = 29
52.       endif
53.
54.       if (iD=29) .and. (iM=2) .and. (mod(iY,4) <> 0)
55.          iD = 28          && kein Schaltjahr
56.       endif
57.
58.    return class::MakeADate ( iD, iM, iY )
59.
60.
61.    Procedure GetLast3006 ( dDate )
62.    local iY
63.       iY = year ( dDate )
64.       if month ( dDate ) < 7
65.          iY --
66.       endif
67.    return class::MakeADate ( 30, 6, iY )
68.
69.
70.    Procedure GetLast3112 ( dDate )
71.    return class::MakeADate ( 31, 12, year(dDate)-1 )
72.
73.
```

```
74.    Procedure GetLast0101 ( dDate )
75.    local iY
76.       iY = year ( dDate )
77.       if (day(dDate) = 1) .and. (month(dDate) = 1)
78.          iY--
79.       endif
80.    return class::MakeADate ( 1, 1, iY )
81.
82.
83.    Procedure GetLast01 ( dDate )
84.    local dCheck, iM, iY
85.       if day ( dDate ) = 1
86.          dCheck = this.AddMonth ( dDate, -1 )
87.       else
88.          dCheck = dDate
89.       endif
90.       iM = month ( dCheck )
91.       iY = year ( dCheck )
92.    return class::MakeADate ( 1, iM, iY )
93.
94.
95.    Procedure GetLast31 ( dDate )
96.    local iD, iM, iY
97.       iM = month ( dDate ) -1
98.       iY = year ( dDate )
99.       if iM = 0
100.         iM = 12
101.         iY--
102.      endif
103.      if (iM=1) .or. (iM=3) .or. (iM=5)  .or.;
104.         (iM=7) .or. (iM=8) .or. (iM=10) .or. (iM=12)
105.         iD = 31
106.      else if (iM = 4) .or. (iM = 6) .or.;
107.              (iM = 9) .or. (iM = 11)
108.         iD = 30
109.      else if (iM = 2)
110.         iD = iif ( mod(iY,4) = 0, 29, 28 )
111.      endif
112.   return class::MakeADate ( iD, iM, iY )
113.
114.
115.   Procedure GetNext3006 ( dDate )
116.   local dCheck, iY
117.      if (month(dDate) = 6) .and. (day(dDate) = 30)
118.         dCheck = this.AddYear ( dDate, 1 )
119.      else
120.         dCheck = dDate
121.      endif
122.      iY = year ( dCheck )
123.      if month (dCheck) > 6
124.         iY++
125.      endif
126.   return class::MakeADate ( 30, 6, iY )
```

```
127.
128.
129.    Procedure GetNext3112 ( dDate )
130.    return class::MakeADate ( 31, 12, year(dDate+1) )
131.
132.
133.    Procedure GetNext0101 ( dDate )
134.    local dCheck
135.      dCheck = this.AddYear ( dDate, 1 )
136.    return class::MakeADate ( 1, 1, year(dCheck) )
137.
138.
139.    Procedure GetNext01 ( dDate )
140.    local dCheck, iM, iY
141.      dCheck = this.AddMonth ( dDate, 1 )
142.      iM = month ( dCheck )
143.      iY = year  ( dCheck )
144.    return class::MakeADate ( 1, iM, iY )
145.
146.
147.    Procedure GetNext31 ( dDate )
148.    local iD, iM, iY
149.      iM = month ( dDate+1 )
150.      iY  = year  ( dDate+1 )
151.      if (iM=1) .or. (iM=3) .or. (iM=5)  .or.;
152.         (iM=7) .or. (iM=8) .or. (iM=10) .or. (iM=12)
153.        iD = 31
154.      else if (iM = 4) .or. (iM = 6) .or.;
155.              (iM = 9) .or. (iM = 11)
156.        iD = 30
157.      else if (iM = 2)
158.        iD = iif ( mod(iY,4) = 0, 29, 28 )
159.      endif
160.    return class::MakeADate ( iD, iM, iY )
161.
162.
163.    Procedure CalcDaysNoWeekend ( dVon, dBis )
164.    local iResult, iX, iDauer
165.      iResult = 0
166.      iDauer = dBis - dVon
167.      for iX = 1 to iDauer
168.        if (dow(dVon+iX)<>7) .and. (dow(dVon+iX)<>1)
169.          iResult++
170.        endif
171.      next
172.    return iResult
173.
174.
175.    Procedure CalcDaysWeekend ( dVon, dBis )
176.    return (dBis - dVon) - class::CalcDaysNoWeekend
                                      ( dVon, dBis )
177.
178. endclass
```

AddMonth addiert eine Anzahl von Monaten zu einem Datum, oder subtrahiert sie wenn der Parameter negativ ist. Dabei wird das berechnete Datum autom. auf den Monatsletzten gesetzt, wenn sich sonst ein ungültiges Datum ergibt. Beispiel: beim 31.01.xxxx + 1 Monat wird der 28.02.xxxx zurückgeliefert, 31.03. + 1 Monat ergibt den 30.04. Ähnliches gilt beim Abzug von Monaten. Wenn Sie ab dem 29.02. eines Schaltjahres 12 Monate addieren oder abziehen erhalten Sie den 28.02. des folgenden Jahres bzw. des vorherigen Jahres.

AddYear macht dasselbe mit Jahren. Das Ergebnis ist damit fast dasselbe wie wenn Sie *AddMonth* mit einer durch 12 teilbaren Monatszahl aufrufen, jedoch mit einem Unterschied: wenn Sie ab dem 29.02. eines Schaltjahres ein Jahr addieren oder abziehen erhalten sie hier den 01.03. des folgenden Jahres bzw. des Vorjahres zurück. Ich habe diesen Unterschied bewusst so gemacht, denn damit haben Sie beide Varianten und können die nutzen die Ihnen lieber ist.

> (i) Die Ausnahmen, in denen ein Jahr durch 4 teilbar ist aber dennoch kein Schaltjahr ist, sowie die Ausnahmen dieser Ausnahmen habe ich ignoriert, um den Code nicht noch länger werden zu lassen. Damit kann man sicher leben, und wenn nicht können Sie es sicher leicht selbst um diesen Punkt erweitern.

GetLast3112 berechnet den letzten 31.12. vor einem Datum, das Gegenstück dazu ist *GetNext3112*, das den nächsten 31.12. ab einem Datum zurückliefert.

GetLast3006 und *GetNext3006* berechnen die letzte bzw. nächste Jahresmitte, und *GetLast0101* bzw. *GetNext0101* den letzten und nächsten Jahresanfang.

Schliesslich berechnen *GetNext01* und *GetLast01* den ersten Tag des nächsten bzw. vorherigen Monats. Die passenden Gegenstücke heissen *GetNext31* und *GetLast31* berechnen den nächsten bzw. vorherigen Monatsletzten, wobei der Monatsletzte je nach Monat der 31., 30., 28. (bei Schaltjahren 29.) sein kann.

> (i) Beim testen obiger Routinen zeigte sich wieder mal, wie stark es auf die richtigen Testparameter ankommt. Natürlich ist es einfach, die Berechnungen mit Datumswerten wie 15.08.2006 zu prüfen. Richtig spannend wird es aber erst im Grenzbereich, z. B. wenn 01.01.xxxx oder 31.12.xxxx übergeben wird. Auch die Schaltjahre müssen bei sowas gesondert und einzeln geprüft werden.
> Ich habe alle Methoden mit diesen Daten geprüft: 01.01.2006, 02.01.2006, 31.01.2006, 01.02.2006, 31.03.2006, 29.06.2006, 30.06.2006, 01.07.2006, 30.12.2006, 31.12.2006 sowie dem 29.02.2008 als Schaltjahr. Bei *AddMonth* je 1, 3, 12 und 36 Monate addiert/abgezogen, bei *AddYear* je 1 und 25 Jahre. Bei allen Tests stimmte das Ergebnis, daher sollte das alles recht sicher sein.

Listing *datedemo.prg* (siehe auch *datetest.prg* mit diversen Tests)

```
1.   set procedure to datetool.prg additive
2.
3.   public dToday, dHelp
4.   dToday = date()
5.   ShowDateCalc ( dToday )
6.
7.   Procedure ShowDateCalc ( dDate )
8.   local oObj
9.
10.     oObj = new MyDateTools()
11.
12.     clear
13.     ?
14.     ? dDate, "heute"
15.     ?
16.     ? oObj.AddMonth ( dDate, 1 ), "heute + 1 Monat"
17.     ? oObj.AddMonth ( dDate, 6 ), "heute + 6 Monate"
18.     ? oObj.AddMonth ( dDate, 12 ), "heute + 12 Monate"
19.     ? oObj.AddMonth ( dDate, 36 ), "heute + 36 Monate"
20.     ? oObj.AddMonth ( dDate, -1 ), "heute - 1 Monat"
21.     ? oObj.AddMonth ( dDate, -6 ), "heute - 6 Monate"
22.     ? oObj.AddMonth ( dDate, -12 ), "heute - 12 Monate"
23.     ? oObj.AddMonth ( dDate, -36 ), "heute - 36 Monate"
24.     ?
25.     ? oObj.AddYear ( dDate, 1 ), "heute + 1 Jahr"
26.     ? oObj.AddYear ( dDate, 25 ), "heute + 25 Jahre"
27.     ? oObj.AddYear ( dDate, -1 ), "heute -1 Jahr"
28.     ? oObj.AddYear ( dDate, -25 ), "heute -25 Jahre"
29.     ?
30.     ? oObj.GetLast3112 ( dDate ), "letzter 31.12."
31.     ? oObj.GetLast3006 ( dDate ), "letzter 30.06."
32.     ? oObj.GetLast0101 ( dDate ), "letzter 01.01."
33.     ? oObj.GetLast01   ( dDate ), "letzter 01."
34.     ? oObj.GetLast31   ( dDate ), "letzter 31."
35.     ?
36.     ? oObj.GetNext3112 ( dDate ), "nexter 31.12."
37.     ? oObj.GetNext3006 ( dDate ), "nexter 30.06."
38.     ? oObj.GetNext0101 ( dDate ), "nexter 01.01."
39.     ? oObj.GetNext01   ( dDate ), "nexter 01."
40.     ? oObj.GetNext31   ( dDate ), "nexter 31."
41.     ?
42.        dHelp = oObj.GetNext3112(dDate)
43.     ? dHelp - dDate, "Restdauer bis Jahresende"
44.     iHlp = oObj.CalcDaysWeekend( dDate, dHelp )
45.     ? iHlp, "Noch Sa/So bis Jahresende"
46.     iHlp = oObj.CalcDaysNoWeekend ( dDate, dHelp )
47.     ? iHlp, "Arbeitstage bis Jahresende"
48.
49.     release object oObj
50.
51.  return
```

7.5.2 Routinen für String-Behandlungen

Die Bearbeitung von Zeichenketten gehört wohl zu den Standardarbeiten eines Programmierers. dBWin bietet Ihnen dafür schon zahlreiche Routinen an, und auch die an anderer Stelle erklärte Basisklasse *String* kann dabei nützlich sein.

Dennoch, es gibt wohl keinen Programmierer der nicht selbst eine Sammlung von String-Routinen aller Art sein Eigen nennt. Die folgende Klasse hält auch ein paar Varianten davon bereit, vielleicht ist ja was nützliches für Sie dabei.

Listing *strtool.prg*

```
1.   Class MyStringTools of OBJECT
2.
3.
4.      Procedure StrAddBackSlash ( sStr )
5.      local sHlp
6.
7.         sHlp = sStr
8.
9.         if right ( sHlp, 1 ) <> "\"
10.            sHlp = sHlp + "\"
11.         endif
12.
13.      return sHlp
14.
15.
16.      Procedure StrGetFileName ( sStr, fExtension )
17.      local sHlp, iPos
18.
19.         sHlp = sStr
20.         iPos = rat ( "\", sHlp )
21.
22.         if iPos <> 0
23.            sHlp = right ( sHlp, len ( sHlp ) - iPos )
24.         endif
25.
26.         iPos = rat ( ":", sHlp )
27.
28.         if iPos <> 0
29.            sHlp = right ( sHlp, len ( sHlp ) - iPos )
30.         endif
31.
32.         if .not. fExtension
33.            iPos = at ( ".", sHlp )
34.            if iPos <> 0
35.               sHlp = left ( sHlp, iPos-1 )
36.            endif
37.         endif
38.
39.      return sHlp
40.
41.
```

```
42.     Procedure StrGetPathName ( sStr )
43.     local sHlp, iPos
44.
45.       sHlp = sStr
46.       iPos = rat ( "\", sHlp )
47.
48.       if iPos <> 0
49.         sHlp = left ( sHlp, iPos-1 )
50.       endif
51.
52.     return sHlp
53.
54.
55.     Procedure StrForceExt ( sStr, sExtension )
56.     local sHlp, iPos
57.
58.       sHlp = sStr
59.       iPos = rat ( ".", sHlp )
60.
61.       if iPos <> 0
62.         sHlp = left ( sHlp, iPos-1 )
63.       endif
64.
65.       sHlp = sHlp + sExtension
66.
67.     return sHlp
68.
69.
70.     Procedure StrReplaceSubStr ( sStr, sOld, sNew )
71.     local sTmp, sHlp, iPos, iLen
72.
73.       if (sOld = sNew) .and. (len(sOld) = len(sNew))
74.         return sStr            && sonst Endlosschleife
75.       endif
76.
77.       sHlp = sStr
78.       iLen = len ( sHlp )
79.       iPos = at ( sOld, sHlp )
80.
81.       do while iPos <> 0
82.         sTmp = left ( sHlp, iPos - 1 ) + sNew
83.         if iPos + len ( sOld ) <= iLen
84.           sTmp = sTmp + substr ( sHlp, iPos+len(sOld) )
85.         endif
86.         sHlp = sTmp
87.         iPos = at ( sOld, sHlp )
88.         iLen = len ( sHlp )
89.       enddo
90.
91.     return sHlp
92.
93.
```

```
94.     Procedure StrDelLeadingChar ( sStr, sChar )
95.     local sHlp, iLen
96.
97.       sHlp = sStr
98.
99.       do while left ( sHlp, 1 ) = sChar
100.        iLen = len ( sHlp )
101.        if iLen = 1
102.          sHlp = ""
103.        else
104.          sHlp = substr ( sHlp, 2, len ( sHlp )-1 )
105.        endif
106.      enddo
107.
108.    return sHlp
109.
110.
111.    Procedure StrDelSubStr ( sStr, sDel )
112.    local sHlp, sLeft, sRight, iPos, iLen
113.
114.      sHlp = sStr
115.      iPos = at ( sDel, sHlp )
116.
117.      do while iPos <> 0
118.        iLen = len ( sHlp )
119.        sLeft = left ( sHlp, iPos - 1 )
120.        if iPos + len ( sDel ) <= iLen
121.          sRight = substr ( sHlp, iPos + len ( sDel ) )
122.        else
123.          sRight = ""
124.        endif
125.        sHlp = sLeft + sRight
126.        iPos = at ( sDel, sHlp )
127.      enddo
128.
129.    return sHlp
130.
131.
132.    Procedure StrLeftSetChar ( sStr, iSize, sChar )
133.    local iLen, sHlp
134.
135.      sHlp = sStr
136.      iLen = len ( sHlp )
137.
138.      if iLen < iSize
139.        sHlp = sHlp + replicate ( sChar, iSize - iLen )
140.      else if iLen > iSize
141.        sHlp = left ( sHlp, iSize )
142.      endif
143.
144.    return sHlp
145.
146.
```

```
147.    Procedure StrRightSetChar ( sStr, iSize, sChar )
148.    local iLen, sHlp
149.
150.      sHlp = sStr
151.      iLen = len ( sHlp )
152.
153.      if iLen < iSize
154.        sHlp = replicate ( sChar, iSize - iLen ) + sHlp
155.      else if iLen > iSize
156.        sHlp = right ( sHlp, iSize )
157.      endif
158.
159.    return sHlp
160.
161.
162.    Procedure StrOnlyNumbers ( sStr )
163.    local sHlp, sChar, iLen, iLoop
164.
165.      sHlp = ""
166.      iLen = len ( sStr )
167.
168.      for iLoop = 1 to iLen
169.        sChar = substr ( sStr, iLoop, 1 )
170.        if (sChar >= "0") .and. (sChar <= "9" )
171.          sHlp = sHlp + sChar
172.        endif
173.      next
174.
175.    return sHlp
176.
177.
178.    Procedure StrOnlyNonNumbers ( sStr )
179.    local sHlp, sChar, iLen, iLoop
180.
181.      sHlp = ""
182.      iLen = len ( sStr )
183.
184.      for iLoop = 1 to iLen
185.        sChar = substr ( sStr, iLoop, 1 )
186.        if (sChar < "0") .or. (sChar > "9" )
187.          sHlp = sHlp + sChar
188.        endif
189.      next
190.
191.    return sHlp
192.
193.    Procedure StrIsOnlyNumbers ( sStr )
194.    return ( class::StrOnlyNumbers ( sStr ) = sStr )
195.
196.    Procedure StrIsOnlyNonNumbers ( sStr )
197.    return ( class::StrOnlyNonNumbers ( sStr ) = sStr )
198.
199. endclass
```

StrAddBackSlash fügt bei Bedarf einen Backslash „ \ " ans Ende des Strings.
Die Methoden *StrGetFileName* und *StrGetPathName* extrahieren aus einer
Pfadangabe inkl. Datei nur den Dateinamen oder nur den Pfad, wobei erstere
auf Wunsch den Dateinamen mit oder ohne Extension (Endung) zurückliefert.
StrForceExtension erzwingt für eine Datei eine bestimmte Endung, wobei es
keine Rolle spielt ob die Datei schon eine andere Extension hatte oder nicht.

StrReplaceSubStr ersetzt einen Teilstring (ganz egal wie oft er vorkommt) und
StrDelLeadingChar entfernt ein bestimmtes Zeichen vom Anfang des Strings.
StrDelSubStr löscht einen Teilstring, der darin beliebig oft vorkommen kann.
StrRightSetChar und *StrLeftSetChar* richten einen String auf eine bestimmte
Länge rechts- bzw. linksbündig aus, das verwendete Füllzeichen ist beliebig.
Zuletzt zwei Routinen, die Zahlen bzw. Nicht-Zahlen aus Strings entfernen.

Listing *strdemo.prg*
```
1.    set procedure to strtool.prg additive
2.
3.    ShowStringTools()
4.
5.    Procedure ShowStringTools ( NULL )
6.    local oObj, sHlp
7.
8.       oObj = new MyStringTools()
9.       clear
10.      ? "Bei Bedarf Backslash am Ende anbauen"
11.      sHlp = "c:\windows"
12.      ? oObj.StrAddBackSlash ( sHlp )
13.      sHlp = "c:\windows\"
14.      ? oObj.StrAddBackSlash ( sHlp )
15.
16.      ?
17.      ? "Dateiname mit/ohne Endung extrahieren"
18.      sHlp = "c:\pfad1\pfad2\myfile.txt"
19.      ? oObj.StrGetFileName ( sHlp, .t. )
20.      ? oObj.StrGetFileName ( sHlp, .f. )
21.
22.      ?
23.      ? "Pfadname ohne Datei extrahieren"
24.      sHlp = "c:\pfad1\pfad2\myfile.txt"
25.      ? oObj.StrGetPathName ( sHlp )
26.
27.      ?
28.      ? "Dateiendung .txt erzwingen"
29.      sHlp = "myfile"
30.      ? oObj.StrForceExt ( sHlp, ".txt" )
31.      sHlp = "myfile.txt"
32.      ? oObj.StrForceExt ( sHlp, ".txt" )
33.      sHlp = "myfile.dbf"
34.      ? oObj.StrForceExt ( sHlp, ".txt" )
35.
```

```
36.    ?
37.    ? "Ein bestimtes Zeichen im String ersetzen"
38.    sHlp = "abcdeabcdeabcde"
39.    ? oObj.StrReplaceSubStr ( sHlp, "a", "!" )
40.    ? oObj.StrReplaceSubStr ( sHlp, "a", "" )
41.    ? oObj.StrReplaceSubStr ( sHlp, "a", "XXX" )
42.
43.    ?
44.    ? "Ein bestimtes Zeichen am Anfang entfernen"
45.    sHlp = "aaabbbcccdddeee"
46.    ? oObj.StrDelLeadingChar ( sHlp, "a" )
47.
48.    ?
49.    ? "Ein bestimtes Zeichen im String entfernen"
50.    sHlp = "abcdeabcdeabcde"
51.    ? oObj.StrDelSubStr ( sHlp, "a" )
52.
53.    ?
54.    ? "Einen String linksbuendig mit Fuellzeichen"
55.    sHlp = "abcde"
56.    ? oObj.StrLeftSetChar ( sHlp, 10, "x" )
57.
58.    ?
59.    ? "Einen String rechtsbuendig mit Fuellzeichen"
60.    sHlp = "abcde"
61.    ? oObj.StrRightSetChar ( sHlp, 10, "x" )
62.
63.    ?
64.    ? "Nur Zahlen in einem String lassen"
65.    sHlp = "abcde12345xyz200"
66.    ? oObj.StrOnlyNumbers ( sHlp )
67.
68.    ?
69.    ? "Alle Zahlen aus einem String entfernen"
70.    sHlp = "abcde12345xyz200"
71.    ? oObj.StrOnlyNonNumbers ( sHlp )
72.
73.    ?
74.    ? "Besteht der String nur aus Zahlen?"
75.    sHlp = "abcde12345"
76.    ? oObj.StrIsOnlyNumbers ( sHlp )
77.    sHlp = "12345"
78.    ? oObj.StrIsOnlyNumbers ( sHlp )
79.
80.    ?
81.    ? "Besteht der String nur aus Nicht-Zahlen?"
82.    sHlp = "abcde12345"
83.    ? oObj.StrIsOnlyNonNumbers ( sHlp )
84.    sHlp = "abcde"
85.    ? oObj.StrIsOnlyNonNumbers ( sHlp )
86.
87.    release object oObj
88. return
```

7.6 Mitgelieferte Zusatzklassen von dBWin

Zusammen mit dBWin werden auch eine ganze Reihe interessanter Klassen ausgeliefert. Sehen Sie sich dazu einmal genauer in den Verzeichnissen

```
dbaseplus\dblclasses
dbaseplus\dblclasses\formcontrols
```

sowie den darin evtl. noch weiter verzweigenden Unterverzeichnissen um.

Sie finden dort z. B. eine *seeker*-Klasse zur Suche in String-Indexen. Sie ist zwar nicht so komfortabel wie meine gezeigte Version, bei der Sie auch noch per Radiobuttons den Index wählen können, aber wie meistens gibt es ja sehr viele Möglichkeiten, wie man eine bestimmte Aufgabenstellung lösen kann.

Die Datei *databuttons.cc* enthält eine Reihe fertiger Pushbuttons mit Grafiken und hinterlegten Funktionen für die wichtigsten Datenbank-Operationen. Und die Datei *calendar.cc* enthält eine schön gemachte Kalender-Klasse, die sie in Ihren eigenen Formularen und Programmen sicher häufiger mal benötigen.

Beachten Sie bitte, dass diese Verzeichnisse je nach Version anders heissen:

```
dblclasses       bei dBASE Plus
classes          bei dBASE 2000 und dBASE SE
custom           bei Visual dBASE
```

Auch der Umfang und die genaue Ausgestaltung dieser Klassen sind je nach Ihrer dBWin-Version anders. Einige der genannten Klassen gibt es z. B. erst ab den neuen *dBASE Plus* Versionen. Das macht die Verwendung natürlich etwas kritisch, denn beim nächsten Update könnten diese Klassen geändert sein und plötzlich anders aussehen oder sich gar anders verhalten als bisher. Ob sie dann noch zu Ihrem Programm passen oder nicht, tia wer weiss das ...

Aus diesem Grund beschränke ich mich darauf diese mitgelieferten Klassen kurz zu erwähnen. Sie sind gut und können sehr nützlich und lehrreich sein. Aber ich verwende Sie nicht in Code-Beispielen. Das Risiko, dass das dann beim nächsten Update nicht mehr funktioniert ist mir einfach zu gross. Wenn Sie diese Klassen verwenden ist es vielleicht eine Überlegung wert, sie zu kopieren und umzubenennen und dann nur mit diesen Kopien zu arbeiten.

ⓘ Die mitgelieferten Klassen sind eine gute Anregung und Sie sollten sie sich ruhig mal in Ruhe ansehen und ggf. für Ihre eigenen Zwecke erweitern. Es bleibt aber immer das Risiko, dass bei einem künftigen Update auch diese Klassen geändert werden und das dann bei Ihnen zu Problemen führen kann.

7.6.1 Unterschiedliche Quell-Aliase

Quell-Aliase wurden bereits in Band 1 (Seite 65) besprochen und beziehen sich nicht nur auf Klassen. Sie können damit Platzhalter für Verzeichnisse, in denen sich verwendete Quelldateien befinden, definieren. Über die Platzhalter werden die Dateien unabhängig von der Struktur der Festplatte eingebunden.

Das *kann* den Austausch von dBWin-Programmen zwischen verschiedenen Arbeitsplätzen erleichtern, zumindest solange es nicht als kompiliertes *exe*-Programm ausgeführt wird, sondern als *prg*-Programm oder *wfm*-Formular.

> (i) Quell-Aliase sind für kompilierte *exe*-Programme i.d.R. nicht relevant, da sie innerhalb der dBWin-Entwicklungsumgebung definiert werden müssen. Der dafür verwendete *Eigenschaften*-Dialog ist in *exe*-Programmen aber nicht verfügbar und er kann dort auch nicht über den Befehl *set* aufgerufen werden.

Es *kann* aber ebenso zu Problemen und grosser Verwirrung führen, vorallem wenn diese *Quell-Aliase* von dBWin automatisch benutzt werden, ohne dass man davon etwas erfährt oder als Einsteiger damit richtig umzugehen weiss.

Mit Hilfe der Quell-Aliase lassen sich auch *cc*-Dateien mit Klassen statt über

```
set procedure to myclass.cc
```

mittels einem Aliasnamen einbinden. Das sieht dann z. B. so aus:

```
set procedure to :meineklassen:myclass.cc
```

Der Aliasname *meineklassen* ist nur ein Platzhalter für irgendein Verzeichnis. Welche realen Verzeichnisse sich hinter den Aliasnamen verbergen wird in den Eigenschaften von dBWin definiert (Dialog *Eigenschaften des Desktop*), und das kann ja auf jedem PC und bei jeder dBWin-Installation anders sein.

Wenn Sie das Programm für den Kunden X z. B. unter *f:\codes\dbase\kunde-x* entwickeln und evtl. dafür verwendete *cc*-Dateien mit dem Befehl

```
set procedure to f:\codes\dbase\kunde-x\myclass.cc
```

einbinden, so ist das bei Ihnen ok. Wenn Ihr Kunde das Programm bei sich aber im Verzeichnis *c:\programme\superdbaseprogramm* ablaufen lässt gibt es ein Problem, denn die *cc*-Dateien werden dann evtl. nicht mehr gefunden. Ihr Kunde hat vielleicht kein logisches Laufwerk *f:* oder falls doch gibt es bei ihm dort vermutlich keine Verzeichnisse *codes\dbase\kunde-x*. Bei ihm läuft das Programm ja unter *c:\programme\...* und dort sucht es auch seine Dateien.

Wenn Sie dagegen einen Quell-Alias *meineklassen* definieren, der bei Ihnen auf das Verzeichnis *f:\codes\dbase\kunde-x* und bei Ihrem Kunden eben auf dessen Ausführungsverzeichnis zeigt, haben Sie dieses Problem nicht mehr.

Nun ist diese Situation bei Programmen für Endkunden vermutlich eher die Ausnahme, denn im Regelfall werden die Programme als fertig kompilierte *exe*-Programme zum Kunden geschickt und nicht als *.prg* oder *.wfm*-Datei. Dann können Sie mit diesen Quell-Aliasen sowieso nichts mehr anfangen.

Wenn Sie dagegen im Team mit mehreren Entwicklern arbeiten können die Quell-Aliase schon eher sinnvoll werden. Schliesslich sind es ja gerade wir Programmierer, die wir oft eine ganz individuelle Vorstellung davon haben, wie unsere Festplatte strukturiert sein soll und in welchem Verzeichnis sich was zu befinden hat. Und wehe da funkt plötzlich jemand dazwischen ...

Mit Hilfe der Quell-Aliase lässt sich das elegant umgehen und jeder kann sich seine liebgewonnenen Strukturen erhalten und dennoch im Team mitarbeiten.

Natürlich funktioniert das nur solange die Quell-Aliase überall gleich heissen. Und genau hier fangen dann auch wieder die Probleme an, wie ich sie in der Praxis mehr als einmal erlebt habe. In einem Inhouse-Team kann man sich ja sicher auf die verwendeten Quell-Aliase einigen, aber bringen Sie das mal bei Entwicklungen, an denen mehrere Firmen beteiligt sind, unter einen Deckel.

> 💣 Quell-Aliase können nützlich sein, wenn sie einheitlich sind und sich alle Beteiligten darüber einig sind. Und wenn dBWin sie einheitlich belässt. Das erste liegt (auch) in Ihrer Hand, dem letzten sind Sie leider ausgeliefert.

Leider macht gerade dBWin vor wie man es doch besser nicht machen sollte. In den Code-Beispielen im Verzeichnis *samples* wird z. B. *databuttons.cc* bei *dBASE Plus* über den Aliasnamen *FormControls* eingebunden, bei *dBASE SE* heisst dieser Aliasname in den sonst gleichen Beispieldateien dagegen *classes*.

Und was passiert Anwendern, die von *dBASE SE* auf *dBASE Plus* umsteigen und die die mitgelieferten Klassen in Ihren eigenen Formularen verwenden? Richtig, es hagelt nach dem Umstieg obskure Fehlermeldungen, weil es den Quell-Alias *classes* aus *dBASE SE* bei *dBASE Plus* plötzlich nicht mehr gibt!

Den fehlenden Aliasnamen können Sie zwar selbst anlegen (oder den neuen „falschen" umbenennen), aber dazu müssen Sie diese Hintergründe kennen. Häufige „Hilferufe" von *SE*-Umsteigern zeigen mir, dass hier viele stolpern. Auch weil ihnen garnicht bewusst war die Quell-Aliase verwendet zu haben.

8. Anhang

8.1 Ein Wort zum Abschied

Liebe Leserin, lieber Leser, ich möchte mich an dieser Stelle herzlichst für Ihr Interesse, Ihre Geduld und Ihr grosses Engagement bedanken, das Sie gezeigt haben, wenn Sie das Buch bis hierhin durchgearbeitet haben.

Sie werden sicher davon profitiert haben. Der eine vielleicht etwas mehr, die andere evtl. etwas weniger, da hängt von den jeweiligen Vorkenntnissen ab. Und davon, ob Sie die gezeigten Beispiele in der Praxis mitgemacht haben.

Wie bereits erwähnt ist dies nur ein Buch einer ganz neuen Reihe zu dBWin. Infos zu weiteren geplanten, in Arbeit befindlichen oder bereits erhältlichen Themen finden Sie auf meiner Website, die am Anfang vorgestellt wurde. Ein gelegentlicher Blick dorthin lohnt, dann bleiben Sie auf dem Laufenden. Weitere Bände für Einsteiger, Fortgeschrittene und Profis sind noch geplant.

Wenn Sie Fragen, Anmerkungen, Lob und Tadel oder sonstiges zu diesem Buch loswerden wollen, dann tun Sie es bitte. Wir alle lernen aus Fehlern, profitieren von Anregungen und den Meinungen anderer, und es gibt wohl kaum etwas, das man nicht immer noch ein bischen besser machen könnte.

Auf meiner privaten Website finden Sie auch einen kleinen Fragebogen zum Download. Sie würden mir sehr helfen, wenn Sie ihn ausfüllen. Vielen Dank.

Sie finden im Anhang des Buchs keine Web-Links zu dBASE unter Windows. Dazu ist das Internet zu vielen und zu schnellen Änderungen unterworfen. Die Gefahr, dass viele der hier abgedruckten Links nicht mehr funktionieren ist einfach zu gross. Es würde Sie und mich nur ärgern, wenn ich hier viele Links aufführe, von denen nach ein paar Monaten sowieso die Hälfte nicht mehr funktioniert. Aber dazu gibt es ja die Suchmaschinen ...

Zum Schluss noch der Hinweis, dass es bei künftigen Versionen von dBWin, die sich stark von der für dieses Buch verwendeten Version unterscheiden, vielleicht eine Ergänzung oder je nach Bedarf auch eine Neuauflage dieses Bandes geben wird. Kleinere Ergänzungen und Korrekturen können Sie bei Bedarf aber auch auf meiner Website auf einer extra Seite dafür finden.

Nun bleibt mir nur noch eines: *Ihnen viel Erfolg und natürlich auch viel Freude bei der Programmierung mit dBASE unter Windows zu wünschen!*

8.2 Weitere Bücher dieser Reihe

Dieses Buch ist nur eines einer ganzen Reihe von neuen Büchern zu dBWin. Bei Fertigstellung dieser Ausgabe sind die folgenden Titel verfügbar/geplant:

Band 1 - Einführung   **(Einsteiger, DOS-Umsteiger)**
Installation - Konfiguration von dBWin und BDE - kurze Einführungen zu Befehlsfenster und Regiezentrum - Tabellen anlegen und verwalten - Daten erfassen, ändern und löschen - Formulare erstellen - Beispielprogramme u. a.

Band 2 - Grundlagen   **(Einsteiger, DOS-Umsteiger)**
Quelltext-Editor - Projekte verwalten - *exe*-Programme - *ini*-Dateien - Basiswissen Programmierung - Variablen, Geltungsbereiche, Datentypen - Defines und Präprozessor - Formular-Komponenten - globales Objekt _app - Parameter an Programme - Datenbankfelder - Indizes - Tips und Tricks u. a.

Band 3 - Klassen und Objekte   **(Fortgeschrittene Ein/Umsteiger)**
Objektorientierte Programmierung - Basisklassen von dBWin - Eigenschaften, Ereignisse und Methoden - eigene Klassen designen - Vererbung - Kapselung - Dialoge als Klassen - visuelle und nicht visuelle Basisklassen benutzen u. a.

Ⓘ   Insbesondere die Bände 1 und 2 ergänzen sich in idealer Weise. Es gibt nur sehr wenig Überschneidungen und es empfiehlt sich, dBWin mit Band 1 kennenzulernen und danach mit Band 2 tiefer in diese Materie einzusteigen. Das in den beiden Bänden 1 und 2 vermittelte Wissen wird in allen folgenden Ausgaben, die jeweils Schwerpunktthemen haben, als bekannt vorausgesetzt.

Weitere Ausgaben sind geplant, bzw. teilweise bereits in Arbeit. Mögliche Themen sind u. a. Schnittstellen zu anderen Programmen (Excel, Word u. a.), Datenformate, SQL, OLE, DEO, DLL, Programmierung der Windows -API, Debugging und Fehlermanagement, Profitips aller Art, Drucken und Reports, Internet-Anwendungen, Umstieg von DOS, Windows-Spezialitäten etc.

Wenn Sie das hier lesen gibt es vielleicht bereits weitere Ausgaben. Einfach mal ab und an auf meiner Homepage vorbeischauen (in jedem Buch auf den ersten Seiten zu finden), oder bei (Internet-)Buchhändlern stöbern.

Bis auf weiteres werden die Bücher als „Books on Demand" herausgegeben. Das hält Aufwand und Kosten im Rahmen und ermöglicht dennoch eine gute Verbreitung über die üblichen Vertriebswege. Alle Bände sind sowohl direkt bei mir, als auch bei allen wichtigen Internet-Händlern und natürlich auch in (fast) jedem „normalen" Buchladen zu kaufen. Falls Ihr lokaler Buchhändler keine „Books on Demand" bestellen will kaufen Sie künftig eben woanders ...

8.3 Stichwortverzeichnis

www.ingramcontent.com/pod-product-compliance
Lightning Source LLC
LaVergne TN
LVHW022302060326
832902LV00020B/3237